SPHINX

Lynn Andrews

Die Jaguarfrau und die Lehren des Schmetterlingbaumes

SPHINX

Aus dem Amerikanischen
von Jürgen Saupe

CIP-Kurztitelaufnahme der Deutschen Bibliothek
Andrews, Lynn:
Die Jaguarfrau und die Lehren des Schmetterlingbaumes /
Lynn V. Andrews. [Aus d. Amerikan. von Jürgen Saupe]. –
Basel: Sphinx Medien Verlag, 1987. Einheitssacht.:
Jaguar woman and the wisdom of the butterfly tree ‹dt.›
ISBN 3–85914–419–7

Originaltitel: Jaguar Woman, And the Wisdom of the Butterfly Tree
Erschienen bei: Harper & Row Publ., San Franzisco

Umschlagbild: Jean Villard
Gestaltung: Charles Huguenin
Satz: Uhl & Massopust, Aalen
Herstellung: Ebner Ulm
Printed in Germany
ISBN 3–85914–419–7

Dem Andenken an Opal Carson
und für die Ureinwohner
von Yucatán und Mittelamerika

Besonderen Dank an Martine Prechtel und
seine Frau Dolores.

Inhalt

Dies ist eine wahre Geschichte.
Einige Namen und Orte in diesem Buch wurden geändert,
um die Ungestörtheit der Beteiligten zu schützen.

... wenn eine Frau etwas Sinnloses tut, tadelt sie niemand; tut sie etwas Schädliches, suchen wenige sie zu hindern; doch wenn sie versucht, der Göttin ähnlich zu sein und andere zu ermutigen, werfen ihr alle, die Gewalt besitzen, Verderbtheit vor. So ist Wahrheit lehren gefährlicher, als mit brennender Fackel eine Pulverkammer zu betreten.

Tsiang Samdup
The Book of Sayings

Jaguarfrau spricht
wie Feuer.

Mit dem Auge gleich Rauch
und Dolch in der Hand: sie.

Wie Sterne
schwarzer Himmel Obsidian
Schlingen aus Licht
Mondlicht Sternlicht
die ganze Nacht lang

Sie ist Gefährtin, Mark des Unterholzes.
Sie ist der Wasserfall, den niemand gesehen.
Sie ist der Ruheplatz der Sonne.

Weite das Universum in jede Richtung
und bring sie heim.

Jack Crimmins
Jaguar Woman

Vorwort

Seit 1973 reise ich nach Manitoba in Kanada, um eine eingeborene amerikanische Medizinfrau namens Agnes Whistling Elk zu besuchen. Zunächst kam ich als Kunsthändlerin aus Los Angeles zu ihr, weil ich einen heiligen Hochzeitskorb suchte. Allmählich änderte sich unsere Beziehung, und ich wurde Schülerin dieser Frau. Sie lehrte mich ein System von Anschauungen, das mir bis dahin fremd gewesen war.

Agnes betont Größe und Wert der Weiblichkeit. Sie sagte, ihr sei prophezeit worden, daß ich eine Kriegerin des Regenbogens der schwarzen, weißen, roten und gelben Völker sei, daß ich eines Tages eine Brücke werden würde zwischen den beiden getrennten Welten des ursprünglichen Geistes und des Bewußtseins der Weißen.

Im Verlauf meiner Lehrzeit war ich gezwungen, meinen Anschauungen über mich selbst, wer ich bin, was die Welt ist, eine andere Struktur zu geben. In fremder Umgebung mußte ich mich mit einem erfahrenen Zauberer namens Red Dog messen. Zu meiner großen Überraschung siegte ich in dem gefahrvollen Kampf. Seit damals überlebte ich einige Initiationen, die in der Aufnahme in eine geheime schamanische Gemeinschaft von Frauen gipfelten, welche sich die Schwesternschaft der Schilde nennt.

Agnes bat mich, diese Erfahrungen aufzuschreiben, «den Adler fliegen zu lassen», und Menschen in dem Bemühen zu lehren, unsere heilige Mutter Erde zu heilen. *Die Medizinfrau* war mein erster Versuch, und *Der Flug des siebten Mondes* war das zweite in einer Folge von Büchern über außergewöhnliche Abenteuer und die schamanischen Lehren, die mir zuteil wurden. Diese Bücher stellen die uralten Kräfte der Frau in den Vordergrund. Das uralte Wissen wurde zu allen Zeiten von kraftvollen Ureinwohnerinnen bewahrt und wie Perlen in die Geschichte eingeflochten, um es für die Generationen zu erhalten, die auf dieser schönen Erde nachfolgen.

Die Jaguarfrau erkundet einen Wanderbereich, der sich in etwa mit dem der Schmetterlinge deckt, die auf diesem Kontinent von Kanada nach Mexiko ziehen. Das Buch erkundet allerdings nicht nur einen wirklich stattfindenden Ortswechsel, sondern auch den Prozeß der psychischen, mentalen und emotionalen Bewegung von einem Geisteszustand in den nächsten, der Bewegung von einer Wahrnehmungsweise in die nächste.

Zu den großen Einrichtungen der Tradition der Ureinwohner Amerikas gehört das Medizinrad. Dieses scheinbar simple Paradigma des Daseins ist ein inhaltsreiches, vielschichtiges und subtiles Symbol von mystischer und philosophischer Tiefe. Geübten Schülern wird gezeigt, wie sie das Medizinrad als Plan verwenden können, der sie in ihr innerstes Wesen führt. Die vier Himmelsrichtungen des Rades stehen für Kategorien innerer wie äußerer Eigenschaften: Der Süden entspricht Vertrauen und Unschuld, der Westen ist Heimstätte des heiligen Traumes, des Todes und der Wiedergeburt, der Norden symbolisiert Weisheit und Stärke, und der Osten ist Erleuchtung.

Der Schlüssel zur Verwendung des Medizinrades ist

Bewegung, die Art und Weise, wie sich die Menschen im Lernprozeß von einer Richtung in die andere bewegen. Eine Frau lebt zum Beispiel in Vertrauen und Unschuld im Süden des Medizinrades und kann durch eine Reihe von Lebenserfahrungen voranschreiten, bis sie einen Zustand von Weisheit und Stärke im Norden erreicht. An diesem Ort der Weisheit ist sie aus einem materiellen Leben, das der Süden darstellt, in die spirituelle Position hineingewachsen, die der Norden zeigt. Der Schlüssel zur Weiterentwicklung ist wieder Bewegung. Da sie auf der Suche nach dem Geist aus dem Süden in den Norden gezogen ist, muß sie sich nun vom Norden in Richtung Süden bewegen, um Materie manifest zu machen. Wenn das geschehen ist, muß sie zurück in den Norden reisen, damit Geist manifest wird, und so fort.

Dieses Buch beschreibt mein Überschreiten der Grenzen und die Lehren, die sich daraus entwickeln, mein Zusammentreffen mit der Schwesternschaft der Schilde im Streben nach Wissen und dem Abenteuer des Geistes. Wieder reiste ich nach Norden, um meine Lehrerinnen in Kanada, im nördlichen Manitoba zu treffen, Agnes Whistling Elk und Ruby Plenty Chiefs. Meine Erlebnisse führten mich in die Mitte der heiligen Spirale, um mein ursprüngliches, weibliches Wesen wiederzugewinnen – die wahre innere Frau.

«Es gibt für nichts Entschuldigungen», sagte mir Agnes einmal. «Du änderst die Dinge, oder du läßt es. Entschuldigungen rauben dir die Kraft und führen zu Gleichgültigkeit.»

Ich sehe manchmal Frauen, die um ihr spirituelles Erbe ebenso betrogen wurden wie um ihren Geist und Körper. Ich zum Beispiel wehre mich gegen diesen Diebstahl.

Lynn V. Andrews
Red Deer
Alberta, Canada

Ich kehre immer zurück zum Mysterium...
Und ich denke, in der Welt ist nichts als das Mysterium.

Kenneth Patchen
I Always Return to This Place

Traumreise in den Norden

Das Nordlicht strich über den wolkenlosen Himmel. Mächtige grüne und purpurne Streifen pulsierten in schwertförmigen Mustern – eine lautlose Feier bewegter Farbe über der öden, eisigen Tundra, die sich endlos vor uns dehnte. Die Kufen des Hundeschlittens flitzten mit eigenartigem Sirren durch den jungfräulichen Schnee. Die zehn Huskies, die unseren Schlitten zogen, waren still geworden. In der Frühe hatten die Hunde lustig gebellt und gekläfft, doch nun waren sie müde. Ich war zu anderen Jahreszeiten schon oft diesen Pfad entlanggezogen, hätte mich jetzt aber völlig verirrt, wenn nicht July bei mir gewesen wäre, eine junge Cree-Frau und Schülerin von Ruby Plenty Chiefs.

Der Wind kam schneidend aus dem Norden, ließ mein Gesicht eisig erstarren, und Schneekristalle trafen meine Wangen. Ich drehte den Kopf aus der scharfen Luft. Der Schnee hatte sich am Pelzrand der Kapuze meines Parka als harter, weißer Ring festgesetzt. Trotz des leuchtenden Nachmittags sahen die schlafenden Bäume, die schräg aus den Schneewehen ragten, düster aus, zeigten kaum Schatten. Manchmal warf ein dickerer Stamm das Rot am Himmel zurück, pulsierte einen Augenblick in einem schaurigen Tanz heimlichen Lebens, das einer anderen Jahreszeit angehörte, fiel rasch zurück in graue Anonymität.

July und ich hatten uns mit einem Fuß hinter dem Schlitten abgestoßen, standen mit dem anderen auf einer Kufe. Für July war das Teil ihres Lebens. Für mich war es eine gewaltige Anstrengung. Als wir so über den Schnee sausten, begann der Schlitten zu rucken und langsamer zu werden. July spürte, wie erschöpft die Hunde waren, und brachte das Gespann zum Stehen.

Wir duckten uns hinter eine Schneewand, drängten uns aneinander, um uns zu wärmen. July holte eine Büchse Stearin hervor und entzündete sie mit einem Feuerzeug. Wir bewegten unsere behandschuhten Hände über ihr. Dann nahm July ihr Messer und schnitt ein Stück von einem gefrorenen Fisch ab. Sie reichte mir einen großen Bissen. Ich hatte seit Stunden nichts gegessen, nagte daran, obwohl er sich merkwürdig anfühlte und seltsam schmeckte, und freute mich über das Essen und die Ruhepause. July blinzelte zum Himmel hinauf, schätzte unsere Lage ab. In der Ferne türmten sich bedrohlich Wetterwolken auf.

July grinste mich schelmisch an. Ihr dreiundzwanzigjähriges, braunes Gesicht war schön. Sie sagte: «Du hast dir eine feine Zeit für die Reise in den Norden ausgesucht.» Sie zeigte auf die schwarze Wolkenkathedrale, die sich in unsere Richtung bewegte. «Wieso hast du nicht auf das Tauwetter im Frühling gewartet?»

Ich spürte das Blut in die Wangen steigen, die schon vom Wind gerötet waren. Ich wußte, daß ich mir für meine Fahrt nach Kanada eine besonders rauhe Jahreszeit gewählt hatte. «Ich mußte einfach kommen», sagte ich.

«Erzähl doch, warum», meinte July und rutschte tiefer in ihren riesigen Seehundparka, bis nur noch Nase und Augen zu sehen waren. Die Hunde hechelten noch, schmiegten sich gegen die Eiseskälte aneinander. Frostige Windstöße zausten ihren grauweißen Nackenpelz. Ich wechselte die Stellung. Das Fell meines Parka berührte das Fell an Julys.

Ich sprach, und meine Stimme hatte einen eigenartigen Klang. «Vor einer Woche saß ich in einem herrlichen Garten in Santa Barbara und trank mit einer Freundin namens Cyrena Tee. Es war warm wie an einem Sommertag.»

July riß die Augen auf. «Soll das heißen, du bist aus dem warmen Wetter hierher gekommen?»

Ein Windstoß traf mich und war so kalt, daß ich kaum die Worte herausbrachte. «Ich mußte Agnes besuchen», murmelte ich.

July kicherte. «Ich glaube, du hast zu viele Indianer besucht.»

Wir zitterten beide vor Lachen.

«Hör zu, was passiert ist», sagte ich. «Immer wenn ich nach meiner Teetasse griff, ließ sich ein sehr großer Schmetterling, ein Chrysippusfalter auf ihr nieder. Erst ärgerte ich mich. Er wollte mich nicht meinen Tee trinken lassen.»

«Was geschah dann?» fragte July.

«Der Schmetterling fiel immer wieder über mich her. Er setzte sich auf meine Nase und Stirn. Cyrena kreischte vor Lachen. Plötzlich flog er fort in Richtung Norden. Ich zeigte auf ihn, und er kam zurück und landete auf meinem Finger. Er war sehr schön, hielt sich an mir fest, und die rötlich orangen und schwarzen Flügel legten sich zusammen, öffneten sich. Seine winzigen Beine schienen an mir zu ziehen. Wir starrten uns lange an. Dann flog er nach Norden und verschwand.»

«Im Winter gibt es diese Schmetterlinge nicht», meinte July.

«Weiß ich.»

«Und ich glaube nicht, daß einer in dieser Jahreszeit nach Norden fliegen würde.»

«Genau, deshalb mußte ich der Sache nachgehen.»

«Meinst du, es war ein Medizinzeichen?»

«Allerdings. Du glaubst doch nicht, ich komme wegen etwas anderem 2500 Meilen bis in diese Tiefkühltruhe!»

July zuckte die Achseln. «Ich verstehe. Ich wünschte, die Kraft würde mir ein kleines Zeichen geben, daß ich nach Florida gehen soll.»

Wir lachten herzlich und umarmten uns. July stand auf und rief den Hunden «Hü,hü!» zu, und wir machten uns rasch wieder auf den Weg. Die Lebensgeister waren wieder erwacht, und die Hunde rannten eifrig vor uns her. Der Schnee war wegen der sinkenden Sonne schneller geworden.

Wir machten einen Bogen um einen Wall aus vereistem Schnee, der wie dunkle Kristalle im schwindenden Licht glitzerte. Als die Sonne unter den Horizont sank, legte sich auf einmal der Wind, und eine unermeßliche Stille lag über dem weißen Plateau. Ich machte mir allmählich Sorgen, die Nacht könne uns überraschen, bevor wir die Hütte von Agnes Whistling Elk erreicht hätten. Ich wollte schon etwas zu July sagen, als wir beide in der Ferne dünnen Rauch sahen, der gekräuselt in das Zwielicht aufstieg.

Wir stießen uns mit den Ellbogen an und jubelten mit unseren aufgesprungenen Lippen. Meine Wangen waren zu kalt für ein Lächeln. Wir kamen näher, und die Hütte war deutlicher zu sehen, sah wie eine große, spitze Schneewehe aus. Die nächste halbe Stunde verbrachten wir damit, uns hineinzugraben, dann fütterten wir die hungrigen Hunde mit dicken Scheiben von gefrorenem Elchfleisch. Wir verstauten Schlitten und Geschirr und pflockten die Hunde für die Nacht, die sehr kalt werden würde, an. Wir waren in einem Zustand der Erschöpfung und brachten kaum einen Laut heraus.

Als wir die Hütte betraten, mit den vereisten Stiefeln aufstampften und den Schnee von unseren Parkas streiften, begriff ich, daß Agnes das Feuer in ihrem Ofen hatte brennen lassen, aber nicht zu Hause war. Ich zündete mit klammen Fingern eine Laterne an und setzte mich auf einen Holzstuhl vor dem Ofen. Mein Atem dampfte noch wegen der Kälte, und meine Wangen fingen an zu tauen und fühlten sich feucht an. Ich warf einige Scheite in den Ofen. Die Hütte verschloß ihre Fensteraugen vor der dunklen Wildnis draußen. Der Wind heulte, und die alten Hüttenbalken knarrten und knackten.

July gesellte sich zu mir. Wie betäubt saßen wir da, streckten die Hände der Wärme entgegen. Wir blieben stumm. Die Wärmestrahlen waren herrlich belebend. Ich starrte durch die offene Eisentür die Flammen an, hinein in den glühenden Bauch des Ofens. Ich bemerkte rechts an der Balkenwand einen senkrechten Schatten. Mit den auflodernden Flammen schwoll der Schatten an und zitterte. Als ich der Sache auf den Grund ging, war ich einen kurzen Augenblick verwirrt.

«July», sagte ich beunruhigt. «Das ist doch Red Dogs Spazierstock?»

«Ja, das ist er», antwortete sie stockend. «Ich kann nicht hinsehen. Er macht mir Angst.»

«Was hat der hier zu suchen?»

«Wer weiß», meinte July und wandte die Augen ab. Sie bebte vor Furcht. «Ich kann nichts dafür», entschuldigte sie sich. «Er ist vielleicht in der Nähe.»

Einen Augenblick dachte ich an den Zauberer Red Dog, einen Mann, der mein Leben oft in Gefahr gebracht hatte. Vor Jahren hatte er mit eben diesem Spazierstock versucht, mich umzubringen. Zwischen uns war wegen des geraubten Hochzeitskorbs ein Kampf auf Leben und Tod entbrannt.

Weil ich Schülerin von Agnes Whistling Elk war und von ihr kunstreich ausgebildet wurde, war es mir möglich gewesen, mich an den Hochzeitskorb heranzupirschen und ihn Agnes, der rechtmäßigen Eigentümerin zurückzubringen. Wie immer, wenn ich mich in den hohen Norden wagte, gab es auch jetzt keinen Augenblick, in dem ich nicht fürchtete, daß Red Dog plötzlich wieder in meinem Leben auftauchen könnte. Ich wußte, er würde nicht ruhen, bis er mich nicht meiner Macht beraubt sehen würde.

«Du denkst an Red Dog, nicht wahr?» fragte July und unterbrach den Strom meiner Gedanken.

«Ja, allerdings.»

July berührte mit zitternder Hand meine Hände.

«Ist okay, July», sagte ich. «Sehen wir ihn uns genauer an.»

Als ich mich dem Spazierstock näherte, lief mir ein Zittern den Rücken hinauf. Ich stellte fest, es war gar nicht Red Dogs Spazierstock, sondern bloß ein Span zum Feuermachen. War das eine Projektion meiner Angst gewesen? Oder hatte etwa Red Dog die Illusion geschaffen? Vielleicht wollte er uns nur an seine Nähe erinnern.

«Ich glaube, das lag an der Kälte», sagte ich zu July. «Es ist nur Feuerholz.»

Ich hob es hoch und reichte es ihr. Sie untersuchte es, warf es plötzlich in die Flammen und klopfte sich die Hände ab.

«Genau das halte ich von Red Dog», meinte sie.

Ich blickte mich um und bemerkte, wie anders und gemütlich die Hütte wirkte. Das Fenster nach Norden war mit einer Decke verhängt, und auf dem Bett lagen mehrere Karibufelle. Die Löcher in den Wänden waren mit Papierknäueln verstopft. Wie gewohnt hingen getrocknete Kräuter und luftgedörrtes Fleisch von den Dachsparren. Agnes'

Medizinschild hing immer noch über der Anrichte, und der Dielenboden war mit vielen roten, schwarzen und grauen indianischen Teppichen aus dem Süden bedeckt. Während ich mich umherbewegte, wurde mir der Lärm bewußt, den ich machte. Der Schnee hatte sich schützend um die Hütte gelegt und verstärkte jedes Geräusch.

Ich hatte so viele glückliche Stunden damit verbracht, mit Agnes hier zu sitzen. Ich war nie angekommen, ohne von ihr begrüßt zu werden. Und immer hatte sie eine interessante Geschichte oder Anekdote zu erzählen gewußt, die meine Teilnahme weckte, während wir uns die langen Abende vertrieben. Für mich war es ganz unmöglich, mit ihr Verbindung aufzunehmen. Trotzdem wußte sie immer, daß ich kommen würde. Ihre Abwesenheit berührte mich tief. Sie fehlte mir, und ich wußte nicht, was ich tun sollte. Ich hatte mich im tiefen Winter nie hergewagt und fragte mich nun, ob ich nicht einen Fehler gemacht hatte. Mein Instinkt hatte mir so deutlich gesagt, ich solle kommen, aber es war ein harter Winter, und alle – meine Mutter, meine Tochter, Julys Familie – hatten mich vor der Reise gewarnt.

«Lynn! Hier – schau.» July hatte auf einer braunen Papiertüte am Spülstein eine Nachricht gefunden. Aufgeregt hielt ich die Notiz ins Licht der Laterne. Sie hieß mich willkommen, teilte mit, daß Agnes wegen eines Notfalls nach Churchill gerufen worden war.

«Churchill! Das ist so weit von hier! Wann wird sie nur zurückkommen?» Ich war beunruhigt.

«Schau, was sie noch sagt», meinte July und wies auf die Nachricht. Dort stand, daß Agnes von meinem Kommen gewußt und mir ein wertvolles Geschenk in den Schmetterlingbaum draußen auf der Pferdeweide gelegt hatte.

«Denk dran, daß der Flug ewig ist. Viel Vergnügen, und ich komme zurück, sobald ich kann. Im Geiste, Agnes.»

July und ich wachten mit dem ersten Morgenlicht auf. Die Fenster waren weiß vor Schnee und Eisblumen. Wir sprangen ein paarmal zum Ofen, stopften ihn voll Holz und krochen schnell wieder in unsere Schlafsäcke. Wir zogen uns in ihnen an und warteten mit dem Aufstehen, bis die Hütte sich erwärmt hatte. July ging hinaus, versorgte die Hunde; ich begann Schnee zu schmelzen und heizte weiter tüchtig ein.

Bei Tee und Karibudörrfleisch las ich wiederholt die Nachricht, die Agnes mir hinterlassen hatte. In mir kam Vorfreude auf. «Komm, July. Ich möchte sehen, was Agnes am Baum für mich hat. Ich frage mich, warum sie es dort gelassen hat. Es muß etwas Großes sein.»

July lächelte und trank ihren Tee aus. Bald hatten wir unsere Schneeschuhe angeschnallt und stapften durch die Schneewehen hinüber zur Pferdeweide. Unsere Schritte legten große Spuren in den Schnee. Die Sonne schien, und der Schnee blendete unsere Augen. Ich war verblüfft, wie anders die Gegend aussah. Wo üppiges Weideland voller Insekten, Vögel und Tiere gewesen war, wirkte jetzt alles wie verlassen. So weit das Auge blicken konnte, war das Gelände weiß.

Wir waren etwa fünfzehn Minuten gelaufen, als der Schmetterlingbaum zum erstenmal in Sicht kam. Ich staunte, hatte er doch das letzte Mal ganz anders ausgesehen. Ich war mit Agnes gegangen, hatte während unseres Gesprächs aufgeblickt. Der Anblick des Baumes hatte mich überwältigt. Die Hauptäste waren gänzlich mit Chrysippusfaltern bedeckt. Der gesamte Baum schien sich mit ihren funkelnden Bewegungen auszudehnen und zusammenzuziehen. Sie waren so zahlreich, daß sogar die dicksten Äste nicht mehr zu sehen waren. Ich sah dieses überraschende Wunder zum ersten Mal.

Ich wollte bleiben und die Schmetterlinge betrachten, doch Agnes hatte verlangt, daß wir sofort weitergingen. Agnes hatte gemeint, der Baum sei ein Trickster, ein Schwindlerbaum und wolle mir bestimmte Teile meines Körpers rauben. Als ich ihr sagte, sie wolle mir gewiß nur Angst machen, war sie zornig geworden und behauptete beharrlich, einer der Äste würde sich gleich mein Bein nehmen, und daß ich ziemlich merkwürdig aussehen würde, wenn ich auf einem Bein zur Hütte zurückhüpfen müßte. Ich hatte sie ausgelacht, doch während ich noch lachte, spürte ich, wie mir ein Kitzel das rechte Bein hinaufjagte. Agnes hatte sich geweigert, über den Schmetterlingbaum zu sprechen. Zuvor hatte sie mir noch rasch das Versprechen abgenommen, daß ich den Schmetterlingbaum ohne ihr Beisein nie länger als nur ein paar Minuten ansehen würde. Für den Rest meines Aufenthaltes war es mir gelungen, einen Bogen um den Baum zu machen.

Als July und ich uns einen Weg über das Schneefeld bahnten, kam es mir beim Anblick des Baumes eigenartig vor, daß mich der kahle alte Riese so erschreckt hatte. Doch hier im Norden waren so viele seltsame Dinge geschehen, die nicht zu erklären waren. Mein Magen begann sich zusammenzuziehen.

«July, ich sehe nichts.» In den Zweigen des Baumes war kein Gegenstand zu entdecken, der auf mich wartete. Einige Schritte vor dem Baum begann ich zu zittern und wurde wachsamer. Etwa in Schulterhöhe sah ich ein Loch im Stamm gähnen.

Wir umrundeten den Baum einige Male, stießen mit den Füßen in den Schnee, für den Fall daß das Geschenk vergraben worden war. «Vielleicht hat Agnes es versteckt», sagte July. «Sie hat es wahrscheinlich in den Stamm gelegt.»

«Glaubst du, ich sollte nachsehen?»

July nickte zum Loch hinauf. «Wo sonst kann es sein?»

Wir beide schoben den Schnee mit den Füßen zu einem Hügel zusammen. July nahm einen Schneeschuh und benutzte ihn wie eine Schaufel. Wir atmeten schwer, konnten den Hügel aber doch ein paar Fuß hoch bauen.

«Wieso wollte Agnes etwas hier auf die Weide bringen? Weshalb hat sie es nicht in der Hütte gelassen?» fragte ich.

«Wer weiß, aus welchem Grund Agnes etwas tut?» meinte July, eine rhetorische Frage.

Wir traten beide zurück und betrachteten wieder den Baum. Die Rinde war eisverkrustet und ließ im Sonnenschein traumhaft Farben aufsprühen.

«Ich denke, du hast recht, July. Es muß drin im Stamm sein, außer Agnes hat vergessen, es herzubringen.»

«Agnes vergißt nie etwas», versetzte July.

«Du hast recht. Mein Geschenk ist hier irgendwo.»

Ich trat so würdevoll wie möglich auf den Hügel aus gestampftem Schnee und steckte meine behandschuhte Faust in das Loch, bis mein Arm bis zum Ellbogen verschwunden war. Mein Herz raste. Ich kam mir wie eine Bärin auf der Suche nach Honig vor. Zaghaft tastete ich das Innere ab. Die Baumhöhle fühlte sich rauh an und schien sich in einem ungewöhnlichen Winkel in die Tiefe zu ziehen. Ich tappte herum. Leere und dann wieder Baum. Nichts. Ich sah July an und zuckte die Achseln.

«Versuch es mit dem anderen Arm», sagte July.

Wieder untersuchte ich das Innere des Baumstamms, hatte aber nicht mehr Glück als das erste Mal. «Wir häufen noch mehr Schnee auf und schauen, ob du deinen Kopf hineinstecken und dich drinnen umsehen kannst», schlug July vor.

«Ich glaube, es ist zu dunkel, um etwas erkennen zu können», antwortete ich. «Was glaubst du wird drin sein?»

«Weiß nicht», lachte July. «Vielleicht ein Beutel Gold.»

«Bei Agnes können wir nie wissen», sagte ich und wäre beinahe ausgerutscht, als ich vom Hügel stieg. «Okay, machen wir das Ding höher. Ich komme schon an das heran, was da drin ist, und wenn es den ganzen Tag dauert.»

Wir gruben beide mit unseren Schneeschuhen und türmten Schnee auf, bis er fast die Hälfte der Höhe bis zu den ersten Ästen erreicht hatte. Ich zögerte mit dem nächsten Versuch. Mein Magen zog sich noch mehr zusammen. Ich holte aber mit den Ellbogen Schwung, fand mit den Füßen unsichern Halt, erklomm den Hügel und näherte mich dem Loch von dem neuen Aussichtspunkt. Als ich meine Hände mit den Fäustlingen seitlich gegen die Höhlung stützte, um im Gleichgewicht zu bleiben, stellte ich erstaunt fest, daß die Ränder abgewetzte Stellen zeigten. Ich kratzte den Schnee fort.

«Ich frage mich, wie alt der Baum ist, July?»

«Sehr alt», antwortete sie. «Das ist ein Urgroßmutterbaum. Sie muß viele Kinder haben.»

Die glatten Stellen an den Rändern sahen wie Griffe aus, als wären schon viele Hände vor mir hier gelegen. Als ich sie berührte, wurde ich an alte Knochen erinnert, als hätte der lange Winter das Fleisch abgeschält und nur das Kerngerüst zurückgelassen. «Schau, July, wie abgewetzt das Holz ist.»

July kam zu mir auf den Hügel. Wir beide fuhren mit unseren Fausthandschuhen über das geglättete Holz. «Sieht so aus, als wäre die Öffnung für etwas benutzt worden», meinte July und schüttelte verblüfft den Kopf.

«Schau hinein», sagte ich.

«Ich nicht», antwortete July. «Du siehst nach.» Sie glitt vom Hügel.

Ich wußte nicht, warum ich so nervös wurde. Es handelte sich nur um einen alten Baum mit einer großen

Höhlung. Ich strich mir das Kapuzenfell aus dem Gesicht und nahm eine bequemere Haltung ein. Langsam steckte ich meinen Kopf in das Loch. Die Öffnung war so geformt, daß ich nur mit Mühe hindurchpaßte. Ich mußte ein wenig drücken, und der Rand des Loches lag an meinem Pelzkragen. Plötzlich schien etwas zitternd zu erbeben, und der Schneehügel, auf dem ich stand, gab ein wenig nach.

«Was ist da drin, Lynn? Was?»

Ich wollte July antworten, war jedoch auf einmal fort. Ich fühlte mich gewichtslos, als sei mein Körper verschwunden. Eine leere Dunkelheit bewegte sich auf mich zu, oder ich wurde von ihr aufgesogen. Dann begann ich einen blütengleichen Funkenregen zu erkennen, der von einer Mitte aus in alle Richtungen stob. Ich erkannte, daß ich von einer inneren Kraft zu diesem schönen, konzentrischen Muster getrieben wurde. Meine Gedanken schienen diesen Vorgang zu hemmen, und so ließ ich meinen Kopf völlig leer werden. Die Funken wurden zu einem großen Feuerrad, das mich prompt verschlang.

Ich wußte nichts mehr von July und dem Baum. Mein ganzes irdisches Leben erschien mir unnatürlich. Die gesamte Zeit war eingestürzt und eindimensional geworden, ein hauchdünnes Unding, das ich angestrengt durchbrechen, über das ich hinaus wollte.

Ich hörte eine Frauenstimme leise sprechen. «Dies ist das Geisthaus der Schmetterlinge.» Die Worte schienen mich einzuhüllen und wie eine Schwimmerin auf der Woge noch weiter fort zu ziehen.

Der feurige Punkt verschwand. In wirbelndem Nebel stand eine wunderschöne Indianerfrau. Ihr langes schwarzes Haar hing bis zu den Mokassins herab. Sie trug ein mit Fransen und Perlen besetztes Gewand aus Rehleder und hielt in der linken Hand einen großen, schwertförmigen Kristall.

«Wer bist du?» hörte ich mich fragen.

«Ich bin die Schmetterlingfrau. Du bist an der Schwelle des Orts, von dem die Schmetterlinge kommen.»

«Weshalb habt ihr mich hierher gebracht?»

«Wir haben dich mit unseren Zaubergesängen hierher geholt. Du mußt zuerst den Schmetterlingbaum hinaufsteigen, dorthin, wo ich wohne, und dann will ich dich belohnen.»

Auf einmal war sie fort, und an ihrer Stelle befand sich der Schmetterlingbaum, wie ich ihn das erste Mal gesehen hatte, sein Stamm vor meinen Füßen und die Äste von zahllosen flatternden Schmetterlingen bedeckt. Er ragte in den Himmel hinauf.

«Steig den Baum hinauf bis zum Nest im Wipfel», rief ihre Stimme schwach aus der Ferne.

Ich war gebannt von der Schönheit vor mir. Ich blickte in das Gezweig hinauf und erblickte flüchtig schimmernden schwarzen und orangen Satin, dazu winzige Flächen von samtigem Rot, das sich in Pfauenblau verwandelte. Der Baum hatte ein neues Leben angenommen, eine Befreiung in seinen ekstatischen Traum hinein – seine Gestalt wurde auf flatternden Flügeln davongetragen. Für einen Augenblick war ich außer mir vor Freude.

Als ich mich am Stamm mühsam zum ersten Ast hinaufzog, schien mein ganzes Wesen von zentnerschweren Sandsäcken niedergehalten zu werden. Die Schmetterlinge nahmen keine Notiz von mir. Ich wußte, ich würde es nie bis in den Wipfel hinauf schaffen. Als ich den niedrigsten Ast erreichte, war ich so erschöpft, daß ich mich auf ihm niederließ, an den Stamm lehnte und einnickte. Ein Sirren ließ mich aufschrecken, und ein Schmetterling wie der, den ich in Santa Barbara gesehen hatte, flog mir genau zwischen die Augen, dann hinauf zum nächsten Ast. Er war außer sich wie ein Hund, der Hilfe braucht, und drängte mich weiter. Ich bot meine ganze Willenskraft auf und kletterte einen Ast höher, als würde ich von einem unsichtbaren Seil gezogen. Mir war, als schleppte ich eine geistige Gestalt meines Körpers mit. Sie war so schwer, daß ich glaubte, einen Büffel von Ast zu Ast zu ziehen. Auf dem vierten Ast machten die Schmetterlinge ein Gesumm, als wollten sie mir die Sinne benebeln und mich einschläfern. Der kleine Schmetterling flog um mich herum, neckte mich, versuchte mich weiter zu treiben. Doch ich konnte mich nicht bewegen. Als ich kurz vor dem Einschlafen war, hätte ich fast das Gleichgewicht verloren, und ein gewaltiger Donnerschlag dröhnte mir in die Ohren. Er jagte mir einen solchen Schrecken ein, daß ich zum nächsten Ast sprang, noch einen weiter und wieder einen. Zu jedem Ast gehörten besondere Dämonen. Die Schmetterlinge verwandelten sich jäh in namenlose Ungeheuer und wurden dann zu weißen Hengsten, die sich aufbäumten. Dann waren sie alte Vetteln, danach furchtbare, verschlingende Mütter. Dann hielten die Schmetterlinge ihre glatten Flügel hoch, als wären sie alle Spiegel. Als ich in sie starrte, erblickte ich ein groteskes Spiegelbild, meine dunkle Seite. Es war, als versuchten die Schmetterlinge, mir Angst einzujagen, damit ich aus dem Gleichgewicht komme.

In der Nähe des Wipfels flog der kleine Schmetterling genau in eine Flammenwand, die von den anderen Faltern geschaffen wurde, indem sie ihre winzigen Beine aneinander rieben. Er kam auf der anderen Seite des brennenden Astes unversehrt zum Vorschein und verwandelte sich für einen Augenblick in einen sich aufbäumenden weißen Hengst. Wenn der mutige kleine Bursche nicht gewesen wäre, hätte ich mich nie durch die blauglühenden Flammen gewagt. Ich folgte ihm aber und erreichte den Wipfel, in dem ein riesiges Nest aus Schlamm und bizarren Holzstücken thronte. Ich kletterte über den Rand in das Nest. Mir war, als befände ich mich auf dem Dach der Welt. Da stand die schöne Schmetterlingsfrau neben einem glatten Flußkiesel, dessen Oberseite eine Vertiefung aufwies.

«Die Zauberquellen und feuchten Kraftplätze sind am Austrocknen», sprach sie. «Komm, trink von diesem reinen Wasser aus der Quelle hier.» Ein Wasserstrahl sprang aus dem glatten Stein auf, und ich wölbte die Hände und trank dankbar.

Der Schmetterling ließ sich auf dem Kopf der Frau nieder, und ihr langes schwarzes Haar wurde zu einer flatternden Ansammlung samtig rötlicher, orangeschwarzer Schmetterlinge. Sie war so lumineszierend, so atemberaubend, daß ich mich einfach ihr zu Füßen niedersetzte.

«Weshalb wurde ich hergesandt?»

«Du bist hierher geschickt worden, damit du durch meine Hand stirbst.» Sie streckte die Finger aus, und ich spürte etwas an mir ziehen. Dann sah ich zuerst meinen linken Arm und darauf den rechten in den Raum hinausschweben.

«Die Knochen, die dein Körper sind, stehen für die Sterne. Dein Kopf ist der Mond und dein Herz die Sonne.» Sie zergliederte meinen Leib; jeder Teil schwebte fort, bis nur noch mein Geist zurückblieb, der diese Szene betrachtete. Ich hatte weder Schmerzen noch Angst. Mir war irgendwo klar, daß dies so sein mußte. Dann holte sie meine Körperteile wieder aus dem Himmel herab und nahm Kristalle aus der Quelle dicht bei ihr. Ich sah zu, wie sie meinen Körper an manchen Stellen öffnete und Kristalle in mein Herz, meinen Kopf, überallhin setzte. Darauf nähte sie mich wieder zusammen, und meine Gliedmaßen hingen lose wie die einer Stoffpuppe. Sie nahm eine Schere und schnitt mir das Haar, wie es chinesische Puppen tragen – unten ganz gerade, mit einem geraden Pony bis dicht über die Brauen.

«Dieser Schnitt stellt die vier Ecken dar», sagte sie, «die Kräfte der vier Himmelsrichtungen.» Sie führte meine Finger an die Ecken, die am Ende der Ponyfrisur und am Beginn der langen seitlichen Haare entstanden waren.

«In der Geistwelt wirst du von nun an mit dieser Haartracht gesehen werden. Dein Haar ist eine Ausweitung deines Geistes. Es ist dein heiliger Kopfschmuck und Beweis deiner Medizinreise mit der Schmetterlingfrau. Jetzt können wir sprechen. Wir können von zwei Sehweisen sprechen.»

Ich sah sie mit großen Augen an, und über meine Wangen liefen Tränen. «Muß ich wieder zurück den Baum hinunter? Wie trügerisch seine Schönheit ist.»

«Ja, die Schönheit hat stets eine andere Seite. Wenn du etwas als Medizinfrau achtsam betrachtest, wirst du immer in der Lage sein, auch die dunkle Seite zu sehen. Wir können ohne dieses Andere nicht sein, aber deine Leute ziehen es vor, nie einen Blick in die Schatten zu werfen. Sie fürchten den Teufel. Als du diesen Baum heraufstiegst, was hast du gesehen?»

«Ich sah schreckliche Dinge, Ungeheuer und Feuer. Als ich in die Spiegel blickte, sah ich ein häßliches, abscheuliches Bild meiner selbst. War ich das wirklich?»

«Ja, das warst du. Du bist immerhin mutig gewesen. Du hast es angesehen und beschlossen, hindurchzuspringen. Später wirst du begreifen, welch große Lehre dir zuteil wurde. Für den Augenblick genügt es, wenn du verstehst, daß das, was du in deinem Leben nicht wahrhaben willst, dein Leben beherrscht. Das ist hier die Lehre für dich. Verstehst du mich?»

«Ich glaube schon.»

«Wenn du von deinem Spiegelbild, ganz gleich wie schrecklich, weggeblickt hättest, wärst du für immer vom Schmetterlingbaum gestürzt. Du wärst wieder in endlosen Schlaf zurückgefallen. Dort hätte ich dich nicht erreichen können. Das wäre deine Tragik gewesen. Wenn Männer und Frauen von ihrer Vision des Heiligen abfallen, fällt mit ihnen auch die Kultur in Schlaf. Die heilige Vision enthält das Gleichgewicht von Licht und Dunkel. Schau, es ist so.» Sie nahm zwei Magneteisensteine und hielt sie aneinander, erst die beiden positiven Enden, dann die beiden negativen, und wir sahen, wie sie sich abstießen. Darauf hielt sie Positiv und Negativ zusammen, und sie verbanden sich.

«Positives und Negatives brauchen einander zur Schöpfung, damit der Tourbillion sich ereignet.»

«Was ist der Tourbillion?»

«Es ist wie ein Wirbelwind aus Feuer, der Ursprung, die uranfängliche Schöpfung.» Während sie sprach, hob sie die Hände, und eine große, feurige Spirale stieg zwischen uns auf. Wir sahen ihrem Wirbel ein paar Minuten zu. Die Frau kam zu mir und legte mir die Hände an beide Seiten des Kopfes.

«Schau, Lynn, *jetzt*. Schau durch die Kristalle in deinen Augen, und sieh der Tourbillion.» Ich spürte, wie sich in mir etwas leicht verschob, und begann, die feurige Spirale anders anzusehen. Ich erlebte die Elemente, die das Feuer bildeten. Sie erwiesen sich als männliche und weibliche Energiepartikel, positiv und negativ. Die weiblichen führten eine Implosion aus, und die männlichen explodierten. Darauf implodierten die männlichen, und die weiblichen explodierten, stießen und zogen die Energieformen in einen wirbelnden Tanz hinein.

«Alles beginnt mit einem Kreislauf der Bewegung. Ohne positive und negative Pole gäbe es keine Bewegung, keine Schöpfung», sprach sie und nahm die Hände von meinem Kopf. Das Feuer zog sich langsam zurück, wirbelte in den Boden.

«Ohne die dunkle Seite wäre deine Schönheit nicht. Hab keine Angst, dir beide Seiten anzusehen. Du brauchst sie beide. Du mußt alles Dasein als Teil des Großen Geistes ehren.»

Ich betrachtete sie, wie sie heiter, umgeben von Schmetterlingen vor mir saß, und mich überkam ein dumpfer Schmerz.

«Was ist los?» fragte sie.

«Werde ich dich je wiedersehen? Es war eine so schwere Prüfung, hierher zu gelangen. Ich fühlte hier solchen Frieden. Ich würde so gerne bleiben und von dir lernen.» Ich wollte weinen.

«Du bist diejenige, die du warst, schon entworden. Alles ist gleichgeblieben, und nichts ist gleichgeblieben. Nun siehst du wirklich. Schau mit dem Kristall in deinem Herzen. Nur zu, sieh mich an, sieh selbst die Antwort.» Auf einmal sah ich mich als kleines Mädchen, das die Mutter anflehte, es nicht zu verlassen. Ich begann zu schluchzen. Blitzschnell durchlebte ich meine Kindheit und erkannte meine Ängste vor dem Erwachsensein.

«Denk an deine Schilde, Lynn. An die der Frau und des Mannes, an deine Schilde des kleinen Mädchens und des kleinen Jungen. Denke daran, wie sie alle Teile deines Ich darstellen.»

Ich sah meine Schilde im Kreis um mich ausgebreitet. Ich setzte mich an meinen Schild des kleinen Mädchens im

Süden des Medizinrads und weinte. Ich hörte auf zu weinen und begab mich in den Osten zu meinem Schild des kleinen Jungen. Sofort wollte ich wegen meiner Unfähigkeit, die Dinge im Griff zu behalten, in Wut ausbrechen. Dann fühlte ich mich besser.

«Geh nun zu deinem Schild der Frau im Westen», befahl sie. Frisches Selbstvertrauen erfüllte mich, und ich war mir im klaren über die Macht und Weisheit, die ich spürte. «Beweg dich jetzt zu deinem Schild des Mannes im Norden.» Genau dort sah ich mein Problem. Mein Verantwortungsgefühl verließ mich. Ich wollte *es* auf andere schieben, wußte aber nicht einmal, was *es* war, oder wem ich außer mir die Schuld geben sollte.

«Du hast den Schmetterlingbaum erstiegen, Lynn. Das ist der Anfang deiner Verantwortlichkeit in der Welt. Verstehst du?»

Ich zögerte einen langen Augenblick, wollte nicht verstehen. Ich begann mich zurück zum Schild des kleinen Mädchens zu bewegen, und die Tränen stiegen mir in die Augen. Dann begriff ich, was geschah. Ich würde die Schmetterlingfrau vielleicht nie wieder sehen. Das Geschenk war übergeben, und es lag an mir, davon Gebrauch zu machen.

«Der Schmetterling hat seine Zeit der Schönheit. Wie eine Kriegerin berührt er die Welt kurz mit seinen schimmernden Flügeln und wird so wie du in eine andere Lebensform verwandelt.»

Sie hielt ihre Handflächen an meine Geistgestalt und ließ sie in geringem Abstand hinauf und hinunter wandern. Leise summend ging sie zum Schmetterlingbaum. Sie nahm sechs Kokons ab, tat viele winzige Kristalle aus der Quelle hinein und machte sie zu Rasseln. Sie band sie an einen sechs Fuß langen Stab vom Baum und steckte ihn in den Boden.

Sie sang für mich, wandte sich an den Geist des Baumes um Hilfe, meine Wunden heilen zu können, dort, wo sie die Kristalle hingetan hatte.

Du bist die Geistfrau der Worte.
Ich stelle dich wieder her,
heile, was dir weh tut.
Ich schaue in die Kristalle.
Ich werde dich heilen.
Ich nähe dich zusammen,
ich nähe dich zusammen.
Ich halte hier Mutter Bär.
Ich helfe dir beim Kampf,
Großer Geist.
Dank dir für dein Hiersein.

Ihre Worte waren einfach, doch ihre Musik war auf überwältigende Weise vielschichtig, von himmlischer Schönheit. Während sie sang, wanderten ihre Hände weiter meine Geistgestalt entlang, und die Rasseln – die mit Kristallen gefüllten Kokons – bewegten sich heftig den Stab hinauf und hinunter, ohne von ihr berührt worden zu sein. Wenn die Kokons still waren, lenkte sie ihre Aufmerksamkeit, ihre Heilkraft an jenen Körperteil, über dem sich ihre Hände befanden. Sie fuhr damit fort, wiederholte immer wieder das Lied, bis sie zufrieden schien.

Schließlich nahm sie meine Hände und führte mich zum Baum. Der kleine Schmetterling tauchte auf und flog um meinen Kopf. Es war, als freue er sich, von mir ausgeführt zu werden. Ich mußte lachen. Er schien voller Vorfreude zu sein. «Er ist mein Verbündeter», sagte sie und lächelte ihn an. «Wenn du ihn gelegentlich in deinem Leben erblickst, dann denk an mich und wisse, daß ich dich träume und dir

Kraft sende. Nimm diesen Zweig vom Baum und spiel deine Trommel mit ihm. Besinn dich auf die Lehre im Schmetterlingbaum und wisse vor allem, daß der Flug ewig ist.» Und sie war fort.

Es war nicht zu ändern, ich mußte weinen, als ich über den Rand des Nestes kroch und auf den höchsten Ast des Baumes trat. Sie war so wunderbar, und ich hatte solche Angst vor dem Baum. Er wollte mich fressen. Als ich abstieg, flog der Schmetterling vor mir her. Wieder fühlte ich mich schwer, doch nicht so schlimm wie zuvor. Auf jedem Ast galt es, sich einem Schrecken zu stellen. Ich ging leichter durch das Feuer, und die Spiegelbilder in den glänzenden Schmetterlingsflügeln schienen nur noch Karikaturen der früheren Erscheinungen. Ich erreichte den zweiten Ast über dem Boden und hörte aus weiter Ferne Julys Stimme sagen: «Lynn, komm schon. Siehst du irgendwas?»

Ich sah, daß der letzte Ast von Hunderten von Schmetterlingen abgenagt wurde. Der kleine Schmetterling flog auf und nieder, als wolle er sagen beeil dich, beeil dich. Mein Körper wog viele hundert Pfund, und ich konnte mich kaum bewegen. Ich war so müde und schläfrig, daß ich einen herrlichen Traum von einem stattlichen Krieger zu träumen begann, aber dann nahm ich alle Willenskraft zusammen, ließ ihn zurück und gelangte auf den ersten Ast. Den Rest der Strecke fiel ich hinab, und als nächstes weiß ich nur, daß ich meinen Kopf aus dem Loch zog. Ich rutschte aus und glitt auf dem Rücken den Schneehaufen hinab, umklammerte dabei noch immer den Zweig. July lachte über mich und half mir auf die Beine.

«Sonst hat Agnes nichts für dich hiergelassen? Nichts als einen alten trockenen Zweig?»

Da ist jene Höhle
In der Luft hinter meinem Körper,
Die niemand antasten wird:
Ein Kloster, eine Stille
Umkleidet eine Flamme aus Feuer.
Wenn ich aufrecht stehe im Wind,
Werden meine Knochen zu dunklen Smaragden.

James Wright
The Jewel

Der Schmetterlingbaum

In der Dämmerung, vor zwei Wochen waren July und ich angekommen, kehrten zu unserer großen Freude Agnes und Ruby zurück. Zwei Männer der Inuit, ein Mann der Cree und drei Hundeschlitten kamen mit ihnen. Nach der Nachtruhe machten sich die Männer wieder auf den Weg in ihre Dörfer im Westen und ließen Agnes und Ruby eine Schlittenladung Fleisch für die Hunde zurück.

Ich war erleichtert, als sie loszogen. Ich beobachtete mit geröteten, schlaflosen Augen, wie ihre Schlitten verschwanden. Ich hatte noch nie eine Nacht wie die vergangene erlebt. Stöhnend ließ ich mich vorsichtig auf einen Schneehaufen fallen – mir tat jeder Knochen und Muskel im Körper weh. Ich hatte am Boden geschlafen, mich mit Karibufellen zugedeckt. Der Inuit mit Namen Mike war sehr groß, dick und vergnügt gewesen, und der schmuddlige Bart in seinem breiten Gesicht hatte wie alte, lange Flechten ausgesehen. Er hatte drei Sechserpackungen Bier mitgebracht, das er *Wieselpisse* nannte. Nach der vierten Dose hatte er sich in meinem Schlafsack zusammengerollt, war in tiefen Schlaf gesunken und hatte sich zwölf Stunden nicht gerührt. Hätte er mit dem Gesicht nach unten gelegen, wäre es womöglich nicht so arg gewesen. Er hatte sich jedoch wie ein gestrandetes Walroß auf den Rücken gedreht und die ganze Nacht gräßlich geschnarcht. Dazu kam, daß die anderen Männer, die sich ebenso viel Wieselpisse einverleibt hatten, es sich in der Hütte bequem machten und in erschöpften Schlummer sanken. Das lärmende Geschnarche – ein Schlucken, Gurgeln, Würgen im Chor – hatte selbst die Mäuse erschreckt, die sich in den Ecken versteckten, aus denen ihre winzigen Äuglein hervorblitzten. Ruby und Agnes waren so müde gewesen, daß sie durchgeschlafen hatten und ihren eigenen schnaufenden, pfeifenden Akkord beisteuerten. Ich hatte mich wegen der Wärme Rücken an Rücken mit July gelegt, aber wir hatten beide kein Auge zugetan. Die Männer wirkten am Morgen recht eingeschüchtert, als sie bemerkten, daß sie ihr Bettzeug nicht ausgepackt hatten. Sie hatten großen Respekt vor Agnes und Ruby. Sie räumten die Hütte auf, und die Männer der Inuit waren nach einer Stunde fort. Der Cree, der in der Nähe von Julys Dorf wohnte, ging kurz darauf. Er sollte sein wie auch unser Hundegespann zu Julys Familie zurückbringen und uns in einem Monat abholen. Ich sah rasch, daß die Hunde eine Riesenmenge Karibufleisch, Fisch oder was eben aufzutreiben war, vertilgten. Es war wirklich eine große Leistung, die herrlichen Hunde mitten im Winter zu füttern.

Agnes und Ruby waren schon einige Tage wieder in der Hütte, ein Gespräch hatte sich allerdings noch nicht ergeben. Ihre Gesichter wirkten müde und teilnahmslos, und die kurzen Tage wurden damit verbracht, den Schnee von den Pfaden zum Schuppen und zum Räucherhaus zu schaufeln. Wir nutzten den wenigen Sonnenschein, bereiteten uns auf die schweren Stürme und den Rest des langen Winters vor. Die Dunkelheit kam schnell, und ich stellte fest, daß ich mich früh schlafen legte und lebhaft träumte. Von meinem Erlebnis hatte ich nichts erzählt. Ich hielt es in meinem Herzen fest und ließ es wie einen guten Eintopf sieden. Als ich einmal den Ofen säuberte, drehte mich Agnes herum und spähte mir tief in die Augen. Sie nickte zustimmend und lächelte wissend, zog die Augenbrauen hoch.

«Ich sehe, du hast das Geschenk bekommen, das ich für dich in den Schmetterlingbaum legte.» Sie wandte sich plötzlich ab und ging hinaus, Holz holen.

Nach fünf oder sechs Tagen wollte ich mit Agnes über die Schmetterlingvision sprechen. Mehrere Male versuchte ich einen Anfang zu finden, aber nie schien der rechte Moment gekommen. Da wir zu viert auf engem Raum lebten, überließ ich mich einem bestimmten Rhythmus. Ich gewöhnte mich daran, daß zwei Zoll Privatsphäre genügten, spürte außerdem eine Art Herdeninstinkt. Wölfe fühlen vielleicht so im Rudel, spüren Enttäuschungen oder Not der anderen. Agnes spürte, wie mein Verlangen zunahm, das Erlebnis mitzuteilen. An einem stürmischen Abend schlug sie also nach der warmen Mahlzeit vor, uns noch nicht schlafen zu legen, sondern es uns am Ofen bequem zu machen und anzuhören was ich zu berichten hatte.

July, Agnes, Ruby und ich setzten uns auf wackligen Stühlen um das Feuer, betrachteten die züngelnden, tanzenden Flammen im Ofen. Ich begann von meiner Prüfung am Schmetterlingbaum zu erzählen. Ich blickte langsam in die Runde. Die tiefen Falten in den Gesichtern von Agnes und Ruby zerflossen und wurden Ausläufer der tintenschwarzen Dunkelheit. Ihre Gesichter und auch Julys strahlten ein inneres Licht aus, wie ich es nur bei Indianern des hohen Nordens gesehen habe. Immer wieder setzte ich zu Erklärungen an, aber die Worte klangen albern. Ich saß mit Hunderten von Bildern da, die heftig nach außen drängten. Ruby ließ einen fetten Rülpser aufsteigen. Agnes stieß sie mit dem Ellbogen an, warf ihr einen gespielt vernichtenden Blick zu.

Ruby sah mich flüchtig an. «Verdammt noch mal! Hast du sie getroffen, oder nicht?»

Ich reagierte empfindlich auf ihre Schroffheit.

July sah uns alle an. «Wen?» fragte sie.

«Ja, ich habe sie getroffen», antwortete ich schließlich.

«Na, erzähl uns, wie sie aussah», verlangte Ruby.

Ich räusperte mich und sagte: «Als ich sie das erstemal erblickte, hing ihr das lange schwarze Haar bis zu den Füßen, und sie trug ein perlenbesetztes Gewand aus Rehleder. In der linken Hand hielt sie einen Kristall. Als ich sie das nächste Mal sah, stand sie neben einer Quelle, in der Kristalle waren, und ihr Haar verwandelte sich in einen Schwarm von Schmetterlingen. Sie hatte einen Verbündeten bei sich, einen Schmetterling wie den, der mir in Santa Barbara begegnet war und mich herbrachte. Er führte sich wie ein kleiner Hund auf und dann ...»

July war wie erschlagen von meiner rätselhaften, unglaublichen Antwort und meinte empört: «Einen Augenblick! Mal langsam! Was für eine Frau mit Schmetterlingshaar? Ein Schmetterling als Verbündeter? Du hast wohl die Kälte nicht vertragen, oder was?»

Agnes und Ruby lachten schallend los und schlugen sich auf die Knie. July, die so ernst ausgesehen hatte, begann zu kichern, während sie mich mit weit aufgerissenen, erstaunten Augen beobachtete.

Ruby wischte sich die Tränen aus den Augen und sagte zu July: «Du brauchst dir um Lynns geistige Gesundheit keine Sorgen zu machen.»

«Ho! Warte», versetzte Agnes gefühlvoll, weil sie meinen niedergeschlagenen Blick sah, und schaute July kopfschüttelnd an. «Lynn traf auf ein erhabenes Wesen. Es hat da draußen im Baum lange auf sie gewartet. Höre nur zu, July. Und höre respektvoll zu. Im Wind steht geschrieben, daß du eines Tages jenen Geist des Waldes treffen wirst, womöglich schon bald. Es wäre vielleicht nicht schlecht, toleranter zu sein.»

Die brütende Stille dauerte lang. Ruby trommelte mit den Fingernägeln auf dem Stuhl, brummte und verdrehte die Augen zu den Dachsparren. July wirkte verlegen und warf etwas Holz auf das Feuer.

«Also, was ist los mit dir, Ruby?» fragte Agnes.

«Ich glaube einfach, es ist nicht richtig», schnaubte sie.

Agnes stand auf, schob ihren Stuhl zurück. «Was ist nicht richtig?» wollte sie wissen und stemmte die Hände in die Hüften.

«Wieso muß immer nur deine Schülerin reden? Lynn redet sowieso viel zu viel.»

«Tut sie nicht.»

«Doch, tut sie. Und ich halte es nicht für fair.» Sie wandte das Gesicht ab und schmollte wie ein kleines Mädchen.

«Ruby, laß das. Lynn möchte ihre Erlebnisse erläutern, solang sie das noch kann.»

«Also, ich möchte nichts darüber hören.»

«Dann geh spazieren. Draußen braut sich ein hübscher Schneesturm zusammen.»

«Sehr komisch. Du hättest Clown werden sollen, Agnes.»

«Ist schon gut, Ruby. Ich möchte von Lynns Begegnung hören», sagte July und zuckte die Achseln.

«Seht ihr! Alle sind gegen mich. Sogar meine eigene Schülerin. Das fehlte noch! Immer wenn Lynn hier auftaucht, gibt's Ärger. Da kann ich nur noch fauchen.»

«Dann fauch doch», meinte Agnes.

«Ich gehe.» Ruby stand auf und wollte zu ihrem Parka.

Ich sah den Schalk in Agnes' Augen blitzen, als sie einen

Stiefel vorstreckte, so daß Ruby stolperte und auf einen Haufen Karibufelle flog. Agnes sprang auf Ruby und kitzelte sie. July fing an, mich zu kitzeln und zu schubsen. Wir fielen um und waren alle ein brüllender, lachender Haufen Arme und Beine. Das kindliche Spiel kam gerade recht. Nach einigen Minuten standen wir auf, machten Kaffee und ließen uns wie vorhin nieder.

«Wollen wir es noch mal versuchen?» Ruby grinste etwas verlegen und blinzelte mir zu.

Ich nippte an meinem Kaffee und begann mit halb geschlossenen Augen, ihnen die Einzelheiten des ganzen unglaublichen Erlebnisses zu berichten. Ein gutes Gefühl, das Gesehene auszusprechen – der Eintopf mußte zweifellos serviert werden. Ab und zu warf ich einen Blick auf Julys ehrfürchtiges Gesicht, aber sie sagte nichts. Als ich aufhörte, wurde lange geschwiegen.

«War die Frau eine Indianerin?» fragte Ruby.

Ich nickte.

«Bist du sicher?»

Ich nickte noch einmal.

«Als ich die Schmetterlingfrau traf, war sie weiß.»

«Interessant. Als ich sie traf, war sie Chinesin», sagte Agnes.

Ich blickte von Ruby auf Agnes, wollte sehen, ob sie mich auf den Arm nahmen. July starrte uns nur an. Ich war eben zu der Überzeugung gekommen, daß sie es ernst meinten, als Ruby rülpste und sagte: «Ist noch was von der Wieselpisse übrig?»

Sie und Agnes lachten schallend. Wir lachten alle, bis wir uns den Bauch hielten. So rasch, wie sich ein Rouleau herabziehen läßt, schlug die Stimmung in Ernsthaftigkeit um. Agnes tauschte den Platz mit July, um neben mir zu sitzen, und Ruby lehnte sich weit vor. Ich wurde äußerst wachsam und ruhig. Agnes sah an mir vorbei und sprach: «Lynn, erzähl uns jetzt genau, was du von dem Augenblick an gesehen hast, als du den Kopf in den Schmetterlingbaum gesteckt hattest. Träum diesmal bei deiner Schilderung und laß nichts aus. Das ist sehr wichtig.»

Ich ging das Erlebnis noch einmal durch, und eigenartigerweise konnte July anscheinend die Augen nicht offenhalten. Sie machte es sich auf dem Bett gemütlich und war schnell eingeschlafen. Agnes schien sich für den Anfang der Geschichte nicht sehr zu interessieren, doch als ich von meinem Aufstieg in den Schmetterlingbaum zu erzählen begann, unterbrach sie mich bei jeder Einzelheit und wollte meine Deutung hören.

«Wie hast du dich gefühlt, als du anfingst, auf den Baum zu steigen?» fragte Agnes und guckte mich über ihre Nase hinweg an.

«Mir war, als würde ich eine Tonne wiegen. Woher kam das?»

«Du hast die Last deiner ungelösten Leben getragen.»

«Meiner ungelösten Leben?»

«Ja, jeder Gedanke, den du zu Lebzeiten denkst, hat ein eigenes Leben und den Willen, zu leben und zu überleben. Das gilt vor allem für deine unaufgelösten Gedanken. Gedanken sind wie Menschen. Sie müssen richtig begraben werden. Wenn ein Gedanke negativ oder ungelöst ist, wartet er heimlich, bis du beendest, was du angefangen hast, und ihn auf die richtige Art begräbst, ihn ganz machst. Wenn deine Gedanken sich widersprechen und keine Klarheit haben, schaffst du ein Universum von Gedankenformen, die tatsächlich von deiner Energie zehren. Und warum auch nicht? Auf seltsame Weise bist du ihre Mutter.»

«Das klingt nicht gut.»

«Gut oder schlecht? Wieso sagst du das? Es ist keins von

beiden. Wenn dich eine Medizinfrau betrachtet, sieht sie, was sich abspielt. Die meisten Leute laden die Gäste ein und bieten sich selbst als das Essen dar. Ängste manifestieren sich immer bei denen, die sie geschaffen haben. Ich kann es sehen, wenn dein Geist Nahrung ist, und welches Wesen dich auffrißt. Du bist von vielen Ängsten umgeben, und deshalb bist du so schwer. Ohne die Nahrung, die du in Form von Energie spendest, würde das Wesen verkümmern und zugrunde gehen.»

«Und wenn ich nun nicht schwer sein will, diese Schmarotzer nicht um mich haben will?» platzte ich heraus.

Ruby und Agnes lachten beide, aber mich überlief es kalt.

Ruby meinte: «Wir haben nicht von dir verlangt, daß du diese Gedankenwesen um dich herum zur Welt bringst. Du hast dir das selbst ausgesucht.» Sie wandte sich an Agnes. «Weißt du, manchmal sehen sie wie Fledermäuse aus, die um sie herumflattern.»

Ich sagte in flehendem Ton zu Agnes: «Bitte gib mir ein Beispiel.»

Agnes lachte. «Ho, ich geb' dir ein leichtes. Du hattest große Angst vor dem Tod. Das stimmt doch?»

«Ja, ich glaube schon.»

«Da hast du ein ziemlich großes Wesen mit dir geschleppt. Es hat sich einiges gebessert, aber das Wesen behält dich noch immer im Auge. Es hat ein breites, schwarzes Maul und braucht Fressen. Das einzige Fressen, mit dem es am Leben bleiben kann, bist du. Es gehört zu den Wesen, die dich ganz und gar verschlingen können.»

«Niemand will sterben», verteidigte ich mich.

Ruby unterbrach mich. «Immer wenn du denkst ‹Ich habe Angst vor dem Sterben›, gibst du dem häßlichen, sabbernden Wesen ein saftiges Wildfilet.» Sie lachte wie eine

Hexe. «Ja, du gibst ihnen eine von diesen großen Langusten und einen Schluck von dem *Perrier*-Wasser, das du trinkst.» Sie machte sich über ein Gespräch lustig, in dem ich über ein Hummeressen in einem Luxusrestaurant in Los Angeles berichtet hatte.

«Stimmt schon», fuhr Agnes fort. «Niemand möchte sterben, und deine Angst vor dem Tod eben auch nicht.»

Ich starrte die beiden Frauen einen Augenblick an und betrachtete dann meine Hände. Ich wurde wütend, vor allem auf Ruby, wußte aber, daß sie recht hatten.

«Wenn du einen negativen Gedanken hast, raubt er dir etwas von deiner Lebenskraft. Hast du dich nie gefragt, wieso du müde und niedergeschlagen wirst, wenn du über bestimmte Dinge nachdenkst?»

«Nein, daran habe ich nie gedacht.»

«Das kommt daher, weil du einen Schmarotzer wie die Mistel geschaffen hast, der von einem anderen Lebensquell zehrt – von dir. Daher hat er die Möglichkeit, dich zu töten.»

Einen Augenblick fixierte ich Agnes, blickte dann weg. «Okay, verstehe. Was mach' ich also, um ihn loszuwerden?»

«In diesem Fall schüttelst du das Wesen ab, indem du deine Angst vor dem Tod verstehen lernst. Im Baum hast du das getan. Mach dir den Tod zum Verbündeten, statt zum Feind. Dann geht deine Gedankenform der Angst ein und stirbt.»

«Oh. Das klingt beinahe wie: nur der Weg rein führt raus.»

«Lynn, es ist ganz einfach. Übernimm die Verantwortung für deine Gedanken und die Wesen, die sie schaffen. Das ist alles.»

Aus irgendeinem Grund hatte ich das Gefühl, Agnes und

Ruby drängten mir ihre Vorstellungen auf, statt lieber zu warten, bis ich von selbst begriff. Ich wurde abweisend und ärgerlich. Ich hatte selten das Gefühl, daß mir die Leviten gelesen wurden, aber nun war es so. Da fiel mir Zoila Guiterez ein, eine Schamanin, die ich in Yucatán getroffen hatte. Sie hatte mir geschildert, auf was ich süchtig war. Agnes und Ruby lachten immer noch in sich hinein.

«Einen Augenblick», sagte ich. «Zoila hat schon darauf hingewiesen, daß meine Ängste mir Halt geben.»

Agnes lächelte und tätschelte mir das Knie. «Genau.»

«Also», schnaubte Ruby. «Willst du mir eigentlich mal was über diese Zoila und deine Reise nach Yucatán erzählen, oder möchtest du mich, nach allem, was ich für dich getan habe, ganz vergessen?»

«Da unten ist uns so viel passiert. Ich will versuchen, meine Gedanken zu ordnen und dir morgen abend erzählen, was geschehen ist.»

Ruby schmollte. «Versprichst du mir das?»

«Ich verspreche es.» Agnes und ich lachten.

«Zurück zum Baum, Lynn. Erzähl uns, was auf dem zweiten Ast geschah.»

«Ich begann einzuschlafen. Ich konnte meine Augen nicht offen halten. Ist das nicht seltsam?»

«Nein, du bist von deinem seelischen Schlaf eingeholt worden. Da haben all die Momente auf dich zurückgewirkt, in denen du gedöst hast, statt aufmerksam zu bleiben. Fast hätte es dich erwischt.»

«Beinahe, wenn nicht der Schmetterling gewese wäre, der Verbündete der Schmetterlingfrau.»

«Er hat dir also geholfen. Das ist ein gutes Zeichen.»

«Wieso?»

«Weil er immer eine Rettungsleine für dich sein wird.»

«Wie komisch. Als ich den Baum hinaufkletterte, war mir, als hinge ich an einem unsichtbaren Seil.»

Agnes und Ruby nickten zufrieden und blickten sich rasch an.

«Dieses Seil lebt in deinem Willen. Der Schmetterling half dir, es zu spüren. Du wirst lernen, wie du es in Zeiten der Gefahr nach vorn auswerfen kannst, um dich an ihm entlang ans andere Ende in Sicherheit zu bringen. Erzähl jetzt weiter.»

«Als ich kurz vor dem Einschlafen war, wäre ich fast abgestürzt.»

«Ho. Verstehst du, da hat dich diesmal deine Angst vor dem Tod gerettet. In diesem Fall war die Angst dein Verbündeter.»

«Ich kletterte einige dicke Äste hinauf die von Schmetterlingen mit stark glänzenden Flügeln bedeckt waren und die die vielen schrecklichen Aspekte der Verrückten Frau widerspiegelten.»

«Welcher Verrückten Frau?» Ruby stampfte mit dem Fuß auf. «Jetzt geht's wieder los. Wenn ich nicht blind wäre, würdest du mich nicht so links liegen lassen.»

«Ruby, scht! Morgen abend sprechen wir über Lynns Reise nach Yucatán. Paß jetzt auf das Gespräch auf, oder halte dich aus ihm raus.»

«Hm. Immer laßt ihr mich warten, nur damit ich fuchsteufelswild werde.»

Agnes runzelte die Stirn. «Nur zu, Lynn. Achte nicht auf Ruby.»

Ich schwieg, doch Ruby sagte nichts mehr. Sie blickte nur nach oben und ließ die Augen in dieser Stellung, als sei sie zu Tode gelangweilt.

«Naja, ich glaube, ich war Auge in Auge mit meiner Häßlichkeit», meinte ich.

«Und ...?»

«Agnes, die Schulung, die ich in Yucatán von Zoila erhalten habe, hat mir sehr geholfen. Zum erstenmal verstand ich, welche Bedeutung meine verschlingende Seite hat.»

«Gut», sagte Agnes und machte eine grüßende Geste von ihrer Mitte her. Sie umarmte mich rasch wie eine Schulfreundin.

«In den spiegelnden Flügeln waren Pferde, die sich aufbäumten, Hengste.»

Ruby, die immer noch zur Decke hinaufsah, fragte: «Welche Farbe?»

«Weiß.»

Sie beugte sich vor und sah mich an, hatte den Kopf in den Nacken gelegt. «Hmmm.» Sie schürzte die Lippen, und sie zeigten winzige Falten wie die zarte Kruste auf einem Kuchen. «Ja, weiß.»

«Was meinst du, Ruby?» fragte Agnes.

«Kann gut sein», antwortete sie.

«Vielleicht», sprach Agnes. «Ich denke schon.»

Ich blickte ungeduldig von Agnes auf Ruby. «Was? Was?»

«Träumermedizin», versetzte Agnes.

«Später, später», sagte Ruby und winkte ab. «Macht es nicht Spaß, links liegen gelassen zu werden? Kau drauf herum und sieh, wie's dir schmeckt.»

Ich war wütend. «Na schön», gab ich zurück. «Mich interessiert es sowieso nicht. Als Ruby mich unterbrach, wollte ich eben vom nächsten und letzten Ast des Baums sprechen, der aus Feuer war. Der Schmetterling flog direkt hindurch, und ich folgte erschrocken. Immerhin, ich folgte ihm. Das Feuer war eine riesige Wand, die in alle Richtungen loderte. Alles stand in Flammen.» Ich breitete die Arme aus, wollte Agnes zeigen, wie gewaltig der feurige Ast war. Sie nickte stumm.

«Das war wieder meine Angst vor dem Tod, oder?»

«Ja, meine Tochter. Diese Angst könnte dich eines Tages überwältigen. Bis du den Tod zu deinem Verbündeten machst, wirst du unbesonnen handeln und viele Fehler machen. Das könnte dein Leben zum Stillstand bringen, dich hilflos machen.»

Ruby klatschte in ihre alten, schwieligen Hände. «War da im Wipfel ein hübsches, kleines Nest?»

«Ja, es war seltsam und wunderbar.»

Ruby stand auf. «Ach, wirklich, meine Liebe. War es nicht einfach wunderbar?» Sie warf die Schultern übertrieben zurück, spreizte die Hände geziert und tänzelte um ihren Stuhl. «Einfach wunderbar.»

Ich mußte über Ruby und ihren Ulk lachen.

Sie ging hinüber zu July auf dem Bett und flüsterte ihr etwas ins Ohr. July bewegte sich im Schlaf, setzte sich dann kerzengerade auf. Sie rieb sich die Augen und sagte: «Was habe ich verpaßt?»

«Du hast kaum was verpaßt», antwortete Ruby.

«Trinken wir etwas Tee.» Agnes eilte zur Teekanne und gab zerdrückte Kräuter ins kochende Wasser. Als sie einige Minuten aufgebrüht waren, goß sie das Wasser durch ein Tuch in vier Tassen. Als ich an meinem Tee nippte, fielen mir die Schwierigkeiten beim Abstieg vom Baum ein.

«Agnes, als ich hinabkletterte, wurde ich auf dem vorletzten Ast wieder schläfrig und furchtbar schwer. Der kleine Schmetterling wurde ganz nervös. Vor mir erschien ein sehr stattlicher, junger, heldenhafter Mann und winkte. Er sah so gut aus. Ich werde sein Gesicht nie vergessen.» Ich kam rasch ins Träumen, erinnerte mich verschwommen an ihn. Ich hatte mich augenblicklich verliebt.

«Was?» rief July mit eifriger Stimme. «Du hast hier in der Gegend in einem Baum einen Mann getroffen? Und du sagst, er sah sehr gut aus?»

«July, leg dich wieder schlafen», meinte Agnes.

July holte tief Luft, fand sich mit ihrer Verwirrung ab.

«Mir fällt ein, daß der Ast unter mir von Hunderten von Schmetterlingen abgenagt wurde. Ich begriff, wenn ich bei ihm blieb, war meine Chance, in Sicherheit zu gelangen, für immer vertan. Ich zögerte und hätte es beinahe nicht geschafft. Ich kletterte immerhin hinab, bevor der Ast fiel.» Ich versuchte meine Gefühle in den Blick zu legen, den ich Agnes zuwarf. «Ich liebte ihn. Wieso konnte ich nicht bei ihm bleiben?»

«Es wäre ein rascher und schmerzloser Tod gewesen, wenn du das meinst», seufzte sie.

«Klingt gut in meinen Ohren», meinte July. «Ist er noch da oben?»

«Hm», machte Ruby.

«Er hatte ein so schönes Lächeln», sagte ich. «Ich kann ihn immer noch sehen.» Ich lehnte mich in den Stuhl zurück und ließ mich sinken. Ich wurde von Melancholie ergriffen.

Agnes wies mit dem Daumen auf mich. «Schaut sie euch an.» Sie schüttelte den Kopf. «Wenn sich Frauen verlieben, wollen sie ihre Kraft weggeben. Du hattest die Wahl. Geh mit ihm oder nimm deine Kraft in die Hände. Was, meinst du, hat er von dir gewollt?»

Ruby schnaubte: «Falsch!»

«Allerdings falsch», sprach Agnes. «Schau, Lynn, wir gehen alle auf diese Erdwanderung, weil wir unser Weibliches heilen wollen. Ob Mann oder Frau, da ist kein Unterschied. Frauen kommen in diese Runde und wissen eine große Wahrheit. Doch wie die meisten Frauen konntest du nicht genau bezeichnen, was du wußtest. Einigen Frauen wird dieses Wissen gleichgültig. Du wolltest dieses Wissen verstehen. Das hat dich hierher geführt. Du hast mich gefunden, damit ich dir helfe. Die Männer *wissen* nicht, wenn sie in diese Runde kommen. Wenn sie Glück haben, begreifen sie, daß sie eine Frau finden müssen, die sie lehrt. Die Männer wissen nicht, wie sie leben müssen. Die Frauen müssen es ihnen beibringen. Doch zuerst müssen die Frauen ihre eigene Kraft in die Hände nehmen und sich selbst heilen. Sie ahmen die Männer nach, wie die Spottdrossel die Krähe. Sobald sie das tun, ist alles vorbei. Das ist ganz falsch. Für Männer wie Frauen ist es ein Verlust, und sie werden geschwächt. Hättest du dich für diesen Mann, so schön er auch war, und nicht für deine Kraft entschieden, er würde dich zugrunde richten. Du wärst für ihn nicht die Weiße Büffelfrau gewesen, von der er lernen könnte, und er hätte dich deshalb gehaßt. Erst wenn du eine Göttin bist, kannst du dich mit deinem Gott erfolgreich vereinigen, erst dann.»

«Ho!» rief Ruby und klopfte Agnes und mir auf den Rücken. «July hat den hinterhältigen Kerl noch nicht einmal gesehen und ist trotzdem bereit, ihm in ihr Verderben zu folgen.»

Mir war es gelungen, über meine Reise zu sprechen, und ich fühlte mich so erleichtert, daß ich nur noch meine Teetasse ausspülte und sofort einschlief.

Bewahrt die Mysterien!
Enthüllt sie beständig!

Lew Welch
Theology

Traumreise in den Süden

Am Spätnachmittag brauste von den Plateaus im Norden ein heftiger Sturm herab, blies eiskalt durch die Ritzen der Blockhütte. Manchmal wehte es so stark, daß das zusammengeknüllte Zeitungspapier in den Spalten quietschte und ins Zimmer flog. Wir trugen mehrere lange Unterhosen übereinander, verbrachten das Essen meistens schweigend und spürten, wie schutzlos unsere kleine Hütte preisgegeben war, aber auch, welche Geborgenheit in unserer Freundschaft war. Druck und Anspannung waren gewaltig, und das enge Zusammenleben von uns vieren drängte unsere Gedanken mehr und mehr in das Reich der Einbildungskraft. Ich begann zu verstehen, wie diese Belastung zu Visionen des gefürchteten *Windigo* führen konnten – zur Vision, die den Geist eines Menschen besessen machte, das Herz zu Eis erstarren ließ und ihn oder sie dazu trieb, ganze Dörfer hinzuschlachten. Der Windigo ist der Teil in einem Menschen, der wahnsinnig ist und wie ein Kannibale über andere oder sich selbst herfallen kann. Mich überlief es kalt, wenn ich an die Tiefe dieses Schmerzes dachte, und ich setzte mich an den Ofen, stellte meine warm eingepackten Füße auf eine alte Apfelkiste.

«Wie wär's, wenn wir von wärmerem Wetter sprechen würden?» schlug Agnes vor.

Ich konnte erkennen, daß die ungebrochene Kälte auch ihr zusetzte. An die Abreise war nicht zu denken; der Weg war versperrt. Mit der Klaustrophobie wurde ich fertig, weil mein Geist Flügel bekam. Ich beobachtete Ruby, wollte sie verstehen, diese selbstbewußte alte Frau mit ihrer großen geistigen Kraft, mit den Augen, die nichts sahen. Sie war geschickt in allem, was sie tat: ob sie nun Teller wusch oder Decken zusammenlegte, sie arbeitete genau. Ihre Bewegungen waren immer überlegt, zweifellos aufgrund ihrer Blindheit, doch hing das auch, wie ich spürte, mit der großen Ehrfurcht zusammen, die sie vor dem Leben, dem Universum hatte. Ich lernte viel, wenn ich ihr einfach zusah, wie sie durch den Tag ging. Ich staunte, weil sie anmutig wie die Coyoten war, fähig, das Wissen zu leben, das sie mir beibringen wollte. Wenn ich zu ernst war, überrumpelte sie mich oft, indem sie die senile alte Dame oder das schmollende Kind spielte. Noch nie war mir die Ehre zuteil geworden, so lange mit ihr zusammen zu sein. Ich war verblüfft, wie sehr sie Abstand hielt, sich treu blieb. Und doch hatte ich sie gleichzeitig so lieb.

Agnes schubste einen Stuhl her, setzte sich mir gegenüber hin, July zog ihren links von mir heran, und Ruby ließ sich rechts von mir nieder. Obwohl ich Ruby recht gut kannte, wurde ich in ihrer Nähe immer ein wenig nervös. Ich wußte nie, was sie als nächstes tun würde. Ich beobachtete sie aus dem Augenwinkel und sah, wie sie in sich hineinlächelte, als sie den Mokassin nahm, an dem sie gearbeitet hatte, und ihn in ihren Händen rieb.

«Lynn, es ist Zeit für eine gute Geschichte», meinte Agnes, auf dem Schoß ein Tablett mit Stickperlen. Sie nahm ein paar winzige weiße mit der Nadelspitze auf und begann an einem Beutel zu arbeiten.

«Einverstanden», sagte Ruby. «Eine gute Geschichte wärmt das Herz.»

July sprach: «Ich möchte mehr über den schönen Mann im Baum hören.»

«Ich sagte: eine gute Geschichte», fuhr Ruby sie an. «Sie wird uns etwas über die Zeit erzählen, die sie in Yucatán verbrachte, wo es warm und sonnig ist.»

«Es gibt so viel zu berichten. Wo soll ich anfangen?»

«Wie wär's mit dem Anfang?» schnaubte Ruby.

«Okay. Stellt euch mein Haus vor...»

Feiner Regen fiel, und ich saß in meinem Wohnzimmer und konnte durch die Terrassentüren die feinen Striche der Tropfen sehen. Ich las den Reiseteil der Sonntagszeitung, und mein Auge fiel auf die Billigflüge nach Mexiko, nach Mérida auf der Halbinsel Yucatán. Agnes hatte mir von einer Frau erzählt, die dort lebte und, wie sie sagte, viel über Masken wußte.

«Was meinst du? Schnitzmasken?» hatte ich Agnes gefragt.

Agnes hatte geantwortet, daß die Frau etwas über Kraftmasken wußte, daß ihr Wissen zum Teil aus der Zeit vor der Kultur der Maya stammte. Sie hatte mein Interesse geweckt, und so schrieb ich den Namen der Frau rasch in mein Notizbuch, dazu eine vage Beschreibung des Hauses in dem kleinen Dorf, in dem sie lebte. Agnes hatte die Frau nie wieder erwähnt, und ich hatte bis zu diesem Augenblick nicht mehr an das Gespräch gedacht.

Ich wählte die Nummer der Fluggesellschaft aus der Zeitungsanzeige und ließ mir einen Platz reservieren. Es kam mir völlig unvernünftig vor. Die nächsten drei Stunden sagte ich Verabredungen zum Essen, Treffen, Autogrammstunden in Buchhandlungen und alle übrigen Aktivitäten ab. Die Reaktionen reichten von sanfter Enttäuschung über

Schimpfen bis zu Wutanfällen. Ich hatte nicht die Absicht, so viele Leute zu ärgern, hatte aber so hart gearbeitet, daß ich meinte, mir einen Urlaub verdient zu haben. Ob die Ausrede nun gut war oder nicht, ich wollte fort.

Der Flug verlief ohne Zwischenfälle. Am Flugplatz mietete ich einen Wagen, nahm Karten in die Hand und fuhr zu den alten Ruinen der Maya von Uxmal, von dort weiter zu dem kleinen Dorf *Llano*, mit ungeteerten Straßen und Häusern aus luftgetrockneten Lehmziegeln. Mit meinen paar Brocken Spanisch fragte ich einen Jungen nach dem Haus von Zoila Guiterez. Nach vielem Gestikulieren und Deuten entdeckte ich, daß es ein kleines Haus aus Adobeziegeln war, das etwas abseits vom Dorf an einem kleinen Bach lag. Ich dankte dem Jungen, der ein Enkel Zoilas war, und fuhr zum Haus. Der Garten war klein und gepflegt. Mitten in der alten Holztür war ein Fetisch befestigt. Ich klopfte. Die Tür ging auf, und da stand Agnes Whistling Elk und grinste breit.

«Mit dir wollte ich es schon aufgeben», sagte sie. «Seit drei Tagen erwarte ich dich. Wieso bist du nicht früher gekommen?»

Wir umarmten uns. Ich war völlig überrascht. «Agnes», versetzte ich, «ich hab' mich erst gestern nachmittag entschlossen, herzukommen.»

«Ich habe eben mit Zoila über dich geredet. Haben dir die Ohren geklungen?» Ich lachte und sagte: «Da wir nicht in Kanada sind, habe ich mit dir am allerwenigsten gerechnet.»

«Ach, du weißt, wie es ist. Uns Indianer juckt es manchmal, herumzuschnüffeln. Wir gehen immer der Nase nach. Komm herein. Wir waren gerade bei deiner Lieblingsbeschäftigung – Teetrinken.»

Ich folgte ihr durch das Haus in einen schönen Garten,

den ein Holzzaun umgab. Auf einer von Hand behauenen Bank saß eine ältere Frau in einer leichten Bluse oder *huipile* und einem blauen Wickelrock. Sie trug wie die meisten Indianerfrauen auf Yucatán Ledersandalen. Agnes machte uns miteinander bekannt.

«Hab' ich nicht eben gesagt, Lynn Andrews wird bald an der Tür klopfen?» sagte Agnes.

«Das hast du, Agnes», sprach Zoila mit leichtem Akzent und sah mich an. «Wir haben uns schon im Norden getroffen, aber wahrscheinlich erinnerst du dich nicht an mich.»

Ich spürte sofort eine Verwandtschaft mit dieser ungewöhnlichen Frau. «Nein, ich erinnere mich nicht. Wo?»

«Das macht nichts», meinte sie.

«Ich hole Lynn etwas Tee», sagte Agnes lächelnd. «Und laß dich von ihr nicht über Masken und das Wissen der Maya ausquetschen.»

Einen Augenblick lang war ich verlegen. «Bist du eine Maya?» fragte ich schließlich.

«Ich bin eine Maya», sagte sie. Und dann fügte sie hinzu: «Einige Leute meinen aber, ich bin zur Hälfte Rotluchs.»

Ich wollte sie eben nach den Masken fragen, als Agnes mit einer Kürbistasse voll Kräutertee zurückkam, der ein wenig bitter war. Wir setzten uns. Schweigend tranken wir unseren Tee in kleinen Schlückchen. Ich war noch verwirrt, daß ich Agnes in diesem Haus getroffen hatte. Dutzende von Lösungen schossen mir durch den Kopf, wie es kommen konnte, daß Agnes vor mir saß.

Zoila lächelte mich herzlich an. Ihre Augen waren sehr sanft und lieb, doch in den Schatten konnte ich eine zusammengerollte Klapperschlange sehen. Ich wußte, dieser Frau durfte ich nie in die Quere kommen. Ihre Augen wanderten über mein Gesicht, hin und her, als lese sie meine

Gedanken. Einige kleine Kinder kamen in den hinteren Garten gerannt, und ein Mädchen fragte Zoila mit hoher Stimme etwas in der Mayasprache. Zoila antwortete, und die Kinder umringten uns erwartungsvoll. Zoila erklärte, daß die Kinder noch eine Geschichte von Agnes hören wollten. Agnes redete in der Mayasprache mit den Kindern. Dann wandte sie sich an das Mädchen, das mit Zoila gesprochen hatte. Das kleine Mädchen rannte ins Haus und kehrte rasch mit einer Teekanne zurück. Sie schenkte unsere Tassen voll.

«Die da ist meine Enkelin», sagte Zoila.

«Sie ist wirklich hübsch», bemerkte ich.

Agnes entschuldigte sich und setzte sich in unserer Nähe auf den Boden. Die Kinder machten einen Kreis um sie, lachten und schwatzten aufgeregt. Als Agnes zu erzählen begann, wurden sie ganz still.

Ich nutzte die Gelegenheit und sagte zu Zoila: «Agnes sprach davon, daß du dich mit Masken auskennst.»

«Komm mit, setzen wir uns dort drüben hin, damit wir die Kinder nicht stören», antwortete sie.

Wir gingen in eine Ecke des Gartens und ließen uns auf dem Boden nieder. Der starke Duft der feuchten Erde und des urwaldartigen Blattwerks, noch naß vom nachmittäglichen Regenguß, war schwer und fruchtbar. Ich nahm noch einen Schluck Tee. Von hier aus konnte ich durch eine Lücke im Zaun sehen. In der Ferne drängten sich Geier auf den Ästen eines abgestorbenen Baumes hinter einer strohgedeckten Hütte.

«Ist was gestorben?»

«Ach, nein. Die Geier kommen immer und warten auf den Abfall aus der Schnapsbude.»

Für einen Augenblick sah mich Zoila still und aufmerksam an. Mit den Handflächen glättete sie die Erde. Sie nahm einen dünnen Zweig und zeichnete ein Muster auf den Boden, ein Rechteck, das in Dreiecke unterteilt war.

«Was bedeutet es?» wollte ich wissen.

«Es bedeutet Kraft, und diese stellt einen Weg dar, dich selbst zu verstehen.»

«Kraft. Diese Zeichnung deutet auf vieles hin, aber wie kann sie Kraft darstellen?»

«Wir nennen dieses Muster eine Maske der Erde. Diese Maske ist unser Altar. So beten wir und ordnen das, was uns heilig ist.»

Ich holte meine Umhängetasche und nahm ein weißes Schultertuch heraus, das ich für sie mitgebracht hatte. Ich reichte es ihr ehrerbietig. Sie sah es sich an und legte es mit einem Nicken beiseite.

«Lehre mich», sagte ich.

«Du bist von diesem Ort hier angezogen worden wie die Biene von einer Blüte. Du sollst lernen; das ist einer der Gründe, warum du hier bist. Ich werde dich lehren. Heute abend mußt du dich von deiner langen Reise ausruhen. Wir müssen jetzt Siesta machen und auf das Wissen warten. Es wird kommen, sobald du bereit bist, es zu empfangen. Es ist auf der Wanderschaft, aber nie so weit entfernt, daß du es nicht in deine Nähe locken kannst.»

Während Zoila sprach, flog ein schöner grüner Kolibri zwischen uns durch und erkundete einen Fuchsienstrauch. Zoila fuhr fort und nickte in Richtung unseres Gastes: «Schau, wie der Kolibri vor der Blüte schwebt. Blütenstaub ist Kraft für diesen winzigen Vogel. Sieh nur, wie das Weibchen den rechten Augenblick abwartet und dann die Blüte berührt. Es nimmt sich, was es braucht und fliegt fort.»

Wie auf ein Stichwort bewegte sich der Kolibri rückwärts weg von der Fuchsienblüte und schwirrte über den

Zaun davon. «Wenn die Kraft zu dir kommt, bleib still mit ihr. Keine Diskussionen, damit die Energie nicht versickert. Nimm sie einfach an. Langsam wird sie anfangen, mit dir zu tanzen, aber nur, wenn du Geduld hast und auf ihre Stimme hörst.»

Zoila nahm meine Hände und legte sie auf ihr Herz. Mir wollte das Herz bersten. Wir standen auf und gingen zu Agnes und den Kindern. Agnes erzählte noch ihre Geschichte, und die Kinder hingen hingerissen an ihren Lippen. Die Geschichte war sicher lustig, denn die Kinder lachten an bestimmten Stellen entzückt auf. Mir fiel ein, daß mir July gesagt hatte, Agnes spreche zehn Indianersprachen.

Agnes entließ die Kinder, und sie hüpften davon. Ein bezauberndes Bild, wie die Kinder in ihrer bunten Kleidung aus Rot, Gelb und Schwarz rasch durch den Zaun verschwanden. Wir drei gingen zu meinem roten Ford. Ich hatte ihn erst vor wenigen Stunden gemietet, aber mir war, als sei es Tage her.

«Ich nehme Lynn mit, und wir treffen dich später», meinte Agnes.

«Ich komme hin», sagte Zoila.

Agnes drückte Zoila etwas Kleines in die Hand und zwinkerte ihr zu. Wir fuhren eine gewundene, ungeteerte Straße entlang, die am frischen Grün des Dschungels lief, und Agnes wies mir den Weg.

«Wo fahren wir hin?» erkundigte ich mich.

«Wir besuchen Freunde. Dort können wir uns ausruhen und essen.»

Inzwischen fuhr ich auf einer schmalen, zweispurigen Straße durch einen niedrigen Dschungel. Ich spürte, wir waren in der Nähe der alten Ruinen von Uxmal. Ich dachte an Zoila, und der Gedanke, daß ich von ihr lernen würde, erfüllte mich mit scheuer Erwartung. Die Straße schien enger zu werden, und das Gewirr aus Kletterpflanzen und Blüten war greifbar nahe am Autofenster. «Wie weit noch?» fragte ich.

«Nicht weit», antwortete Agnes.

Leichter Regen setzte ein, ein feiner Sprühregen. Wasserperlen sammelten sich auf der Windschutzscheibe, und ich schaltete die Scheibenwischer ein. Die Straße war feucht und gefährlich, ich brauchte nur mitten im Dschungel im Morast stecken zu bleiben. Sie bog nach Osten und erreichte eine Lichtung. Gleich darauf befanden wir uns im Hof einer langen Hazienda aus Adobeziegeln.

«Park dort», sagte Agnes.

Ich sah, daß dort in einer Reihe viele Wagen, Jeeps, ein Wohnmobil und ein kleiner Lieferwagen abgestellt waren. Der Regen hörte gerade auf, als wir aus dem Auto stiegen.

«Nimm deine Sachen mit», meinte Agnes.

Ich nahm die beiden Reisetaschen und folgte ihr. Die Hazienda war von einem Jacarandagehölz umgeben. Mächtige, blühende Kletterpflanzen hingen über die Balkons, und als wir durch die breite, handgeschnitzte Mahagonitür traten, glitten unsere Füße auf den blanken Fliesen beinahe aus.

«Wo sind wir hier, Agnes?»

«Du bist hier so willkommen wie ich. Mehr brauchst du im Augenblick nicht zu wissen.» Sie blieb stehen. «Ich glaube, dein Aufenthalt hier wird mehr bringen, als du dir träumen läßt.»

Ich mußte lächeln, als ich das verschmitzte Funkeln ihrer Augen sah. Sie wandte sich nach rechts, und wir kamen durch einige Zimmer, die ins Freie gingen und hohe Decken hatten. Draußen begann der Regen niederzuprasseln. Das Stakkato der großen Tropfen übertönte die Vielfalt der

Geräusche Yucatáns, die Vögel, die Insekten. Agnes führte mich weiter. Wir liefen Stufen hinauf in einen großen Raum im Obergeschoß. In ihm standen zwei Betten, und eine Reihe schmaler Fenster gingen auf einen Hof hinaus, dessen kleines Schwimmbecken von niedrigen Palmen umstanden war. Ein paar Frauen saßen auf der Veranda, beobachteten von ihren Holzstühlen aus den Regen und tranken mit Strohhalmen ein blaßrotes Getränk aus hohen Gläsern.

Ich stellte meine Taschen ab und öffnete die Holzjalousien. Das friedliche Rauschen des Regens war angenehm und ließ mich schläfrig werden. Ich wollte baden und mich kurz hinlegen. Agnes war schon auf ihr Bett gesunken und hatte das Gesicht zum Kissen gedreht. Den rhythmischen Atemzügen nach war sie schon fest eingeschlafen.

Nach dem Bad legte ich mich mit großer Erleichterung auf das kleine, harte Bett und sah zu, wie sich der Ventilator langsam über mir drehte. Trotz meiner Müdigkeit klopfte mir das Herz vor Aufregung, und ich konnte die Augen nicht schließen. Ich kleidete mich an und ging leise aus dem Zimmer. Draußen, unter der Arkade ließ ich mich in einem Klubsessel nieder und sah zu, wie der Regen in silbernen Streifen fiel. Fern im Osten riß ein Blitz den Himmel auf. Die Frauen, die ich vorhin gesehen hatte, waren verschwunden. Ich sagte mir, daß alle Siesta machten.

Mir war, als befände ich mich am Nabel einer alten Zivilisation. Die Energie Yucatáns war wie nackt, als hätten die Jahrtausende des Lebens die Schleier abgetragen, in die ein Land gewöhnlich gehüllt ist, um sich zu schützen. Mir schien, Yucatán stand nackt vor mir. Es dehnte sich pulsierend in alle Richtungen aus, flach und doch muskulös, kräftig und doch sanft in seiner Stärke. Atemzug um Atemzug, Bewegung um Bewegung drang es mir ins Herz und den Solarplexus. Ich befand mich an einem mächtigen

Kraftplatz, und wie ich so schaute, schimmerte ein Ozean von Regen über dem Land.

Ich döste ein und wurde von Agnes geweckt, die mich an der Schulter schüttelte. Zoila war bei ihr, und beide waren festlich gekleidet. Der Regen hatte aufgehört, und es war spät geworden. Bunte Lichter beleuchteten den Patio, und ich konnte irgendwo drüben in den Schatten Frauen lachen hören.

«Schläft Lynn dauernd, Agnes?» fragte Zoila, hob die dunklen Augenbrauen und guckte mich an. Wäre die Frage nicht von einer Medizinfrau gestellt worden, sie hätte harmlos geklungen. So aber kam sie mir wie eine von Rubys Herausforderungen vor. Mein Rücken spannte sich, und ich wurde rasch wach.

«Ich hoffe, du hast Hunger», sagte Agnes.

«Ja, und wie», versetzte ich.

Agnes rieb mir auf dem Weg nach unten den Rücken und kicherte. Sie stieß mich wie ein Schulmädchen mit den Ellbogen an. «Laß locker», flüsterte sie mir ins Ohr. «Du bist zu empfindlich.»

«Wo sind wir hier, Agnes? Ist das eine Art Zufluchtsort?»

«Ich glaube, hier ist das Eßzimmer.»

Und das war der weite Raum auch, mit seinen elf Tischen und den jungen Mayafrauen in weißen, geblümten Kleidern, die das Abendessen auftrugen. Neun Frauen aßen noch oder tranken Kaffee. Wir drei setzten uns, und eine junge Frau brachte uns Salate, große Teller mit Fisch, Schalen mit schwarzen Bohnen und Reis, dazu geröstete Bananen und tropische Früchte.

Als wir gegessen hatten, bat mich Zoila, mit ihr in den Garten zu gehen. Agnes kehrte ins Zimmer zurück. Ein balsamischer Duft lag über allem, und das Gelände war voller tropischer Palmen und blühender Schlingpflanzen. Zoila nahm meine Hand und führte mich in Richtung Treppe. Sie sagte nichts. Der Klang der Frauenstimmen schien leiser zu werden, und die Geräusche der Nacht schwollen an, wurden lauter. Als sie meine Hand losließ, waren die plaudernden Stimmen wieder da, kräftiger als die Stimmen der Nacht.

«Hast du das gehört?» fragte ich und riß die Augen auf.

Zoila sah mich an. «Was?»

«Die Nacht...»

«Nein, die Blätter», unterbrach sie mich.

«Die Blätter?»

«Ja, sie haben zu dir gesprochen.» Zoila hielt mir ihre Hände hin. «Ich arbeite mit den Pflanzen. Ich verwende sie beim Heilen. Bei bestimmten Mondphasen gehe ich nachts auf die Suche nach verschiedenen heiligen Pflanzen.» Sie nahm wieder meine Hand, die sich heiß anfühlte. Sie drückte sie und ließ sie wieder los. «Hör hin», sagte sie. «Mach die Augen zu.»

Ich konnte eine Veränderung der Geräusche hören, ein sehr leises Klagen. Ich fuhr leicht zusammen und wirbelte in einem kurzen Tanz auf einem Bein herum. Fast wäre ich gestürzt, und dann öffnete ich die Augen. Die Gummibäume ragten vor mir auf, und die Erde wogte in Hitzewellen. Ich setzte mich auf den Boden und starrte hinauf zu Zoila.

«Hab keine Angst. In uns allen ist ein Wesen, das wir kennenlernen müssen. Dieser Geist in dir spricht mit den Pflanzengeistern.»

Mir wurde schwindlig.

«Ist dir das nie aufgefallen?»

«Ich habe immer den Wind in den Bäumen gern gehabt.»

«Mach deine Augen wieder zu und lausche mit deinem Herzen.»

Ich tat es und hörte ein sanftes Klagen, fast wie eine weinende Frau.

Zoila berührte meine Schulter. «Mach jetzt deine Augen auf. Du hast sie gehört, oder?»

«Ja. Wer ist sie?»

«Sie heißt *ashana*. In deiner Sprache nenne ich sie *Affenwurzel*. Sie ist eine Pflanze und bietet dir ihren Schutz an. Du brauchst sie.»

«Weshalb nennst du sie Affenwurzel?»

«Sie sagt dir, wie sie dich sieht, wie das die Affen oft tun, wenn sie die Leute nachmachen. Sie ist sehr mächtig. Wenn du zu mir zu Besuch kommst, werden wir hinausgehen und sie gemeinsam suchen.» Zoila grinste mich breit an, wandte sich um und verschwand in den nächtlichen Schatten.

Ich fand mich wieder zurecht. Die Hazienda schien wie ausgestorben. Ich lief rasch nach oben aufs Zimmer und sah, daß Agnes fest schlief. Ich konnte kaum begreifen, wie sie an diesem ungewöhnlichen Ort so rasch und mühelos einschlafen konnte. Ich warf einen Blick auf die Uhr. Es war zwei Uhr morgens! Ich war fünf Stunden mit Zoila zusammen gewesen, und mir waren sie wie ein paar Minuten vorgekommen.

Als ich am nächsten Morgen aufwachte, fühlte ich mich müde. Ich blieb liegen und lauschte auf den Regen und auf den Lärm der Vögel und Insekten in dem dichten Blattwerk, das die Hazienda einhüllte. Agnes kam aus dem Bad.

«Ich kann mich an dieses zivilisierte Leben nicht gewöhnen.» Sie zeigte zum Bad. «Es stimmt nicht.» Sie kam und setzte sich zu mir auf die Bettkante.

«Agnes, ich hatte gestern nacht ein unglaubliches Erlebnis mit Zoila.» Beim Sprechen verflog meine Müdigkeit.

«Erzähl.»

«Wir liefen durch den Garten. Wir blieben stehen und

lauschten, und ich hörte, wie die Blätter zu mir sprachen. Und eine Wurzel, die *ashana* heißt, rief mich. Sie klang wie eine weinende Frau.»

«*Ashana*. Ich habe von ihr gehört. Sie hält böse Geister fern. Ein bißchen weiß ich darüber.»

«Ich hätte wissen müssen, daß du diese Pflanze kennst.»

«Ja, also Zoila wird eine gute Lehrerin für dich sein. Sie kennt die heilige Pflanzen dieser Gegend besser als sonst jemand.»

«Ich war aufgewühlt, als ich die Klänge der Blätter hörte. Zoila hat mir geholfen. Die Klänge packten mich, und ich tanzte.«

Agnes beobachtete, wie ich aufgeregt aus dem Bett sprang und mich anzog. Sie sagte: «In alten Zeiten haben wir eine Schülerin immer zu anderen Medizinleuten geschickt, wenn sie Kräfte erlernen mußte, die von einem anderen Pfad sind. Zoila kennt sich außerordentlich gut mit Pflanzen aus, aber ihr Wissen kommt von einem anderen Pfad. Ich schätze sie hoch, und ich übergebe dich ihr, damit du etwas von dem Wissen lernst.»

«Ich mag Zoila», bemerkte ich auf dem Weg nach unten.

Agnes und ich frühstückten in dem kleinen Eßzimmer und gingen dann hinüber zu den Ruinen von Uxmal. Wir wanderten vergnügt durch die uralte Stadt. Uxmal hat etwas Sinnliches, wie eine Frau. Wir entdeckten auch die magnetischen Stellen der Architektur, die Akupressurpunkten eines menschlichen Körpers glichen, und stellten uns auf sie, atmeten die Energie durch unsere Fußsohlen ein. Am Nachmittag spazierten wir zur Hazienda zurück, um Siesta zu halten. Ich war mir zutiefst bewußt, wie sehr ich Agnes als meine Lehrerin und Freundin liebte und achtete. Ebenso war mir zutiefst bewußt, wie ähnlich die Energie zwischen uns war, welche Yucatán zu uns zurückstrahlte. Wir nahmen die magischen Anblicke, Gerüche, Geräusche, die magische Kultur von Uxmal gemeinsam wahr. Wir waren beide fremd in diesem unbekannten Land, und zum erstenmal waren wir gleich, genossen es, Neues zu erleben. So dachte ich zumindest.

Agnes verließ nach unserer Siesta das Zimmer. Während sie fort war, brachte mir Zoilas Enkel, der mir schon im Dorf den Weg gewiesen hatte, eine Nachricht. Auf dem Zettel stand, daß Agnes nicht zum Abendessen kommen würde, und daß ich warten solle, bis der Mond aufging, um dann dem Plan auf dem Zettel zu folgen.

Sie kommt herein durch die Nachtwände.
Ihre Musik... mein Blut.
Raubgieriges Hervorströmen
subtil
wie das Loslassen einer Hand

Jack Crimmins
The Final Mother

Die Urmutter

Im Dschungel schrillten die nächtlichen Schreie der Vögel und Tiere, als ich die Hazienda verließ. Die dichten Bäume und das niedere Buschwerk schwankten und knarrten im warmen Wind. Gelegentlich wand sich eine Kletterpflanze schlangengleich über meinen Pfad. Ich hielt mich sorgfältig an die Anweisungen, die mir Zoila geschickt hatte. Es wurde langsam spät. Der Pfad führte gerade durch den Dschungel, der nach moderndem Holz und feuchter Erde roch. Im Gehen hörte ich mit Unterbrechungen Laub rascheln. Ein Tier heulte und ließ mich erschauern. Plötzlich befand ich mich vor einem verfallenen Gebäude der Maya, einem flachen Tempel mit hohen Steinschlangen und Terrassen an beiden Seiten. Der Vollmond schimmerte auf den Ciebabäumen und glühte ungewöhnlich. Ich hörte wieder ein Geräusch und blickte in die Richtung. Alles wurde still. Ich ging, wie auf der Karte angegeben, weiter und trat durch einen dunklen Bogen.

Hinter dem Durchgang ging es scharf nach links. Aus den Schatten lösten sich zwei Frauen, die wie Amazonen aussahen.

«Was? Wer seid ihr?» schrie ich überrascht.

«Keine Angst», sagte eine der großen Frauen, sprach Englisch mit dem schweren Akzent der Maya. «Wir sind zu den Wächterinnen dieses Tempels bestimmt. Wir sind die nächtlichen Wanderinnen, die dich an dein Ziel bringen werden. Dies ist ein geheimer Ort, und du mußt eine Kapuze tragen.»

Kaum hatte sie es ausgesprochen, zog mir die andere eine Kapuze über den Kopf, machte sie fest. «Komm», sagte sie dann. «Hake dich in unsere Arme ein.«

Wir liefen einige Minuten. Ich konnte Kopalharz riechen, das Räucherwerk, das aus dem Kopalbaum gewonnen wird. Durch den dunklen Stoff vor meinem Gesicht konnte ich ein flackerndes Licht erkennen. Dann spürte ich außer meinen Begleiterinnen noch andere Menschen in der Nähe.

Ich wurde sanft in eine sitzende Stellung auf eine kalte, harte Bank ohne Lehne gedrückt. Ich berührte den glatten Stein mit den Händen und fand unter ihm und an den Seiten runde, gemeißelte Formen. Die Kapuze wurde abgezogen, und die Wächterinnen verschwanden in die Schatten.

Ich hatte versucht, die Orientierung zu behalten und glaubte, nach Osten zu blicken. Ich hielt den Atem an. Ich saß mit drei maskierten Wesen in einem Raum. Sie sahen wie riesige Geisterpuppen der Mayas oder wie *Katchinas* aus. Eine befand sich direkt vor mir, eine zu meiner Rechten und eine zu meiner Linken. Ich drehte mich um und sah, daß direkt hinter mir eine vierte war. Sie waren alle völlig verschieden. Die Wesen, die sich einander gegenüber befanden, waren von gänzlich entgegengesetzter Art. Alle waren weiblich und schienen auf mich ausgerichtet. Wir thronten in einem quadratischen Raum, ganz aus Stein, mit gewölbter Decke und fensterlos. Das war eine uralte Atmosphäre, als finde alles vor Tausenden von Jahren statt. Ein paar Fackeln brannten und machten die maskierten Wesen und ihre kraftvollen Farben noch geheimnisvoller. Die Flammen wogten und züngelten in die Schatten.

Die Frau vor mir begann sich zu bewegen. Schön sah sie aus im fahlen Feuerschein. Anmutig wie eine Sylphide war sie, trug einen Kopfschmuck aus Gold, dazwischen etwas, das wie Papageienfedern aussah. Am höchsten Punkt war ein Kolibri. Von irgendwoher hörte ich Musik, und die Frau begann mit hoher Stimme zu summen. Eine Trommel setzte mit einem Herzrhythmus ein, und eine Tonflöte trillerte. Mir unbekannte Perkussionsinstrumente gesellten sich dazu. Das maskierte Wesen sprang in die Luft, und seine Röcke wirbelten, raschelten und zitterten um die bemalten Beine. Sie trug zwanzig oder dreißig Lagen aus Gras übereinander, die mit schimmernden Regenbögen bemalt waren. Ihr Gesicht war äußerst fein mit Regenbogenfarben bemalt , und ihr langes Haar war silbern wie Weihnachtslametta. Sie forderte mich mit einem Nicken auf, näherzukommen und hielt mir eine Jadetafel hin, bedeckt mit Symbolen, wie sie die Maya hatten. Als ich mich nicht bewegte, kam sie näher, streckte mir die Tafel entgegen. Von ihrem Körper strahlte Licht aus, glitzerte wie Rauhreif in der Sonne. Sie bewegte sich in phantasievollen, stilisierten Schritten zum Rhythmus der Musik, tanzte wild und ausdrucksvoll, hielt inne und blieb wie bei einer Pantomime mitten im Lauf stehen.

Ich spürte die dunkle Energie, die von dem Wesen oder Ungeheuer hinter mir ausging. Es stieß einen grauenhaften Schrei aus.

«Schau mich an!» schrie die Stimme.

Ich wandte mich im Sitzen nach ihr um. Sie wirbelte durch Rauchschwaden, und ihr Gesicht war ein unförmiger Totenschädel. Über die leeren Augen war ein schwarzer Streifen gemalt. Als ihr Knochengesicht langsam näherkam, konnte ich die gezackten Zähne sehen. Sie sah wie eine Maske des Todes aus. Sie war kahl wie der Nordwind, wie eine tote Sonne. Ihre Hände glichen Vogelklauen. Die Musik wurde mißtönend, und der Rhythmus pochte immer schneller. Von ihrem Gürtel hingen tote Schlangen, Vögel und große Eidechsen, und die lagen nun schaurig um sie ausgebreitet.

Sie hatte einen Anfall oder Ausbruch, es war, als sei sie von den ärgsten Teufeln besessen. Sie redete wirr und stöhnte, und Schaum trat ihr auf die Lippen. Ich stand auf und stieg auf die steinerne Bank, weil ich Angst hatte, daß sie mich in ihrer Hysterie verletzen könnte. Sie wurde ruhiger, erhob sich und lächelte voller Gift und Gehässigkeit, zeigte drohend die abgebrochenen, schwarzen Zähne. Sie zog einen Schädel unter ihren dornenbewehrten Röcken hervor und hielt in der anderen Hand ein schwarzes Steinmesser. Mit hoher Stimme brach sie in einen Singsang aus, in dem der Wahnsinn mitschwang.

Schneid ab deine Hand.
Schneid ab deinen Fuß.
Feßle dich an den Boden.
Pfähle dich auf dem Baum.
Du wirst mich nie verlassen.

Als sie zu Ende gesungen hatte, sprang sie mich heimtükkisch an. Ich fuhr zurück, geriet aus dem Gleichgewicht und wäre fast von der Bank gefallen. Ich war vor Schreck so gelähmt, daß ich mich kaum bewegen konnte.

«Warte! Sie ist mein», sprach die Frau zu meiner Rechten mit einer Stimme voller Liebe und Mitgefühl. Ich wandte mich ihr zu, und sie tanzte vor mir, bot mir reiche Gaben dar – Früchte, Getreide und Mais. Sie trug ein Gewand aus glänzenden Maisfasern, die im Fackelschein wie Sommerregen schimmerten. Die rechte Brust war nackt, und es war, als stille sie ein Baby, aus einer Maishülle gemacht und an ihr festgebunden. Sie stellte einen Korb Maismehl vor meine Füße. Dann summte sie ein Schlaflied und stäubte etwas Maismehl über meinen Kopf. Ihr grünes Haar war durchsetzt mit Adlerfedern, gefleckten Schwungfedern. Sieben Schlangen umfaßten ihre Mitte. Ihr Antlitz war gelb bemalt, dazu kamen zwei rote Streifen, die seitlich über Wangen und Nase liefen. Sie war groß und eindrucksvoll und bewegte sich mit der Stärke der Mutter Erde. Sie wiegte sich zum Trommelschlag nach rechts und links und winkte mir, ich solle folgen. Dann blieb sie stehen.

Hinter mir hörte ich ein schreckliches Geräusch, das nur aus einer Schweineschnauze kommen konnte. Ich wandte mich um, wollte der neuen Ungeheuerlichkeit ins Auge blicken. Sie trug einen Armvoll Schlangen, und über ihr Gewand aus toten Schlangen krochen große, haarige Spinnen. Ihr ungestaltes Gesicht sah wie eine Masse knorriger Uferwurzeln aus. Sie trug ein Kleid aus Rabenschwingen, an denen Geierklauen baumelten. Ihr Kopfschmuck war aus Gold und schwarzen Schlangen gearbeitet. Sie tanzte und warf lange, zitternde Schatten. Sie war die Personifikation alles Verderblichen, feindlich Dämonischen. Sie ließ sich stöhnend zu Boden sinken und kroch auf mich zu. Ich war voller Abscheu und Entsetzen. Sie gab die Schlangen an meinen Füßen frei und sah zu mir aus fahlen Reptilienaugen auf. Ich schrie und sprang nach hinten von der Steinbank.

Die Wesen kamen alle auf mich zu, zerrten an mir, streichelten mich. Ich drängte mich an ihnen vorbei, sah einen Durchgang und rannte zu ihm, sie hinter mir her. Ich war verwirrt, wußte nicht, wo ich mich befand und wollte nur noch von hier fort. Ich versuchte es mit einigen Gängen, aber sie schienen alle in sich selbst zurückzumünden.

Dann sah ich in einem der Gänge Licht und eilte hin. Der

Mondschein führte mich zu einem Ausgang. Atemlos und mit tränenüberströmtem Gesicht sah ich Agnes und Zoila draußen vor dem Tempel auf mich warten.

«Mein Gott, wie konntest du das nur tun, Zoila?»

«Du hast eine Einweihung erlebt, die so alt wie die Zeit selbst ist. Du hast die Prüfung bestanden, wenn du auch nicht weißt, wie. Du mußt jetzt nur noch deine Erlebnisse verstehen.»

Ich folgte Agnes und Zoila den Dschungelpfad zurück zur Hazienda. Ich fröstelte und blieb stumm. Als wir ankamen, wirkte das Gebäude merkwürdig verlassen. Sie führten mich in ein kleines Zimmer mit handgeschnitzten Möbeln, und wir setzten uns.

«Um was ging es da eigentlich, Zoila?» fragte ich.

«Was denkst du darüber?»

«Ich denke, du hast mich in eine Höhle mit Ungeheuern geschickt.»

«Nein, keine Ungeheuer. Stammesmütter.»

«Mir kamen sie nicht wie Stammesmütter vor.»

«Möchtest du lernen, oder willst du dich streiten?» meinte Agnes.«Laß deine Vorstellungen fahren.»

«Erzähl mir», sagte ich.

«Nein», versetzte Zoila. «Du erzählst uns. Alles. Laß nichts aus.»

Ich ging meine Erlebnisse im Tempel durch, erzählte alles, woran ich mich erinnern konnte. Als ich eine Frage stellte, wurde ich aufgefordert, mit einem Bericht fortzufahren.«Bitte erklär mir diese Sachen», sagte ich, als ich geendet hatte. «Was war das für eine Initiation?»

«*La Ultima Madre*. In deiner Sprache würde sie die Initiation der Urmutter genannt werden. Jede dieser Frauen stellte einen Ring der Energie dar. In alten Zeiten wurde die Zeremonie von den großen Priesterinnen zum Besten aller

Schwangeren und Eingeweihten durchgeführt. Sie sollte ihnen etwas über sich selbst und ihre zukünftigen Kinder zeigen. Nach ihrer Initiation als *la Ultima Madre* wußten sie zum ersten Mal, wer sie waren. Sie wußten, warum sie ein bestimmtes Verhalten an den Tag legten. Sehen wir zu, ob wir die Rätsel deiner Erlebnisse auflösen können.»

«Was für Energieringe, Zoila? Ich war vor Angst wie von Sinnen.»

«Die Macht der *Ultima Madre* ist nur schrecklich, wenn sie mißverstanden wird. Die erste Frau, die du direkt vor dir sahst, war die Frau des Ostens. Nennen wir sie Regenbogenmutter. Für mein Volk ist sie *Xochiquetzul*, die Mondgöttin. Die Regenbogenmutter ist die Energie der Dichter, Tänzer, Weber und Seher. Sie ist die Göttin der Ehen und der Dirnen. Die Künstler sind mit ihr vertraut; sie ist ihre Muse. Und in deiner Gesellschaft wird sie völlig mißverstanden. Deine Leute versuchen möglicherweise sogar, sie zu töten oder in eine Heilanstalt zu stecken. Deine Welt unterstützt ihre Schriftsteller und Denker nicht, und so wird diese Mutter als Außenseiterin und Randfigur gesehen. Wenn sie heiratet, ernährt sie ihre Kinder nicht, sondern beflügelt sie. Routine läßt sie verkümmern. Sie befindet sich an dem einen Ende eines Pfeils.

Am anderen Ende ist die Frau des Westens, die Verrückte Frau oder *Ilamatecuhtli*, die Todesgöttin. Stell sie dir wie die sterbende Sonne vor. Sie war die zweite Frau, die dich umgarnte. Manche Leute nennen sie Menschenfresserfrau.»

«Ist sie wie die Medusa, die alle, die sie ansehen, in Stein verwandelt?» wollte ich wissen und erklärte Zoila die Sage von der Medusa.

Zoila nickte. «Ja, sie würde dich in Stein verwandeln und dich all deiner Heiligkeit berauben. Sie will dich nicht töten, sondern deine Talente beschneiden und deine Fähigkeiten lähmen. Du hast vom verrückten Dichter, vom wahnsinnigen Künstler gehört. Das geht auf die Verrückte Frau zurück. Sie geht immer auf deine geistige Gesundheit los und prüft dich. Sie versucht dich über den Kreuzweg zu locken.»

«Wo liegt der?»

«Du bist dort gesessen. Du warst auf dem Jaguarthron am Ort des Vegessens und Erinnerns. Du bist an einem Ort großer Kraft gesessen, wo sich vier widerstreitende Energien treffen und sich gegenseitig herausfordern. Wenn du dich zwischen sie stellen und ihre Anziehungskräfte weitergeben kannst, wirst du großen Einfluß in deiner Welt haben. Doch wie bei allen großen Dingen gibt es eine große Gefahr. Wenn du schwankend wirst und die Verrückte Frau nicht achtest, könnte sie dich zu fassen bekommen und dich vernichten.»

«Darf ich dich etwas fragen?»

Zoila nickte.

«Willst du damit sagen, daß die Regenbogenmutter und die Verrückte Frau Aspekte meines eigenen Wesens darstellen?»

«Selbstverständlich. Auf der Erde gibt es zwei Arten weiblicher Energie, nicht bloß eine. Die Erde ist weiblich, wie dir Agnes sicherlich erklärt hat. Eine Frau wandelt ihre Energie in die Form der ekstatischen Regenbogenmutter oder der nährenden Großen Mutter um.

Du hast die Große Mutter, die nährende Mutter im Norden erlebt», erläuterte Zoila. «Die große *Chicomecoatl* wird die Großmutter der Götter genannt. Sie trug Gaben von Früchten und Getreide, stillte das Maishülsenbaby, und ihre Mitte umfaßten sieben Schlangen. Die großen Stammesmütter sind beide Botinnen sehr realer Energieringe. Sie haben beide ihren entgegengesetzten und grundverschiedenen Pol. Die Verrückte Frau ist im Westen der Regenbogenmutter im Osten gegenüber. Die Große Mutter gegenüber ist im Süden die Todesmutter oder *Coatlique*, die Schlangengöttin. Sie kann ein Werkzeug deines Todes sein. Sie trägt Giftschlangen in den Armen und hat ein Gewand aus toten Schlangen. Wenn es dir einfällt, keine der beiden edlen Stammesmütter anzusehen und du ihre Macht nicht respektierst, können sie dich leicht überwältigen. Dann gerätst du dem Wahnsinn, der Niedergeschlagenheit, ja sogar dem Tod in die Fänge.»

«Was muß ich tun?»

«Du mußt die *Ultima Madre* begreifen, begreifen, wer du bist, und werden, wer du bist. Begreife, daß du zur Regenbogenmutter gehörst, und verkörpere sie. Sie hat die Seele, die auch du hast. Für dich ist sie la Ultima Madre. Du bist Schöpferkraft und tanzt mit Träumen und Visionen. Hast du nicht immer wieder das Gefühl gehabt, nicht dazu zu gehören?»

«Ich habe mich immer unpassend gefühlt», sagte ich.

«Ja, dein Weg ist sehr schwer, weil die Künstler in deiner Kultur nicht unterstützt werden. Deine Kultur läßt nur die große nährende Stammesmutter gelten, den Typ Frau, die Mais anbaut und die Kinder aufzieht. Diese Frauen mögen Routine, heiraten, ziehen die Kinder groß und haben es im allgemeinen viel einfacher als ihre Regenbogenschwestern. Während die Regenbogenmütter frustriert, unerfüllt sind, wegen der Erwartungen der anderen vielleicht zu Alkoholikerinnen werden, sind die Großen Mütter die Stützen der Gesellschaft. Das heißt, bis sie ins mittlere Alter kommen. Dann entdecken sie, daß ihre Kinder erwachsen sind, daß es niemanden zu nähren gibt. An diesem Punkt kommt ihnen ihre entgegengesetzte Energie, die Todesmutter nahe und versucht, sie mitzunehmen.»

«Das hört sich an, als sei diese Zeit gefährlich.»

«Ja, wenn Frauen ihre Ultima Madre oder Urmutter verstehen, können sie aus diesen Kräften Altäre und Fetische bauen. Wenn sie den Einfluß der Verrückten Frau oder der Todesmutter spüren, wenn Niedergeschlagenheit oder Schwermut kommen, können sie Kerzen entzünden und Kopalharz verbrennen und ihre große Macht verehren, die dunkle Seite. Siehst du, ihre Absicht läßt deine Güte und Schönheit erst hervortreten. Wenn du die dunkle Seite achtest, nimmst du ihr die Macht über dich. Dann kann sie dich nicht packen.»

«In welcher Form gelten diese Lehren für Männer?»

«Diese Erde ist weiblich. Männer haben diese Energien, diese Ringe der Macht auch. Sie stehen hinter den Männern und in den Frauen. Auch sie müssen lernen, die dunkle Seite zu achten. Wo kommt der Wahnsinnige her, wenn nicht von der Verrückten Frau? Es ist genau dasselbe.»

Ich ging auf mein Zimmer und saß lang auf meinem Bett, sann über diese wichtige Lehre nach. Die Gestalten der vier heiligen Mütter schienen über mir zu schweben. Ein kühler Luftzug wehte durchs offene Fenster und liebkoste mich. Ich fröstelte.

Verschiedene Auseinandersetzungen in meinem Leben traten mir lebhaft vor Augen. Ich sah Bilder einer Winterlandschaft. Ich machte Langlauf mit meinem Mann, im Winter vor unserer Scheidung. Wenn ich damals nur gewußt hätte, was ich eben über die beiden deutlich verschiedenen Arten der Umwandlung weiblicher Energie gelernt hatte. Jetzt begreife ich, daß wir beide weder recht noch unrecht hatten, obwohl es so aussah, als hätten wir beide Schuld. Wir hatten kein Verständnis für die Bedürfnisse des anderen. Natürlich kam es zu vielen Konfrontationen, zu gegenseitigen Vorwürfen, und so scheiterte die Ehe.

Ohne meinem Mann etwas zu sagen, hatte ich einen besonderen Satz Ölfarben in winzigen Tuben gekauft, die mit den gerollten Leinwänden und der kleinen wasserdichten Plane, auf die wir uns setzen konnten, in meinen Rucksack paßten. Als wir eine Ruhepause machten, breitete ich die Plane aus, legte die Farbtuben und Pinsel aus, um ihn zu überraschen und damit wir beide sie benutzen, unseren Spaß mit ihnen haben konnten.

«Ich habe Hunger», sagte er wütend. «Ich kann es nicht glauben, wie egoistisch du bist. Ich dachte, du hättest das Mittagessen eingepackt.»

Ich entschuldigte mich. «Aber schau doch», meinte ich und zeigte auf die imposante Schneelandschaft, die nur darauf wartete, mit unseren Farben eingefangen zu werden.

Er wurde noch zorniger, fuchsteufelswild. «Wieso hast du nichts zu essen mitgebracht?» schrie er.

Ich versuchte ihn zu beruhigen und ihm bessere Laune zu machen. Ich erklärte, daß sein Geist auch Nahrung braucht. Ich sah allerdings rasch ein, daß jeder Versuch, ihn mit Worten friedlich zu stimmen, vergebens war. Ich gab ihm das bißchen Essen, an das ich beim Einpacken gedacht hatte.

Er war noch Tage danach wütend. Und dieser Ablauf war typisch für die Beziehung in unserer Ehre, wiederholte sich wieder und wieder. Wenn ich begriffen hätte, daß er der Typ Mann war, der nährt, und der es wiederum braucht, genährt zu werden, hätte ich jeden Hinweis auf Inspiration unterlassen. Er war keiner, der Träume träumte oder von neuen Ideen hingerissen war. Er interessierte sich auch nicht für Kunst. Er wollte ein saftiges Sandwich mit Fleisch, um mit den Skiern weiterziehen zu können. Mir hätte es nichts ausgemacht zu hungern, während ich die Weite und Pracht der Berge einfing.

Ich wollte mit jenem heiligen Ort in ihm in Berührung kommen, wußte aber nicht, wie. Ein Mann, selbst ein liebevoller Ehemann, dessen intuitive Seite zugemacht hat, ist kaum noch ansprechbar. Wie so viele Männer der heutigen Gesellschaft hielt mein Mann jede Sensitivität irrtümlicherweise für Schwäche. Er scheute eine Heilung, weil er sein Problem nicht erkennen konnte, und ich war dazu auch nicht fähig. Für uns beide gab es nur Leere und Verwirrung.

Agnes kam durch die Tür und nippte an einem grünen Getränk. «Agnes», sagte ich, «ich sehe jetzt, daß meine Ehe nie geklappt hätte. Ein nährender Mann und eine ekstatische Frau konnten nicht klar kommen.»

«Wenn beide für die Bedürfnisse des anderen aufgeschlossen sind, kann das zu einer sehr guten Ehe führen.»

«Ich kann mir nicht denken, wie.»

«Für manche Regenbogenmänner oder -frauen kann das sehr günstig sein», sprach Agnes. «Ihre Leben sind chaotisch, weil sie immer im Traumzustand sind. Wenn sie einen Menschen des nährenden Typs heiraten, findet der nährende Partner darin Erfüllung, für den Regenbogenpartner zu sorgen. Das ist für beide wunderbar.»

«Aber ein nährender Mensch möchte gern wissen, was du die ganze Zeit machst, und daß du um halb sechs zum Abendessen zu Hause sein wirst. Als Regenbogenmensch festgenagelt zu sein – also, ich kann noch nicht mal so denken. In meiner Ehe führte das zu ständigem Streit und richtete die Beziehung zugrunde.»

«Irgendwie sprichst du so, als wäre die nährende Mutter unbedeutender. Sie ist aber die große mächtige Mutter dieser Erde. Ohne sie gäbe es keine Familien. Wir würden kein Getreide anbauen. Wir hätten absolutes Chaos.»

«Aber Agnes, die Regenbogenperson und die nährende

Person würden nie in Verbindung sein. Und die Regenbogenperson wünscht sich nichts mehr in der Welt, als mit dem Menschen, den sie liebt, in Verbindung zu sein.»

«Wenn zwei Regenbogenmenschen zusammenkommen, vergessen sie vielleicht das Essen. Sie können sich in ihrem eigenen Chaos nicht mehr zurechtfinden und verhungern. Damit die Ehe klappt, müssen sie ans Praktische denken. Wenn eine Regenbogenfrau sich ganz ihrer Arbeit verschreibt und einen nährenden Partner findet, der sich um sie kümmert, dann ist das besser, solange der nährende Partner nicht versucht, alles zu überwachen und die Füße der Regenbogenfrau am Boden festzunageln. Beide müssen verstehen, daß ihre Sicht der Welt sehr verschieden ist, und damit müssen sie dann arbeiten.»

Die Zeichen auf der Wand aus Holz
sind Schreie, eine Sonne
fordert stolz
glatte Pelikane zu sein
an einem Strand

Unsere Flügel pfeifen
und wir erreichen
die Jaguarhimmel.

Michael McClure
For Shirley and Wallace

Die Jaguarfrau

Agnes ging hinunter zum Abendessen, sagte mir jedoch, ich solle im Zimmer bleiben. Ich dürfe nichts essen. Der Regen zog ab, und der Vollmond schien hell, wurde nur von den hohen Zweigen der Ciebabäume verdunkelt. Alles sah anders aus. Die Nacht senkte sich auf die alten Ruinen von Uxmal herab, und das nervöse Geflatter der Vögel legte sich.

Agnes und ich saßen auf unseren roten und schwarzen Medizindecken in der Mitte eines Gevierts, von dem Agnes sagte, es sei der Hof der Nonnen hinter dem Tempel der Zauberer. Ein leichter, warmer Wind spielte mit den Seidenfransen unserer Schultertüchter. Die heiligen Medizinpfeifen lagen zwischen uns. Wir saßen uns gegenüber. Die rätselhafte Stadt aus Stein und Lehm ragte wie ein Riese aus den Schatten des Mondscheins auf. Die Zweifel, warum ich wohl hier sei, waren mit dem Rauch aus unseren Pfeifen verschwunden. Hier wirkte ein Zauber, und ich wußte, daß großes Wissen verloren gegangen war, als die Priester und Priesterinnen dieser Stadt Unrecht erlitten. Der Zauber der Erde unter mir drang in mein Blut herauf, und die Erde nahm sich meinen Geist. An diesem Ort hier war ganz sicher erhabene Weisheit zusammengetragen und gemeinsam gelebt worden.

Langsam wie nächtliche Erscheinungen gesellten sich andere Frauen zu uns. Ich wußte nicht, wer sie waren; kein Wort wurde gesprochen. Wir blieben lange sitzen, erlebten gemeinsam die Stille. Agnes sagte mir, ich solle die Augen schließen, meinen Kopf ganz frei von Gedanken machen und mich auf eine innere Flamme konzentrieren. Links von mir erklang eine Tonflöte, und nach einer geraumen Weile machte ich die Augen auf. Auf den Stufen, die zu einem niedrigen Gebäude links im Geviert emporführten, waren einige Fackeln entzündet worden. Im Eingang befand sich eine flache Steinplatte auf vier gemeißelten, steinernen Beinen, die etwa kniehoch waren. Die Frauen hatten zwei Reihen gebildet, die sich über die Steinstufen herabzogen und unten einen größeren Abstand hatten. Eine Frau stand vor dem erhöhten Stein. Ich sah, wie von ihm Kopalrauch aufstieg, und daß viele Gaben und Blüten auf ihm lagen. Der Rauch war so dicht, daß ich erst nach einem Augenblick begriff, daß die Frau mit dem Rücken zu uns stand. Sie trug ein Gewand aus Jaguarfell. Ihre Arme und tatzenförmigen Hände waren im Gebet ausgestreckt, und dann blies sie Wasser auf den Altar und reinigte ihren Körper mit Kopalrauch. Sie stand etwa zehn Schritte von uns entfernt, sprach sehr schnell herrliche melodische Gebete der Maya, wobei ihre Worte durch das Geviert hallten. Mit der Dunkelheit rückten die alten steinernen Bauwerke näher und schienen höher aufzuragen. Die warme Nachtluft legte sich wie ein samtiger Kokon um uns und hüllte uns in einen Schleier einschläfernden Wohlbehagens.

Die Frau am Altar drehte sich langsam um. Ich atmete heftig ein, und Agnes legte mir rasch beruhigend eine Hand aufs Knie. Mächtige grauweiße Rauchschwaden stiegen leuchtend rings um die Frau her auf und schlängelten sich durch die Nacht. Wie eine Geistergestalt sah sie mit der weißen Jaguarmaske aus, die wie aus Stein geschnitten schien. Die schwarzen Flecken des Jaguarfells gaben den Schatten Tiefe. Sie streckte die Arme aus und rief meinen Namen.

Ich nahm Pfeife und Opferbündel und lief die Stufen zu ihr hinauf. Agnes schloß sich mir an. Ich ging durch die Kopalrauchwolke und setzte mich der Frau, die sich an der anderen Seite des Altars niedergelassen hatte, gegenüber hin. Ich setzte mich auf eine Grasmatte, und Agnes nahm links von mir Platz, hatte ebenfalls ihre Pfeife mitgebracht. Dann reichte Agnes die Pfeife über den Altar, und die Frau nahm sie und legte sie nieder. Ich machte es ihr nach. Meine Augen hingen wie gebannt an der Frau. Sie hielt ihre Kraft mit so katzenartiger Majestät gebändigt, daß ich wie gelähmt und zugleich entsetzt war. Ich wußte, das war eine Frau, doch wie sie während der Zeremonie die Schultern gestrafft, etwas in die starken Hände genommen oder die Jaguarhandschuhe übergestreift hatte, hätte ich schwören mögen, sie sei ein Mann. Sie sah mich ruhig an. Sie sprach durch die Maske etwas gedämpft in gebrochenem Englisch: «Du hast mir gezeigt, daß du den Schamanenschwestern dienen kannst. Jetzt weiß ich, daß du dem Geist dienen kannst.»

Sie nahm flink die Maske ab, drehte sich um, goß eine Flüssigkeit hinein und trank ein wenig. Ihr Gesicht war ganz schwarz bemalt, und ich konnte nur die Augen erkennen, die wie der Mond leuchteten. Sie reichte mir die Maske, die ich nahm, ihr dabei in die Augen blickend. Die Maske fühlte sich glatt und schwer wie ein Stein an. Ich nahm einen Schluck, der wie Wein schmeckte, und legte die Maske zurück in ihre bemalten Hände. Die Frau setzte sie wieder auf. Obwohl ich sie nicht deutlich sehen konnte, sie nie richtig sah, wußte ich, daß ich sie kannte. Ich übergab ihr das Bündel, das ich mitgebracht hatte. Agnes hatte mir aufgetragen, Schnaps, weißes Kopalharz, Tabak, Schokolade, Räucherwerk, Kerzen und viele Blumen mitzubringen. Sie nahm es unter vielen schönen Mayaworten entgegen und legte den Inhalt auf dem Altar aus. Sie sprühte aus dem Mund etwas Schnaps auf den Altar, in die Nähe einiger Gegenstände, die sich hinter brennenden Kerzen nicht weit von mir befanden.

Ich betrachtete die herrliche Anordnung geweihter Gegenstände auf dem Altar. Überall waren Blüten, Kerzen, Steine, Stöcke mit Federn, ausgehöhlte Steine mit Dingen darin; da waren ein Bündel, ein Kruzifix, Kräuter und noch viele andere Dinge, die die Schatten verbargen. Ich spürte ein unsichtbares Kraftfeld, das sich vom Altar zu mir erstreckte und als klar bestimmter Biomagnetismus durch meinen Leib strömte.

«Wissen ist Wiedererkennen», sprach die Frau und beobachtete, wie ich mit den Augen ihren Altar liebkoste. «Du erkennst sie wieder, was? Jetzt weißt du von ihrer Kraft, auch wenn du sie nicht verstehst.»

Sie saß mir auf ihrer Matte bequem wie ein großes Katzentier gegenüber und nickte. Sie begann kraftvoll zu sprechen, wodurch ich sofort an den heiligsten Ort in mir, meinen Medizinplatz geführt wurde.

«Steh' auf», sagte sie. Sie drehte mich, bis ich nach draußen blickte und die beiden Reihen der Frauen sah, die noch immer auf den Steinstufen standen. Offenbar sahen sie aufmerksam zu. «Zu lange», sprach die Priesterin, «haben unsere Schwestern gelebt, ohne ihre Kraft anzunehmen. Du hast einen großen Feind, den mit den roten Haaren, der jetzt in deiner Nähe ist. Du hast dich einmal an ihn herangepirscht, aber das ist lang her. Wegen deiner Angst und Schuldgefühle bist du seine Beute geworden. Er hat den

Lichtern, die dich umgebeugt haben, geschadet. Er pirscht sich jetzt an dich heran. Der Pirschjäger muß angepirscht werden. Wir hier sind deine Schwestern. Was dir geschieht, geschieht uns. Streck deine Hände aus.»

Ich hielt sie ihr hin. Sie streifte ihre tatzenartigen Handschuhe ab und zog sie über meine Hände. Sie bewegte die Finger, und scharfe Krallen fuhren heraus. Für einen Moment verschwamm mir alles vor den Augen, dann sah ich äußerst klar. Die Jaguarfrau zog ihr Gewand aus und legte es um meine Schultern. Die Frauen auf den Stufen traten schweigend vor und umstanden mich in einem Halbmond. Sie starrten mich alle an und richteten ihre Aufmerksamkeit anscheinend auf meinen Nabel. Hinter mir spürte ich die Jaguarfrau, ihre erhobenen Arme. Ich spürte, wie ihre Kraft und die des Altares auf mich ausstrahlten. Ich wollte mich mit einem Blick auf Agnes beruhigen, doch sie sah genauso entschlossen wie die anderen aus. Mir wurde warm wie im Fieber.

Urplötzlich schoß ich nach oben aus meinem Körper heraus und flog über die Baumwipfel hin. Dann war ich auf dem Boden, rannte unglaublich schnell durch den Dschungel, den ich sehr gut zu kennen schien. Ich hielt an und witterte, wandte mich schräg nach Süden. In dem Augenblick begriff ich, daß ich ein Jaguargeist war; und ich folgte der Fährte Red Dogs.

Ich sprang über dicht verfilztes Gras einen Hügel hinauf und ging in geräuschloses Schleichen über. Ich lugte hinter einem Baum hervor und sah Red Dog, der mir den Rücken zuwandte. Ich duckte mich zum Sprung. Er drehte sich um, sah mich mit erschrockenem Blick. Ich knurrte, und er stampfte mit dem Fuß auf und schrie. «Iiieieiei! Iiiieieiei!», brüllte er. Er begann um seine Achse zu wirbeln, bis er gänzlich in einem Trichter aus Wind verschwand, der sich schnell wegbewegte. Ich fuhr auf diese Windhose los, aber sie hielt sich immer dicht vor mir. Ich wollte in sie hineinspringen und sie in Stücke reißen. Während ich ihn verfolgte, spürte ich, wie sich mein Körper auflöste.

Ich erwachte in meinem Bett auf der Hazienda und merkte, wie mir Agnes Stirn und Wangen mit Eis rieb.

Wenn du weit genug wanderst
wirst du es erreichen
und wenn du ankommst
werden sie dir einen Platz zum Sitzen geben
für dich nur, einen hübschen Stuhl
und all deine Freunde werden dort sein
Lächeln auf den Gesichtern
und auch sie werden Plätze haben.

Robert Creeley
Oh No

Der grüne Zwerg

Ein gewaltiges Grollen in der Ferne riß uns aus meiner Geschichte, und Stille senkte sich auf die Hütte herab. Ein heftiger Luftzug blies auf einmal die Laterne aus, und wir saßen im Feuerschein und blickten uns um. Wir waren alle so in die Jagd des Jaguars in Yucatán vertieft gewesen, daß wir blinzeln mußten, um uns zu vergewissern, wo wir waren. Ein Wolf begann in der Ferne zu heulen. Dann antwortete ein zweiter mehr nach rechts. Hinter uns fielen weitere Wölfe ein. Gewöhnlich hörte ich sie gern, aber heute abend ließen sie mir in der sonderbaren Stille die Haare am Nacken zu Berge stehen.

«Wird schneien», sagte Ruby und zündete ihre Pfeife an.

«Hoffentlich werden wir nicht eingeschneit», versetzte Agnes.

«Wie meinst du das?» fragte ich nervös.

«Hör, wie still es ist. Lausch und spür, wieviel wärmer es ist. Das bedeutet, daß Schnee kommt, und wenn es viel ist, kann die Hütte bis oben eingeschneit sein.» Agnes stand auf und steckte die Laterne wieder an.

Während nachts der Schnee fiel, träumte ich von dem schönen Mann im Schmetterlingbaum. Er stand in meiner Nähe, ganz wie ich ihn das erste Mal gesehen hatte. Er war von einer unwiderstehlichen Freundlichkeit. Ich wollte mit ihm gehen, mich in seinen Armen verlieren. In der Ferne schwebte ein anderes Leben, absichtslos, ohne Schicksal, nur sinnlicher Genuß der Erde und ihrer Früchte. Im Hintergrund erhob sich eine Kathedrale. Es war Nacht, und der wunderbare Mann und ich wollten hineingehen. Die Pforten waren aber verschlossen. Schmetterlinge ließen sich überall auf uns nieder, und wir lagen in sanftem Genuß auf dem Boden. Es stimmte – ich wollte bei ihm bleiben und nie in das Leben zurückkehren, wie ich es kannte.

Als ich aufwachte, wollte ich kaum etwas reden, dachte immer noch an meinen Traum vom jungen Helden im Schmetterlingbaum. Als ich schließlich etwas sagte, kam nur ein furchtbares Krächzen heraus. Mein Rachen war geschwollen und gereizt, und zu der Heiserkeit kam noch, daß meine Worte mitten in den Silben abbrachen.

Agnes schien ungewöhnlich besorgt. «So etwas kann ernst werden, wenn du dich nicht darum kümmerst», sagte sie und sah mir in den Mund. Sie nahm mich beiseite und setzte mich hin.

«Okay, Mom», antwortete ich, fühlte mich ganz in ihrer Gewalt.

Sie holte ein Bündel aus einer Schublade, kam zum Tisch zurück und öffnete es. Sie bat July und Ruby, sich etwa sechs Schritte hinter mich zu stellen und ihre Aufmerksamkeit auf mein Kreuz zu richten. Agnes nahm einen Tiegel mit rauchenden Zedernholzstückchen vom Ofen und umkreiste mich viermal. Sie stellte den Tiegel auf einen Stein unten an meinem Stuhl, nahm eine gefleckte Adlerfeder, fächelte den Rauch über meinen Körper, räucherte dann mein Gesicht.

«Schließ deine Augen», befahl sie. «Laß deine Phantasie spielen.»

Sie begann mit leiser Stimme von Plätzen zu sprechen,

die wir aufgesucht hatten. Ich sah Bilder friedlicher Berge, Blumenwiesen und schöne, vertraute Stellen, die wir gemeinsam erlebt hatten und liebten. Ich geriet in einen Zustand tiefer Entspannung.

«Jetzt», sagte sie, «werde ich dir etwas Rauch ins Gesicht blasen. Es ist ein starker, halluzinogener Rauch. Laß die Augen zu und wehr dich nicht dagegen.»

Ich hörte, wie Ruby sich an July wandte: «Das ist zu stark für Lynn.»

«Ich sagte, wehr dich nicht dagegen», befahl Agnes mit äußerst gebieterischer Stimme.

«Mach' ich nicht», piepste ich.

Ich spürte, wie Agnes gegen mein Gesicht atmete, roch süßen Rauch und sog ihn ein.

«Hol tief Luft», sprach sie.

Ich tat es, hustete, atmete dann den Rauch weiter ein.

Nach einigen Minuten sagte sie: «Das genügt. Stell dir jetzt vor, dein Bewußtsein hat die Gestalt eines kleinen grünen Mannes angenommen. Nimm eine Weile an, der kleine grüne Mann verkörpert den heiligsten Teil von dir und ist einer der höchsten Geister unseres alten Glaubens. Er ist der Schutzgeist der Medizinmenschen. Er sieht wie ein Zwerg aus und trägt einen Bogen und viele heilige Pfeile. Er strahlt ein mächtiges Licht aus, so ist es ihm möglich, auch an dunklen Orten zu sehen. Siehst du ihn?»

«Ja», sagte ich leise.

«Beschreib ihn mir.»

Ich sah ihn ganz genau. In Wirklichkeit gab es außer ihm nichts. «Er ist sehr klein», erklärte ich. «Ungefähr zwei Fuß hoch, aber kräftig gebaut. Er ist völlig in Grün gehüllt, als ob Haut, Gesicht, alles so eingefärbt wäre. Er trägt eine grüne Adlerfeder und hat einen Köcher mit einigen Pfeilen. Er wartet. Ich fühle, daß er äußerst schlau ist. Seine smaragdgrünen Augen glänzen hell. Ich glaube, er hat gewaltige Kräfte, und ich denke, er ist ein direkter Bote des Großen Geistes.»

«Gut», sagte Agnes. «Ich möchte, daß du zusiehst, wie er eine Reise durch das Innere deines Körpers macht. Atme den Zedernrauch tief ein und entspann dich ganz. Schau jetzt, wie der kleine grüne Mann mit seiner Leuchtkraft durch den Scheitel in deinen Kopf gelangt. Er ist dein Bewußtsein, also schließ dich ihm an. Kannst du das Innere deines Kopfes sehen?»

Nach einigen Minuten war es mir möglich.

Ich antwortete ihr: «Ja.»

Agnes' Worte hatten wie ein Zauberspruch gewirkt. Es war unglaublich, was ich erlebte. Ich befand mich mitten in meinem Schädel, und um mich herum pulsierte es rosa und gesund.

Agnes fragte: «Siehst du etwas Ungewöhnliches?»

«Ja. Hinter meinen Augen sehe ich einen großen, vollkommenen Kristall mit einer Pyramide darin.»

«Drück dich klarer aus. Wo genau befindet er sich?»

«Er ist hinter dem, was ich mein drittes Auge nenne, was du mein Medizinauge nennst. Ich denke, es ist der Kristall, den die Schmetterlingfrau in mich hineingegeben hat.»

Der grüne Zwerg erschien wieder vor mir, und ich hielt den Atem an. Agnes bat mich freundlich, fortzufahren.

«Der Zwerg hebt den Kristall auf und prüft ihn. Er enthält ein außergewöhnlich schönes Licht, Farbprismen, Visionen, Leute aus meiner Vergangenheit, und Leute, die ich nicht erkenne. Alles wird immer wieder scharf und unscharf. Jetzt nimmt der Zwerg etwas von dem Licht, den Visionen und Leuten und steckt sie sich in die Tasche. Sie gehören ihm nicht. Sie sind mein.» Ich begann zu weinen, verstand nicht, warum der Zwerg das tat.

«Frag ihn, warum er etwas von deinem Licht nimmt und warum er etwas von deinen Visionen und Menschen nimmt.»

Ich wurde zu einer Gestalt in der eigenen Gestalt und fragte ihn. Der Zwerg blickte mir in die Geistaugen und sprach: «Wenn du lernst, richtig durch diesen Kristall zu sehen, werde ich dir das Licht, die Visionen und Leute zurückgeben. Im Augenblick sind sie zu viel für dich. Sie könnten dich verbrennen lassen. Du bist noch nicht bereit. Bei mir werden sie sicher sein.»

«Bitte ihn, dir beizubringen, wie der Kristall zu verwenden ist», meinte Agnes.

Ich bat ihn. Er legte seine grünen Finger sanft auf meine Geistaugen. Dann nahm er einen seiner Pfeile aus dem Köcher und sagte: «Ich muß diesen Pfeil durch deine Stirn schießen, um dem Licht einen Weg zu bahnen. Manchmal schieße ich die Pfeile der Erleuchtung ab, manchmal schieße ich Pfeile in die Leute, die schlimme Dinge sagen. Für dich einen Pfeil der Erleuchtung. Bist du bereit?»

«Ja, ich denke schon.»

«Gib mir einen Gedanken», sprach er.

Ich sandte ihm einen, dachte an einen Blitz.

«Gib mir ein Wort», sagte er.

«Blitz.»

«Gedanken und Worte sind wie Blitze in einem Gewitter. Der Blitz ist ein Geschenk der Berggeister und verkündet, wie Worte und Gedanken, einem neuen Schamanen seine Gegenwart, seinen Schutz. Er ist ein elektrischer Schlag.» Genau mit dem letzten Wort schoß er den Pfeil ab. Er fuhr mir wie ein Blitzstrahl durch meine Stirn. Er tat nicht weh, rüttelte mich aber doch durch. Der Zwerg nahm den Kristall und hielt ihn in die Höhe. Er funkelte und schickte Lichtstrahlen wie verdichtete Regenbögen aus.

«Schau jetzt genau hin und *sieh* mich», sprach der Zwerg.

Ich spürte, wie sich in meiner Wahrnehmung der Dinge subtil etwas verschob. Er brachte den Kristall näher heran, und ich starrte tief hinein. Ich sah mein Spiegelbild: ich hatte eine Ponyfrisur, kurzes Haar. Dann erblickte ich für einen Moment die Schmetterlingfrau. Auf einmal explodierte das Licht, und ich sah, der grüne Zwerg war nur eine Hülle. Er war leer, wurde nur durch ein großes Licht mit Leben erfüllt. Das schreckte mich, denn ich begriff, wir alle sind leere Hüllen. Wir sind nichts.

«Na also», sagte er lächelnd. «Jetzt siehst du, wir sind nichts und alles. Ho!» Er legte ein Tänzchen hin, das mich zum Lachen brachte. Er schüttelte Arme und Beine hin und her. «So wird das gemacht. Ich glaube, du bist bereit für eine der Visionen, die ich hier habe. Was meinst du?»

Ich nickte.

Sehr langsam zog er eine Ecke Licht aus der Tasche, bedeckt mit Bildern kahler Felsen, darauf ein uraltes Pueblo. Ich begriff, das waren Bilder aus der Zukunft. Ich war mit jemandem zusammen, konnte nur seinen Rücken sehen. Ich wußte, daß ich diesen Menschen sehr liebte und daß mir durch ihn viel offenbart worden war. Es war ein völlig ekstatisches Gefühl, und die Tränen stiegen mir in die Augen.

«Hoppla, zu früh.» Der Zwerg ließ das Licht zurück in seine Tasche fallen.

«Warte doch! Ich möchte es bitte sehen.»

«Nein, kommt nicht in Frage», sagte er energisch. «Wir gehen lieber weiter.»

Ich hörte Agnes wie aus weiter Ferne zu mir sprechen.

«Geh jetzt mit dem Zwerg in deinen Rachen, Lynn», empfahl sie mir.

Ich brauchte kaum ermutigt zu werden. Ich folgte ihm hinunter in meinen Rachen, dabei wäre ich sehr gern zum Taschendieb geworden und hätte mir die Vision herausgeholt. Aber ich wagte es nicht.

«Was siehst du?» fragte Agnes.

«Ich schaue», antwortete ich. «Hier ist ein rotes, ein rosa Licht, und alles sieht ziemlich genau wie ein Hals aus.»

«Ist irgend etwas ungewöhnlich?»

«Eigentlich nicht.»

«Nimm deine Geisthände und berühre die Wände deines Rachens. Sag mir, wie sie sich anfühlen.»

«Sie fühlen sich allerdings trocken und allzu hart an.»

«Drück fester gegen die Wände.»

«Sie widerstehen dem Druck.»

«Wo ist der Zwerg?»

«Er sitzt auf etwas, drüben an der Wand.»

«Worauf sitzt er?»

«Es sieht wie ein Stück Obsidian aus.»

«Geh näher hin, sieh es dir gründlich an.»

«Oh! Jetzt sehe ich es. Es ist kein Obsidian. Er sitzt auf einer großen Krähe.»

«Frag ihn, warum er auf der Krähe sitzt.»

Ich fragte ihn, und er antwortete: «Damit du die Krähe bestimmt siehst.»

«Ich sehe sie doch», meinte ich. «Wieso stehst du nicht auf? Dann kann ich sie noch beser sehen.»

Der Zwerg stand auf, zuckte die Schultern. «Wie du willst.»

Die Krähe stolzierte umher, plusterte die Federn auf.

»Frag die Krähe, was sie in deinem Hals macht», sagte Agnes.

Als ich das tat, antwortete sie mir mit einem Krächzen, das fast so klang wie meine Stimme vorhin. «Ich bin der

Wächter der irdischen Gesetze. Gewöhnlich bringst du sie gut zum Ausdruck. Dir fällt es aber schwer, über die vielen Dinge zu reden, die du gelernt hast.»

«Was kann ich tun?» fragte ich sie, während sie mit den bläulich schwarzen Flügeln schlug.

«Du kannst mich aus deinem Hals herauslassen.»

«Aber sehr gern.»

Agnes half nach. «Frag sie, was du noch tun kannst.»

Ich tat es, und die Krähe pickte nach der Haut im Rachen und sagte: «Du mußt daran denken, wie wichtig es ist, das zu sagen, was du sagen mußt. Wenn du deine Kraft im Hals festhältst, werde ich wiederkommen müssen, und ich kann Anlaß sein, daß dir dein Hals sehr weh tut.» Um ihren Worten Nachdruck zu verleihen, pickte sie wieder zu. Es entstand ein Schmerz. Die Krähe legte den Kopf schief und starrte mich aus einem Auge funkelnd an.

Agnes fragte: «Was denkt der Zwerg darüber?»

Ich erkundigte mich, und er sprach: «Ich denke, du mußt ein Halsbündel für deinen Altar machen.»

«Ich weiß nicht, was ein Halsbündel ist», sagte ich.

Der Zwerg kratzte sich seinen grünen Kopf und setzte den rechten Fuß vor. «Nimm die Visionen, die du von mir und der Krähe und deinem Hals hattest. Mach ein Bild aus den Gefühlen und Dingen, die du erlebt hast.»

«Ein Bild?»

«Ja.»

«Was meinst du mit einem Bild von diesen Dingen?»

«Dein Hals fühlt sich trocken und wie umklammert an, oder?»

«Allerdings.»

«Dann wickle etwas fest zusammen, damit es den Eindruck der Beschwerden in deinem Hals vermittelt. Bete damit. Gib Kraft hinein. Gib eine Krähenfeder in das

Bündel, etwas Grünes, einen Kristall und etwas, das für das Licht und alles, was du erlebt hast, steht. Mach eine Zeremonie, und du wirst ein Bündel mit Kraft haben. Es ist ein Geschenk, ein Segen vom Großen Geist. Er schickt dieses Wissen, diese Pfeile, damit du leben mögest.»

«Soll ich die Krähe jetzt hinauslassen?»

«Selbstverständlich. Nimm meine Hand und laß die Krähe sich auf deine Linke setzen. Folge mir jetzt durch den Scheitel deines Kopfes hinaus ins Freie.» Ich hatte das Gefühl, von einer magnetischen Kraft in die Höhe gezogen zu werden. Der grüne Mann war neben mir, und es war wie eine Fahrt in einem kosmischen Lift. «Genau», rief er. «Flieg jetzt ins Universum hinauf auf die Plejaden zu. Siehst du sie?»

«Ja, wirklich.» Ich raste mit unglaublicher Geschwindigkeit hinauf. Ich sah die Sonne nur noch als Stern in der Unendlichkeit der Galaxien.

«Laß die Krähe jetzt in das Licht der sieben Schwestern ziehen», sagte der grüne Zwerg.

«Geh», sprach ich. Die Krähe hüpfte von meiner Hand und flog in die Plejaden hinein. Ich wollte den grünen Zwerg ansehen, aber er war verschwunden.

«Sie sind fort», sagte ich.

«Ja. Wie fühlt sich dein Rachen an?» wollte Agnes wissen.

Ich räusperte mich und schluckte. Ich war völlig geheilt. «Wunderbar!»

Agnes legte mir die Hand auf die Stirn. «Hol ein paarmal tief Luft und spür, wie deine Lebenskraft zurück in deinen Körper kommt. Spür die Kraft der Mutter Erde in deinen Fußsohlen. Spür, wie ihre Energien wieder in deine Beine einströmen, wie eine warme Welle am Meeresstrand.»

Mein Hals fühlte sich gut an, aber mein Körper war wie

aus Holz. Als Agnes die Lebensenergie wieder in mich zog, verging langsam die Steifheit. Sie pochte gegen meine Stirn. Ich öffnete die Augen und wackelte mit den Zehen. Ich fühlte mich prächtig, aber mir war auch, als hätte ich eine Reise durchs gesamte Universum und zurück gemacht.

«Geht's jetzt besser?» fragte Agnes.

«Viel besser.»

«Schön.» Sie setzte sich auf einen Stuhl und nähte Perlen an einen Mokassin.

Ich schluckte ein paarmal, und mein Hals fühlte sich ganz normal an. «Das war Zauberei, Agnes. Ich fühle mich prächtig. Welches starke Halluzinogen hast du da genommen? Ich glaube, ich hatte noch nie ein so deutliches Erlebnis.»

Agnes lachte leise und blickte von ihrer Arbeit mit den Perlen auf. «Das starke Halluzinogen war gewöhnlicher Pfeifentabak.»

Ruby und July prusteten wie zwei Clowns los.

«Lynn kann nichts dafür, daß sie beeinflußbar ist», setzte sich Agnes für mich ein. Ich kam mir ein wenig dümmlich vor. «Es ist gute Medizin, daß der grüne Zwerg so rasch zu ihr kam. Diese Dinge sind wirklich, Lynn.»

«Was war das für ein Frechdachs?» fragte ich.

«Der grüne Zwerg ist sehr heilig, und er bringt die heiligen Pfeile der Menschen.»

«Aber was hat er in meinem Kopf gemacht?»

«Du wärst beinahe krank geworden. Du hast zu viel Licht festgehalten. Der Zwerg wußte das, und wie konnte er dir besser helfen, als mit deinem inneren Auge?»

«Werde ich ihn je wiedersehen?»

«Das hängt doch von dir ab, oder?»

«Ja, vermutlich.» Ich dachte einen Augenblick nach. «War das meine Phantasie?»

«Fühlst du dich besser?»

«Ganz und gar.»

«Naja, was spielt das dann für eine Rolle? Warum an einem Knochen nagen, an dem kein Fleisch ist? Mit anderen Worten, deine Frage ist belanglos. Wichtig ist, daß du beinahe krank geworden wärst – kränker als du glaubst. Jetzt bist du gesund, und darauf kommt es an.»

«Kannst du mit mir über das Halsbündel reden?»

Ruby kam her und stellte zwei Tassen für mich und Agnes auf den Tisch. Sie wackelte mit dem Kopf. «Reden, reden, reden. Manchmal glaub' ich, Lynn ist nichts als reden, reden, reden. Soviel Gerede geht mir auf die Nerven.»

«Ich rede gern mit dir über Halsbündel, Lynn», meinte Agnes und kümmerte sich nicht um Ruby.

«Hmm», machte Ruby. «Das ist der Dank für meine Mühe.» Sie begann, July Anweisungen zu geben, die Hütte aufzuräumen.

Agnes lächelte und fuhr fort: «Ein Halsbündel ist wie die anderen Bündel auch. Es ist Teil deiner persönlichen Lebensführung. Wenn Archäologen Kunstgegenstände und heilige Bündel entdecken, geben sie allen möglichen Blödsinn von sich. Heilige Bündel sind heilig. Sie auszuräumen widerspricht unserem Glauben. Sollen sie ihre eigenen heiligen Bündel machen und mit dem Quatsch aufhören, die von anderen Leuten zu plündern.»

«Das ist das erste Mal, seit wir zurück sind, daß eine von euch etwas Vernünftiges gesagt hat», meinte Ruby aufgeregt. Sie stand nicht weit von July und gab ihr Anweisungen, wie der Boden richtig zu kehren sei. «Wirf die Rinde nicht weg. Wir können sie zum Feuermachen nehmen. Wo hast du deinen Verstand?»

Die arme July.

Agnes beachtete die beiden nicht. «Lynn, hör mir zu, wenn du etwas über Halsbündel erfahren willst.»

Ich entschuldigte mich, und sie fuhr fort. «Was du in dein Halsbündel gibst, ist das Selbstverständnis aus deinen eigenen Visionen, und es ist Teil deiner Wahrheit, und keiner anderen. Wenn du ein persönliches Bündel machst, nimmst du aus deinem Inneren etwas nicht Greifbares – ein Gefühl, einen Traum, ja sogar ein Problem – und du läßt es in der körperlichen Welt erscheinen, damit du es erforschen und benutzen kannst. Dieser Umwandlungsprozeß vom Geistigen in die Materie befähigt dich, andere zu heilen, weil du dich durch das Machen selbst heilst. Der grüne Zwerg hat dir einen tiefen Einblick in die Art und Weise gegeben, wie du deine Kraft im Hals festhältst. Uns sagt man wie vielen Menschen und vor allem den Frauen, wir sollen den Mund halten.»

«Gute Idee», meinte Ruby.

Agnes starrte lächelnd zu Boden und blickte mich dann wieder an. «Die Kinder sollen reden, wenn man sie anspricht. Uns Frauen wird beigebracht, daß fast alle einen Bogen um uns machen, wenn wir von unserer Kraft sprechen. Wenn du auf die Stimmen von vielen Männern und Frauen lauschst, hörst du, wie erstickt sie klingen. Und das ist kein Wunder. Die Stimmen der Frauen sind oft schwach oder monoton oder kaum zu hören. Stimmen müssen offen und frei sein, damit die Energie durch das Kehlzentrum fließen kann. Wir halten dort unsere Erleuchtung fest. Wenn die Energie im Hals eingeschlossen wird, kann sie sich nicht in den Scheitel des Kopfes hinaufbewegen. Dann bekommen wir einen entzündeten Hals, Probleme mit der Schilddrüse oder Krankheiten wie Kehlkopfkrebs. Wenn du so einen Energieknoten hast, wird schließlich eine Krankheit daraus entstehen.»

«Gilt das auch für den übrigen Körper?»

«Ja, natürlich. Du wirst jetzt einsehen, daß das der Grund ist, warum ein Medizinmensch mit der Arbeit am Körper seines Schülers oder seiner Schülerin beginnt. Stell dir deinen Körper wie eine Straßenkarte vor. Wenn du ihn so betrachtest, verrät er deine spirituelle, emotionale und psychische Entwicklung. Wenn ich dich anschaue, kann ich sehen, wo deine Löcher sind. Wie du weißt, sehe ich, wo du deine Energie festhältst und wo du sie auslaufen läßt. Wenn ein Mensch die Energie im Herzen festhält, weiß ich, daß dort ein Trauma sitzt, daß er Angst hat, sich zu öffnen und zu lieben, und daß er alle möglichen Probleme mit dem Herzen kriegen wird. Du bist andererseits auf jeden Fall zu offen und vertrauensvoll.»

«Wieso sagst du das?»

«Es ist offensichtlich. Du kümmerst dich zu sehr, und die Leute können dich zu leicht verletzen. Deswegen versuchen wir ja, dich robuster zu machen, verstehst du?»

«Na gut, ist mein Hals jetzt in Ordnung?»

«Sag du mir, was zutrifft.»

«Er fühlt sich normal an.»

«Dann ist er es auch, und du hast das Problem gelöst. Nur wir selbst können uns heilen – manchmal finden wir Hilfe, manchmal nicht. Vertrau dir selbst. Hör auf deine Stimme. Sie ist tief und offen. Sing mir ein Lied.»

Ich sang ein volkstümliches Lied. Meine Stimme war tatsächlich besser als je zuvor. Ich stand auf und sah, daß July und Agnes mich anstarrten. Sie nahmen sofort ihre Arbeit wieder auf.

«Was willst du jetzt machen?» fragte mich Agnes.

«Ich werde mein Bündel machen», antwortete ich.

July wischte feucht auf. Ruby hatte die ganze Anrichte mit Tellern und Schachteln voll Fleisch zugestellt. Die

Hütte war plötzlich unerträglich klein. Ich fragte mich, wie ich je die nötigen Dinge für mein Halsbündel finden konnte. Es erschien mir unmöglich.

Als hätte Agnes meine Gedanken verfolgt, sagte sie: «Du kannst es machen. Alles, was du brauchst, ist hier. Was du brauchst, ist immer da. Du mußt nur geschickt genug sein und es finden.» Sie nahm sich wieder ihre Perlenstickerei vor. Es war, als hätte sie mich aus ihrem Bewußtsein entlassen.

Ich kramte eine Weile herum und ging zum schiefen Fenster. Ich schaute durch die Glasscheibe hinaus auf das grüngelbe Flackern der Nordlichter und kam mir hier fremd vor. Ich war in einem Wintermärchen, an einem Ort, den die Zeit vergessen hatte. Ich berührte die kalte Fensterscheibe, und mein Finger hinterließ einen Fleck, einen unbedeutenden Punkt in der Ordnung der Dinge, einen vergänglichen Fleck, der sich zusammenzog und die Christbaumlichter verdeckte, die draußen schimmerten. Mir bleibt nur ein Augenblick, dachte ich, um das alles zu verstehen. Eine Sekunde lang schloß ich meine Augen und erblickte den grünen Zwerg. Er schaute mich neugierig an.

Ich drehte mich rasch um, lief still durch die Hütte und nahm Lederstücke, weil sich mein Rachen so angefühlt hatte, einen kleinen Kristall, in dem sich die Lichter spiegelten, ein winziges Vogelskelett, eine Krähenfeder und ein glänzend grünes Metallstück. Tatsächlich war alles vorhanden, was ich brauchte, genau wie Agnes gesagt hatte. Ich freute mich, und die nächsten Stunden verbrannte ich Zeder, Salbei und Süßgras aus meinem Pfeifenbeutel. Leise besang ich die Geburt meines neuen Halsbündels mit Liedern der Kraft.

Als ich am nächsten Morgen aufwachte, roch ich den Haferbrei, der auf dem Ofen kochte. Nach dem Essen stellte Agnes mich vor sich hin und betrachtete mich aufmerksam. Sie sagte mir, daß ich um die Augen herum und am Kinn verspannt war. Sie reichte mir eine Schaufel und ließ mich bis zum Dunkelwerden vor der Tür und an den Schuppen schneeräumen. Dann setzten wir uns alle wieder am Ofen zusammen. July und Agnes arbeiteten mit Perlen, und Ruby brachte Ledersachen in Ordnung.

Ich setzte die Erzählung meiner Reisen in Yucatán fort.

Bevor ich die Räume deiner Einsamkeit betrete
in lebendiger Gestalt, meinen Schatten nachschleppe,

werde ich ungesehen kommen. Die Treppe hinauf und
hinunter mit dir und raus über Straße und Steine zum Fluß,

trinken die kalte Gischt. Du wirst glauben,
ein Vogel flog am Fenster vorbei, eine verirrte Biene
summte in der Halle, ein Wind
kräuselte die bronzenen Gräser. Oder wirst du

wissen, wer es ist?

Denise Levertov
The Presence

Ein Gleichgewicht der Kraft

In jener Nacht schlief ich in einer Hängematte in Zoilas Hütte. Am nächsten Tag half ich ihr im Garten. Wir spielten mit den Kindern und zwei jungen Hunden. Sie zeigte mir, wie man eine richtige Tortilla macht. Nach dem Essen, als das Dorf still war und die Kinder schliefen, führte sie mich zu einem flachen Stein. Sie lehnte den Rücken an einen Ciebabaum, legte einige ihrer Altarbündel aus und wickelte sie auf. Während sie das tat, sang sie Lieder und verbrannte Räucherwerk.

«Ich habe dich geträumt. Möchtest du wissen, was ich sehe?» fragte sie mich. Sie schien besonders angespannt.

«Ja», antwortete ich.

«Du hast eine Menge zu lernen, aber ich glaube, du bist ehrlich in deinen Büchern. Du ermöglichst den Leuten, an einen anderen Ort zu gehen.» Sie machte eine Pause. «Wenn ich sage, du hast eine Menge zu lernen, meine ich damit, daß du fähig bist, es zu lernen. Dein Weg wird es dir erlauben. Du bist stark genug, das zu tun, was du für richtig hältst, und du bist noch sehr unerfahren in deiner Liebe zur Weiblichkeit. Und weiblich heißt für mich nicht schwach. Die Entdeckung, daß die Mutter die Erste ist, ist die sorgfältig gehütete persönliche Vision aller Schamanen. Du möchtest, daß jeder es weiß, und da sage ich: Viel Glück.»

Sie schwieg einen Augenblick. Das Kerzenlicht flackerte auf ihrem Gesicht, und es sah aus, als öffneten sich ihre Lider, um sich nachdenklich halb zu schließen.

«Steh auf», sagte sie. «Du hast Feinde. Drei von ihnen sind Schmarotzer. Sie zweigen sich Energie von dir ab. Sie sind böse auf dich und neidisch.» Sie hob meine Arme hoch und nahm einen Tiegel mit rauchendem Kopalharz und hielt ihn unter meine Achselhöhlen. «Wo die Sonne nicht hinschaut, dort versuchen sie einzudringen.»

Wir setzten uns wieder.

«Dein Altar zieht mich an», sagte ich und rieb mir das Herz.

«Wir nennen das nicht Altar, auch wenn es von dir aus gesehen einer ist. Wir nennen es die Maske oder das Gesicht der Erde. *Sie* zieht dich an, weil sie aus meinen Träumen und Visionen herkommt, und du fühlst meine Freundschaft mit ihr.»

Wir saßen still, und dann fragte ich: «Muß ich mir ernsthafte Sorgen wegen meiner Feinde machen?»

«Denk daran, daß ich Wahrscheinliches und nicht die Zukunft weissage. Deine drei Feinde sind kein ernstes Problem. Aber da gibt es einen Mann, der dein Lied so singt, wie es ein Liebhaber für seine zukünftige Frau singt. Er ist auf deiner Fährte. Ich seh einen toten Coyoten. Er hat versucht, einen dunklen weiblichen Geist zu schicken. Sehr finster. Sie hat kurzes, schwarzes Haar wie ein Mann und versucht, sich mit deinen Geistern anzufreunden. Sie ist wie ein totes Wesen – hängt nicht an dir, aber macht Jagd auf dich.»

«Was heißt das, wie ein totes Wesen?» Mir sträubten sich vor Angst die Haare im Nacken.

«Sie lebt nicht in der körperlichen Welt, aber sie wurde nicht richtig begraben und braucht einen Körper, der ihr gefällt. Wenn sie ihn findet, könnte sie diesen Menschen töten und dann zum nächsten Körper weiterziehen.»

«Sie ist nicht richtig begraben worden?» Jetzt war ich erschrocken.

«Sie muß richtig begraben werden», sagte Zoila.

«Wie kann ich sie begraben?»

«Ich rede nicht davon, tatsächlich ein Loch zu graben. Du mußt ihre Schulden bezahlen, und dann kann sie in die andere Welt eingelassen werden. Sie wurde nicht eingelassen, weil sie nicht richtig begraben wurde. Wenn du ihre Schulden zahlst, kannst du ihre Kraft erlangen. Das ist große Medizin. Dann geht sie auf die andere Seite. Du mußt herausfinden, was sie braucht.»

«Aber wie mache ich das?»

Zoila reichte mir einen kleinen Beutel, von dem ein Lederriemen mit Perlen am Ende hing. «Hier. Von dem, was hier drin ist, gibst du ein bißchen in eine Tasse Wasser, vor dem Einschlafen. Verbrenne etwas Kopal. Folge deinen Träumen. Du wirst es merken. Durch sie wirst du lernen, wie du kämpfen mußt.»

Ich wußte, der Mann auf meiner Fährte war Red Dog. Ich hatte geglaubt, meine Reise nach Yucatán würde ihn meine Spur ganz verlieren lassen. Nach der Jaguar-Zeremonie wußte ich aber, daß ich mich getäuscht hatte.

«Keine Angst, meine Tochter», sprach Zoila. «Du bist jetzt hier, und ich freue mich.»

«Danke, daß du mich geträumt hast...»

«Du wirst das Gesicht der Erde bald erlernen.»

Nach vielen Gebeten wickelte sie die Gegenstände auf dem Steinaltar in viele Bündel, damit war die Zeremonie zu Ende. Ich machte mich auf, zurück auf die Hazienda, um mit Agnes zusammen zu sein.

Ich ging in das Zimmer und setzte mich aufs Bett, zog

den Beutel hervor, den mir Zoila gegeben hatte und schüttelte einen Teil des Inhalts in meine Hand. «Was meinst du, was das ist?» fragte ich Agnes.

Agnes kam zu mir und nahm meine ausgestreckte Handfläche zwischen ihre Hände. Sie roch aufmerksam an den winzigen Rindenteilen, an den weißen Blattstückchen. «Riecht wie Kräuter, würde ich sagen», meinte sie, schürzte die Lippen und hob die Augenbrauen.

«Agnes, das weiß ich. Aber was für Kräuter? Werden die mich verrückt machen?»

«Dich verrückt machen? Ha! Das ist unmöglich.» Agnes sah mich an, als sei ich schon wahnsinnig und lachte los.

Ich starrte sie lange an, platzte dann heraus: «Glaubst du, Red Dog weiß, wo wir sind?»

«Wahrscheinlich.» Sie lächelte noch.

«Wieso lachst du? Das ist nicht komisch!»

«Red Dog ist nicht komisch, aber du bist es.»

«Wenn Red Dog in der Nähe ist, dann weiß er von unseren Zeremonien.»

«Von den Zeremonien weiß er nichts. Er weiß aber, daß etwas geschieht.»

«Ist er wirklich hier in Yucatán?» Ich legte ein Kissen auf meinen Bauch und füllte die Kräuter wieder in den Beutel.

«Ich spüre es. Du hast ihn doch in deinem Jaguartraum erblickt?»

«Ja, ich glaube schon. Ich möchte nicht in Yucatán sterben», sagte ich.

Agnes streckte die Hand aus und nahm den Beutel. Sie rollte ihn auf ihrer Handfläche hin und her, schien in Gedanken verloren. Ich betrachtete ihr zerfurchtes, faltiges Gesicht, und ein paar Augenblicke lang war mir, als werde es glatter und jünger. Sie wandte sich dann ab. Schließlich sprach sie: «Es ist ernst. Red Dog braucht dich jetzt. Er meint, er ist etwas Großem auf der Spur und weiß, daß du ihn dorthin führen kannst. Die Geisterfrau, *die Zoila sah,* sie ist irgendwo da draußen, stellt aber noch keine Gefahr dar und wird vielleicht nie eine sein. Sie wartet darauf, daß er sie losschickt, doch er könnte es sich anders überlegen. Sie ist auf der Pirsch. Du mußt dir darüber im klaren sein wie über deinen Tod. So kann sie zu einer großen Verbündeten von dir werden. Sie möchte leben, wie du auch. Sie kann von dir leben, oder sie kann dorthin geschickt werden, wo sie hingehört. Ich möchte, daß du deine Wahl triffst. Du bist kein Opfer.»

«Wie schicke ich sie dorthin, wo sie hingehört?»

«Wenn du dich entscheidest, ihre Kraft an dich zu nehmen, dann kannst du es tun. Du kannst sie annehmen und lernen, sie zu begraben. Aber wenn du sie begraben willst, mußt du kämpfen lernen. Sie anzunehmen heißt, du erklärst dich bereit, deine eigene dunkle Seite zu bekämpfen. *Sie zu begraben,* damit will Zoila auf ihre Art sagen, daß du mit der verschlingenden Frau in dir selbst Krieg führen mußt. In diesem Fall gibt es ein anderes Wort für *Krieg,* nämlich *Gleichgewicht.* Wenn du deine dunkle Seite mit deiner Schönheit ins Gleichgewicht bringst, verschafft dir das Kraft. Aber denk dran, du kämpfst gegen dein eigenes Spiegelbild.»

«Habe ich nicht kämpfen gelernt?» Ich dachte an Manitoba, an die Auseinandersetzung zwischen Red Dog und mir. Ich hatte ihm einen Hochzeitskorb wieder abgenommen, um ihn den Träumerinnen zurückzugeben, einem heiligen Kreis weiblicher Ahnen.

«Irgendwie schon.»

«Was muß ich wissen?»

«Überlaß das deinen Träumen. Zoila hat recht. Du mußt lernen, sie zu befolgen. Es ist nicht meine Sache, es dir zu sagen.»

«Soll ich das heute abend einnehmen?» Ich zeigte auf den Beutel.

«Nein», meinte sie und gab ihn mir zurück. «Erwäge alles, was wir gesprochen haben, versteh' es. Du wirst spüren, daß sie sich an dich heranpirscht, vielleicht verschwindet sie aber auch. Du wirst wissen, wann es Zeit ist, sie zu träumen. Dann nimm die Kräuter.»

«Danke, Agnes.»

Ich tat den Beutel in mein Bündel und löschte das Licht. Ich kroch ins Bett und sah einige Minuten lang in die Dunkelheit. «Gehören alle diese Frauen zur Schwesternschaft der Schilde, Agnes? Manchmal habe ich das Gefühl, die Schwesternschaft gibt es gar nicht wirklich.»

«Wie kommt das?»

«Wenn wir uns nämlich treffen, ist es wie ein Traum. Alles ist so voller Kraft, so außergewöhnlich. Danach bin ich so fertig, daß ich einen ganzen Tag schlafe. Ich wache auf, hatte bemerkenswerte Träume und weiß nicht, was ist Wirklichkeit und was Illusion.»

«Tatsächlich?» lachte Agnes leise.

«Ja. Wem gehört zum Beispiel diese Hazienda?»

«Die Schwesternschaft ist kein Klub, Lynn. Es gibt sie nur im Sinn der Selbstverwirklichung. Wir planen keine Treffen, aber wir treffen uns. Sie ist keine religiöse Schwesternschaft, keine Bridgerunde. Wir wählen keine Bevollmächtigten. Wir nehmen die Kraft an. Du bist hier, und das sollte dir genügen, ihre Gültigkeit einzusehen. Manchmal kommt eine Schwester vom Weg ab und hat nur noch eine schwache Ahnung von dem, was sie erlebt hat. Sie zweifelt an der Schwesternschaft und geht sogar so weit, zu sagen, sie hätte sich selbst etwas vorgemacht. Wenn du eine Schwester hörst, die über ihren Platz und ihr Ansehen bei uns redet, so weißt du, daß sie am Rande der Vergeßlichkeit entlangtanzt. Sie versinkt in ihren langen Schlaf und wird vermutlich nie zurückkehren.

Jede Frau kann der Schwesternschaft angehören, Lynn. Viele bringen ihr Leben mit der Suche nach uns zu und finden doch nichts als den verschlungenen Pfad ihrer eigenen Spuren. Andere gelangen ohne die geringste Mühe in unsere Mitte. Wenn mich eine Frau fragen würde, ob ich zur Schwesternschaft gehöre, könnte ich ganz ehrlich mit *Nein* antworten. Denn was ich unter der Schwesternschaft verstehe und wie sie sie auffaßt, wären zwei gänzlich verschiedene Sachen. – Schlaf jetzt.»

«Gute Nacht, Agnes.»

Nachts träumte ich, ich stehe auf einer Lavaklippe über dem Meer. Der Mondschein lag wie Stückchen Silberglimmer auf dem Wasser. Die Wogen kamen lang und schwer herangerollt, brachen sich an den Felsen, und weißer Schaum gischte hoch auf. Ruby Plenty Chiefs stand bei mir und hielt meine Hand. Wir sprangen kopfüber von der Klippe in die Brandung. Sie hielt immer noch meine Hand, als wir tief in die See hinabschwammen. Wir konnten atmen und fühlten uns wohl, bewegten uns unter den Wogen. Wir glitten wie die Nacht durch eine Unterwelt urtümlicher Fische. Ich hörte, wie ein Schöpfungsgesang ertönte: «Es ist der Gott, der eintritt, nicht als ein Mensch tritt er ein.» Ich folgte Ruby, schwamm in langsamen Wellenbewegungen, und wir verwandelten uns in eine Seeschlange. Wir wurden zu einer einzigen Schlange und ließen die Wasser zurückgehen. Ich spürte die Vereinigung von Erde und Himmel, und wir als weibliche Geister vereinigten uns mit der Erdsubstanz, und die ersten Menschen wurden geboren.

Ich wachte früh am nächsten Morgen mit dem Gefühl auf, als schwebte ich noch im Schoß des Meeres, als habe mich Ruby die ganze Nacht in der erquickenden Umarmung einer Mutter gehalten. An diesem Morgen dachte ich lang an die blinde Ruby. Sie war mir eine Medizinfrau gewesen und hatte mir das alte Wissen vermittelt, wie Schilde gemacht werden. Ihr Volk nennt sie die Wächterin des Gesichts. Sie hatte mich letzte Nacht geträumt und mir einen Medizintraum geschenkt. Sie hatte mir etwas über das Gleichgewicht von Männlichem und Weiblichem beigebracht. Als ich Agnes davon erzählte, mußte ich lachen, weil mich Ruby in dem tröstlichen Traum wahrhaftig von meiner Angst befreit hatte. Gewöhnlich jagte sie mir unsäglichen Schrecken ein. Ich dachte an unsere allererste Begegnung. Sie stand auf der Holzveranda ihrer Hütte, schwang ein Fleischermesser, die blinden Augen zornig, ein Funkeln wie in den blauen Augen eines Eskimohundes, der das Wild gestellt hat, und befahl mir, zwei Hirschkühe abzuhäuten, die vor ihren Füßen lagen. Vielleicht würde sie zu uns nach Yucatán kommen.

Wir suchen keine Ruhe, sondern Wandlung.
Wir tanzen durch uns wie durch Tore.
Wir sind kleine Wellen, kreuzen uns, verschmelzen,
reisen und kehren wieder
aus dem Kerngehäuse des Apfels, dem Auge des Mandalas,
der Höhle im Herzen der Rose,
dem Kreis ohne Grenzen, rund um die Stille.

Marge Piercy
Circling

La Caldera und die heilige Spirale

Nach dem Abendessen kehrte Agnes zur Hazienda zurück, und ich legte mich in eine Hängematte unter dem vorstehenden Strohdach und hörte dem Wind, den schnatternden Geräuschen der Nacht zu. Bald war ich fest eingeschlafen. Zoilas kehliger Gesang an den Himmel im Osten weckte mich zur Morgendämmerung. Das frische Licht der aufgehenden Sonne ergoß sich über uns, und ich mußte blinzeln. Einen Augenblick war mir, als befinde ich mich in einem anderen Leben.

Tief atmete ich die gute, warme Luft ein. Der Duft heißer Tortillas überlagerte den Geruch der fruchtbaren Gartenerde. Die Hängematte schaukelte sanft, und ich wollte wieder eindösen. Bald trieb ich auf einer warmen, süßen Welle der Vergessenheit dahin, als meine Hängematte ohne Vorwarnung mit einem Ruck hochschwang. Ich war sofort hellwach, landete mit knapper Not auf den Füßen. «Zoila, du hast mich erschreckt.»

«Du kriegst schnell Angst.» Sie zeigte ein breites Lächeln, zwei Reihen schöner weißer Zähne. Ich fühlte die Kraft ihrer Augen, und die lächelten nicht. «Es ist Zeit, der Sonne zu folgen, meine faule, träge Tochter. Wir haben heute einen weiten Weg vor uns. Sei wachsam und klug. Begrüße die Sonne, den Großen Häuptling, wie deine

Lehrerin Agnes diesen lebenswichtigen Stern nennt. Hebe deine Arme zur Venus auf. Sie geht der Sonne voran und heißt die Kehrerin des Pfades.»

Ich tat wie befohlen. Zuerst betete ich zum östlichen Horizont, wo die Sonne als flüssigsilbernes Oval im dunstigen Purpurhimmel stand. Dann betete ich zur Venus, dem Morgenstern, der noch am Himmel glänzte. Ich stand da und war ergriffen von der Schönheit, die sich mir zeigte.

Zoila machte meinen erhabenen Gefühlen ein Ende. «Geh essen», sagte sie.

«Hast du gegessen, Zoila?» wollte ich wissen. Zoila verhielt sich entschieden anders als am Abend zuvor.

«Ja, vor Sonnenaufgang. Nimm dir Früchte von den Bäumen. Drinnen gibt es Tortillas.»

Ich pflückte eine Avocado und eine Mango und ging ins Haus. Es war still, keine traulichen Geräusche einer Familie. Ein alter gelber Hund schlief auf der Türschwelle. Ich stolperte über die Ecke eines Indianerteppichs auf dem festgestampften Boden. Als ich mir eine Tortilla nahm, verbrannte ich mir den Finger an der Pfanne. «Au!» jaulte ich, leckte den Finger, blies dagegen.

Zoila lachte. «Heute hat es dich ja wirklich erwischt, was?» Sie klopfte mit ihrem Spazierstock aus Bambus gegen den Boden und lachte weiter.

Ich bat sie, mir den Stock ansehen zu dürfen, den sie in der Linken hielt.

«Ja», sagte sie und reichte ihn mir. «Er ist Zeichen der *chiman* oder Schamanin.»

Ich fuhr mit dem Zeigefinger die vielen langen Rillen nach und fragte: «Was bedeuten diese Linien?»

«Es sieht einfacher aus, als es ist. Die Linien oben stehen für die sieben himmlischen Ebenen oder Aspekte. Die Linien unten für die fünf Ebenen der Unterwelt. Nach alter

Sicht lebt die Schöpfergottheit im siebten Himmel und trägt die Sonne. Die Sonne ist keine Gottheit. Der Totengott wohnt in der fünften Ebene der Unterwelt.»

Ich gab Zoila das Rohr zurück und machte eine Bemerkung, mit welcher Kunstfertigkeit die Symbole geschnitzt waren.

«Ich habe sie geschnitzt», antwortete sie. «Beeil dich und iß. Wir werden später über diesen Spazierstock sprechen. Jetzt müssen wir mit der Sonne zu *la Caldera* im Westen ziehen.»

«Heißt das nicht *großer Kessel?*»

«Ja, das ist der große Kessel der Erdmutter.»

Ich aß meine Tortillas und ging mit den Früchten in der Hand hinter Zoila aus der Tür. Sie lief genau in Richtung Westen. Ihr rascher Schritt erinnerte mich an die Art, wie Agnes ging. Ich bin immer gern langsam gelaufen, und so machte es mir Mühe, mit ihr Schritt zu halten. Wir folgten einem Pfad durch niederen Dschungel und dichtes Unterholz. Das Gehen war anstrengend.

Zoila setzte ihren Stock wie ein drittes Bein ein, bewegte ihn im gleichen Takt wie das rechte Bein. Sie trug ein dünnes, weißes *huipile* und einen blauen, gewebten Rock. Sie sagte nichts, sah sich auch nicht nach mir um. Gelegentlich war der Pfad völlig zugewachsen, und ich sah Zoilas Machete blitzen. Als die Sonne am Himmel höherkletterte, begann der Weg anzusteigen. Yucatán sieht so flach aus, die Wälder sind so dicht, daß man leicht die Erhebungen aus den Augen verlor. In der Ferne hörte ich Wasser rauschen. Die Bäume wurden höher, und bald befanden wir uns in einem mächtigeren Dschungel, in dem grüne und gelbe Vögel kreischten und Insekten lärmten. Die Bäume waren mit Luftpflanzen bedeckt, die bunte, blühende Stengel hatten. Lange, Blüten tragende Schlingpflanzen hingen von gewaltigen Bäumen. Durch das Gewoge der Zweige konnte ich niedrige, braunrote, ferne Hügel sehen. Ich hatte den Eindruck, sie seien eben erst aus dem Dschungelboden heraus geboren woden. Ich wurde müde. Noch immer hörte ich das Wasserbrausen.

Zoila blieb stehen und wies auf einen Felsrand. Wir waren recht hoch gestiegen. Sie zeigte mit ihrem Stock und sagte: «Hier treffen wir auf die Hüterin von la Caldera. Wir sind an der Ostkante von la Caldera. Sie wird der Ort des Anerkennens genannt, auch der Ort der ersten Zeremonie. Wir werden jetzt eine Zeremonie abhalten und dich *Tlazolteatl* vorstellen, der Göttin der Schamaninnen und der Zauberer. Sie wird dir die heilige Spirale und viele deiner Aspekte zeigen. Komm her. Ich werde dich den Pfad entlangführen.»

Ich folgte Zoila, die zu einer ebenen Stelle ging. Sie zeigte mit ihrem Stock nach unten. Ich hielt die Luft an. Der Dschungel unter uns bildete einen riesigen Krater, und wir standen an seinem Rand. Der Cañon war so tief, daß ich den Boden nicht sehen konnte. Leichter Nebel verbarg ihn. Rechts von mir war ein gewundener Steig, ein winziger, in den Fels gehauener Sims. Ich folgte ihm mit den Augen, bis er um eine Ecke verschwand. Der schmale Pfad zog sich in einer Spirale um den Krater herum hinunter zur Mitte. Ich lachte, aber mir drehte sich der Magen um.

Mit aufgerissenen Augen packte ich Zoila am Arm. «Zoila, ich kann diesen Pfad unmöglich hinabklettern. Ich vertrage keine Höhe. Ich weiß nicht, ich würde es nie schaffen.» Mir kamen die Tränen.

«Gehen wir nur.» Zoila huschte gleich los und ließ mich stehen. Ich war entsetzt. Ich würde es nie wagen, auch nur einen Fuß auf den tückischen Steig zu setzen. Ich bewegte mich nicht.

«Verdammt, Zoila», klagte ich. «Laß mich hier nicht stehen. Siehst du nicht, daß ich schreckliche Angst habe? Ich kann das nicht. Ich kann es einfach nicht.»

«Agnes sagte, du hättest Mut. Vielleicht doch nicht. Jetzt wirst du nie sehen, was unten ist.»

Mir blieb kaum eine Wahl. Zoila würde gleich verschwunden sein. Ich war hergekommen, etwas von ihr zu lernen, und ob ich wollte oder nicht, ich mußte ihr vertrauen.

«Warte eine Minute», rief ich.

Ich setzte eine Sandale vor die andere, preßte mich an den Fels und machte mich auf den Weg. Ich wußte, ich durfte meinen Gedanken nicht freien Lauf lassen, sollte am besten überhaupt nicht denken. Sobald ich nachdachte, würde ich vor Schreck erstarren. So ging ich hinter Zoila her. Unter meinen Sandalen lösten sich Steine, rollten vom Sims und sprangen in die Tiefe. Ich bemühte mich, nicht nach unten zu blicken. Tränen brannten mir in den Augen. Ich fürchtete mich, wußte, daß ich nicht geschickt genug klettern konnte, um diesen schmalen Pfad zu bewältigen. Ich war mir sicher, ich würde jeden Moment ausrutschen und in den Tod stürzen.

Der Steig wurde noch schmaler, war fast nur so breit wie mein Fuß. Ich schnappte nach Luft, dachte wieder ans Atmen und versuchte, ruhiger zu werden. Ich wagte nicht, stehen zu bleiben, zwang meinen Willen, den Körper weiterzuziehen. Ich umrundete den Felsvorsprung. Zoila war vor mir, stieg langsam und vorsichtig wie eine Bergziege. Wenn der Steig es zuließ, wurde sie schneller.

Da ich nicht schwindelfrei war, wollte mein Verstand nicht, daß sich mein Körper weiterbewegte. Doch eine tiefe Sehnsucht gab mir den Willen, Zoila zu folgen. Anscheinend waren alle Vorstellungen über mich selbst in meinem

Kopf explodiert, und mir war nur meine Willenskraft geblieben, die mir überleben half. Mein Verstand und seine Angst nützten mir auf diesem gefährlichen Pfad nichts. Ich schlug mich mit meiner Vorstellung herum, wer ich bin und was ich kann. Ich wußte, ich konnte es nicht, und trotzdem tat ich es. Dieser Vorgang betäubte mein Denken, und so lähmte mich die Angst nicht. Während wir langsam im Kreis hinunterzogen, wurde ich selbstsicherer, ließ die erste Stufe meiner Angst hinter mir. Als wir weitergingen, wurden andere, tiefere Schichten meiner Angst aufgelöst, bis mich ein ekstatisches Gefühl durchströmte.

Eben als ich etwas zuversichtlicher geworden war, erreichten wir einen steilen Felsabsturz, wo der Steig unterbrochen war und eine Lücke von vier Fuß Länge klaffte. Zoila sprang mühelos hinüber, und ihr Rock wehte ihr blau um die Knie. Sie lief einige Schritte weiter, warf einen Blick zurück auf mich.

«Nun?» fragte sie.

«Mein Gott, Zoila, ich kann das nicht. Diesmal kann ich es wirklich nicht.»

«Dann trennen wir uns», meinte sie. «Viel Glück auf deinem Rückweg hinauf. Es wird gleich regnen, und es wird noch rutschiger werden.» Ihre Stimme klang spöttisch. Sie drehte sich um und ging los.

Ich schrie hinter ihr her: «Zoila, bitte! Verlaß mich nicht einfach so!» Ich weinte wieder, konnte mit dem Schluchzen nicht aufhören.

Ich blieb ein paar Minuten stehen, bis ich nicht mehr weinte und ruhig wurde. Ich schätzte die Entfernung ab, prüfte meinen Halt – und sprang hinüber. In meinem Kopf war ein Gedanke. *Wenn ich falle, falle ich.* Es klang irgendwie nach Gertrude Stein. *Wie originell, wirklich, Lynn,* dachte ich. *Wenn ich falle, falle ich.*

Kaum war ich hinüber, begannen mir die Knie wie Bänder im Wind zu flattern. Das Zittern hörte nicht auf, aber ich lief weiter. Zoila vor mir drehte sich um und blickte mich an. Ich erwartete, auf die Schulter geklopft und zu meinem Mut beglückwünscht zu werden.

«Komm weiter. Das war jämmerlich. Ich bin überrascht, daß du nicht zerschmettert irgendwo da unten liegst.» Sie deutete zum Talboden, wandte sich um und kletterte weiter den Steig hinab.

Ihr Verhalten verletzte mich tief. Ich erkannte, wie verzweifelt wichtig mir ihr Beifall war. Ich sah ein, sie hatte recht. Ich war ein Bild des Jammers, denn ich weinte schon wieder. Mein Elend wurde noch größer, da der Steig ärger wurde. Wir klammerten uns an Büsche und zerklüftete Felsen. Manchmal schoben sich meine Zehen über eine Kante vor, hinter der ein scheinbar endloser Abgrund klaffte. Der Weg war steil und schrundig, und wir kamen äußerst langsam voran.

Wir erreichten eine kleine Höhle und setzten uns. Ich war außer Atem und naß vor Schweiß. Ich war wegen Zoila immer noch mißmutig und sprach kein Wort. Sie blickte ruhig, vielleicht sogar ein wenig gelangweilt drein. Im Sitzen wurde mir klar, wie steif ich war, was mir alles weh tat. Ich starrte auf die phantastische Aussicht, die der Cañon bot. Der Himmel war golden. Ich konnte den schmalen Pfad sehen, der sich in einer Spirale nach oben wand, und war verblüfft, daß ich ihn bewältigt hatte. In der Nähe glitzerte etwas im Sonnenlicht. Ich stand auf, und auf einer Felsbank lag eine goldene Mayamaske, in die Türkise, Smaragde und Jade eingelegt waren. In die Steine waren prächtige Schlangen- und Jaguarmuster geschnitten.

«Zoila, schau dir diese Edelsteine und die Maske an. Die ist aus gediegenem Gold. Weißt du, warum sie hier liegt?»

Zoilas Stimme klang nüchtern. «Ein hübscher Schmuck. Nimm ihn. Er ist ein Geschenk der Geister von la Caldera.»

Ich kletterte die beinahe senkrechte Bank hinauf, strich mit den Händen über die funkelnde Oberfläche der Maske und streifte den Staub ab.

«Sie ist ein Vermögen wert.»

«Nimm sie.»

«Ich kann sie doch nicht einfach nehmen, Zoila. Vielleicht gibt es einen Grund, warum sie hier liegt.»

«Natürlich kannst du sie nehmen. Du hast sie gefunden.»

«Ich kann es aber einfach nicht. Ich weiß nicht warum, aber ich kann es nicht.»

Ich warf einen letzten Blick auf die großartige Maske, die in der Sonne funkelte. Die hellen Steine leuchteten verführerisch. Ich wandte mich ab und kroch von der Bank herunter. Der Fund hatte mich irgendwie melancholisch gestimmt.

«Zoila, nimm du sie. Ich kann es wirklich nicht.»

«Niemals», sagte Zoila. «Schätze gehören denen, die sie als erste sehen.»

Ich schüttelte den Kopf.

«Dann los», meinte sie. Und sie machte sich wieder auf den Weg.

Ich folgte ihr, fragte mich, wieso ich einen solchen Schatz zurückließ. Rasch gab ich diese Gedanken auf, denn ich begann auszugleiten und zu rutschen, stürzte beinahe vom Felssims und brachte es noch fertig, mir den Rücken zu zerren. Der Schmerz schoß mir die Wirbelsäule hinauf.

«Zoila, mein Rücken. Ich hab' mir am Rücken weh getan.»

Zoila blieb stehen und betrachtete mich in ernstem Schweigen. «Wie du aussiehst, wirst du es wahrscheinlich überleben», sagte sie zynisch.

«Danke», murmelte ich kaum hörbar. Ich hatte das Gefühl, ein Dolch stecke in meinem Rücken, ging jedoch weiter. Inzwischen ragten die vier Grate des Cañons hoch über uns auf, und es sah eher aus, als befänden wir uns in einer mächtigen Vertiefung des Dschungelbodens, von strömendem Wasser in Jahrhunderten geschaffen. Die Dschungelgerüche von Piment und dunkler Erde wurden vom Wind hergeweht. Flacher Nebel umgab den Wasserfall im Talgrund und zog in Schwaden durch die Baumwipfel. Wir näherten uns dem tiefsten Punkt. Die Luft wurde noch dampfiger, der Steig noch schlüpfriger. Wir bewegten uns vorsichtig und waren bald vom Nebel eingehüllt. Ich konnte Zoila vor mir kaum noch sehen, und das Wasser rauschte ziemlich laut. Ich blieb einen Moment stehen und nieste. Als ich die Augen wieder öffnete, begann der Nebel, wie von einer übernatürlichen Kraft geleitet, in Trichterform zu wirbeln. Er schien in die Mitte eines gewaltigen Kreises hinein zu verschwinden, das von einem Strudel im Fluß unterhalb des Wasserfalls verursacht wurde. Zoila stützte mich, legte einen Arm um mich.

«Zoila», sagte ich, «wir sind eben auf einer Spirale in la Caldera hineingelaufen, oder?»

«Ja, sind wir.»

«Wie kann es hier unten am Boden des Kraters einen Fluß geben?»

«Er verschwindet etwa dort, wo wir unseren Abstieg begannen, im Untergrund und kommt drüben wieder heraus.» Sie zeigte mit ihrem Stock.

«Und wo fließt er dann hin?»

«Er fließt dort drüben in die Wand des Cañons, bleibt viele Meilen weit unterirdisch und kommt aus einer Erdöffnung wieder heraus. Wenn du es sehen willst, bringe ich dich einmal hin.»

Wir stiegen weiter hinab, und ich beobachtete ehrfürchtig, wie Schaum in die Luft flog, wie Holz, das am Rand des Flusses trieb, von der Gewalt des Strudels erfaßt, in die Tiefe gezogen wurde und verschwand.

«Da kommen wir her», sagte mir Zoila ins Ohr. Sie wies mit ihrem Stock auf die Mitte des Wasserstrudels. «Und wir versuchen, in dieses Geheimnis zurückzukehren.»

Meine Augen ertrugen es nicht sehr lang, in den Strudel zu blicken. Ich lehnte mich ein wenig an Zoila und kam mir unbeholfen, linkisch vor. Ihre Bewegungen waren so anmutig. Die Hitze und die Feuchtigkeit von Nebel und Gischt hatten uns tropfnaß werden lassen. Ich bemerkte, daß seitlich an Zoilas Gesicht große Wasserperlen hinabrannen.

Sie drehte sich mir zu und sagte: «Siehst du den Zielpunkt in der Mitte? Da ist die Leere. Schau, wie die kleinen gekräuselten Wellen, die von der Mitte aus in Spiralen nach außen verlaufen, einen Pfad bilden. Du bist aus der Leere geboren, und die Wölbung ist wie die äußere Form der Dinge. Das ist wie unsere Erdwanderung. In unserer Jugend und Unwissenheit laufen wir weiter und weiter von der Mitte fort, bis wir unserem ursprünglichen Wesen sehr fern sind. Das Leben ist so. Das ist sein Lauf. Die meisten von uns leben weit draußen auf der Spirale. Zu irgendeinem Zeitpunkt des Lebens passiert dir etwas Besonderes – du hast eine Einsicht, begegnest dem Tod, und du staunst über dich selbst und beginnst, Fragen zu stellen. *Was ist der Sinn des Lebens? Wo komme ich her?* Ist dir das nicht passiert?»

«Doch.»

«Hast du dich nicht gefragt, warum es so schwer ist, zu deinem wahren Wesen zu finden?»

«Doch, ich habe versucht, meinen Weg heim zu finden.»

«Geh zurück zur Quelle. Beobachte den Wasserstrudel. Aus solchen Kräften heraus hat sich das Universum entwikkelt. Die Kräfte des Universums sind in dir. Siehst du, wie alles in die Mitte eingesaugt wird? Allem ist bestimmt, in die Mitte gezogen zu werden. Das Universum wird sich selbst aufzehren, und alle großen wie auch kleinen Geschöpfe werden befreit sein.»

«Warum ist es dann so schwer für uns, Zoila?»

«Infolge von Unwissenheit und falscher Identifizierung. Komm mit mir mit.»

Ich ging hinter ihr her, und bald standen wir auf dem Boden des Cañons am unteren Ende des spiralförmigen Steigs.

«Hier entlang», sagte Zoila.

Der Boden war feucht und aufgequollen, und eine sumpfige Stelle erschwerte uns tief und schmatzend das Vorankommen. Hohes, dichtes Röhricht erstreckte sich nach allen Seiten. Wasser strömte und stürzte breit aus der Öffnung einer Höhle, die links lag. An großen, knorrigen Bäumen raschelten silbrig grüne Blätter im Wind, leuchteten hell vor dem dunklen Hintergrund der Felswände. Goldene Bahnen von Sonnenschein strahlten grell wie Scheinwerfer in den Wald. Die Felsen oben lagen in finsteren Schatten, schufen verwirrende, wechselnde Bilder. Mir war schwindlig vor Erschöpfung, und trotzdem nahm ich alles gierig in mich auf. Der Cañon war wie ein Traum aus Urzeiten, und die Stimmung des Ortes nahm mich gefangen.

Wir bahnten uns durch das Röhricht einen Weg zum Rand des Beckens unterhalb des Wasserfalls. Das Rauschen donnerte mir in den Ohren. Wir waren ungefähr zehn Schritte vom Strudel entfernt. Ich sah zu, wie Äste und ein kleiner Baum kreisend verschwanden. Die Nähe ließ mich erschauern.

«Schau genau hin, Lynn», rief Zoila. «Sieh, wie die Zweige und der Baum ohne die geringste Mühe zur Mitte gesaugt werden. Vielleicht liegt es an der Identifizierung mit den Dingen, oder am Beharren auf deinem Süchtigsein, daß du der Quelle fernbleibst.»

Ich nickte zustimmend.

Als Zoila den Strudel eine Weile betrachtet hatte, sagte sie: «Gehen wir näher zum Wasserfall.»

Zoila sprang von dem Stein, auf dem sie stand, weiter auf einen Felsen und hinab. Sie verschwand im Schilf, in einer Nebelbank.

«Warte eine Minute», schrie ich.

Ich hatte etwa fünf Schritte hinter ihr her gemacht, als ich tiefer in den sandigen Morast einsank. Der Boden gab unter mir nach, und bald steckte ich bis zu den Knien in ihm und saß fest.

Ich schrie nach Zoila, aber das Donnern des Wasserfalls übertönte meine Stimme. Ich wollte zurück, aber nicht einmal das gelang mir. Ich mühte mich ab und versank bis an die Schenkel. Ich schrie wieder nach Zoila, bis meine Stimme zitterte. Die Lage schien unerträglich. In diesem Augenblick glaubte ich, Zoila sei eine kalte und boshafte Frau. Es gab kein Mitleid in der Welt. Alles war gegen mich. Mir blieb nichts übrig, als gegen die Mächte zu kämpfen, die mich vernichten wollten. Ich verwünschte mein Schicksal, auch Agnes und Zoila. Ich wollte bestimmt nicht hier unten in dem verborgenen Cañon sterben, wo sich niemand betroffen fühlte und mein Ableben beklagen wüde. Je mehr ich mich abmühte, desto fester steckte ich.

Eine Stunde schien vergangen zu sein, als Zoila zurückkam. Ihre Augen funkelten vor Vergnügen, als sei sie gar nicht verwundert, daß ich mich in Schlamm und Sand wälzte. Sie pfiff durch die Zähne und schüttelte den Kopf. «Jetzt siehst du, wohin dich all deine Hektik und dein Gezappel gebracht haben.»

Ich versuchte, mich aufzurichten und meine Würde zu wahren. «Zoila, ich habe keine Lust auf eine Strafpredigt.»

«Halt still und hör mir zu», meinte Zoila.

Sie hüpfte auf einen verwitterten Baumstamm und hockte sich wie ein Papagei mit schräg geneigtem Kopf hin.

«Du sitzt fest, weil du zuviel denkst. Du denkst, dein Wissen wird dir aus dem Schlamassel helfen, in das du geraten bist. Du glaubst, du wirst die Lage mit deinem Verstand meistern.» Sie lachte leise. «Ich will dir sagen, wohin dich deine gedanklichen Turnübungen bringen werden. Sie werden dich fünf Fuß tief unter die Erde bringen.»

«Du hättest mich nicht zurücklassen sollen.»

«Du hast dich selbst zurückgelassen. Du hast nicht auf deinen Willen gehört, und du bist voller Angst. Dein Verstand mit seinem Klammern hat dich in diesen traurigen Zustand gebracht.» Sie kicherte belustigt. «Hör auf deine Ganzheit, Lynn, auf dein gesamtes Selbst.»

«Ich versuche es», sagte ich. Ich bemühte mich.

«Wir haben Schwierigkeiten, unseren Weg zurück zur Mitte der Spirale zu finden, weil wir den Verstand auf den Thron gesetzt haben. Solang der Verstand der Herrscher ist, wirst du dein Leben lang in einem Sumpf festsitzen, so wie jetzt. Deine Süchtigkeit, deine Verhaftungen werden dich ersticken, genau wie der Treibsand, wenn du dich von ihnen beherrschen läßt. Du wirst deine leuchtende Gestalt und deine Lebenskraft verlieren. Wenn das passiert, ist alles vorbei. Du bist schwach und du döst dahin.» Sie lachte.

«Ich finde nicht, daß das komisch ist», knurrte ich.

«Und wie komisch es ist. Der Witz ist, daß dich dieses Süchtigsein auf falsche Weise abstützt, so wie dir der bodenlose Morast Halt gibt. Genau der Sand, der dich vernichtet, gibt dir eine Zeitlang das Gefühl der Sicherheit. Dann fängt er an, dich in die Tiefe, in endlosen Schlaf zu ziehen. Als du den Boden des Cañons erreicht hattest, fühltest du dich sicher. Dir ist nicht aufgefallen, daß du dich auf gefährlichem Grund befindest und in dein Verderben sinkst. Du könntest jetzt sterben. Sinne über die Lektion des Lebens nach. Wir kommen her, um dorthin zurückzukehren, wo wir herkamen. Unser Verstand sagt uns jedoch, wir bräuchten Stützen, um zu überleben. Wir glauben dem König, den wir auf den Thron gebracht haben. Wir gehorchen ihm und suchen uns berauschende Stützen wie Angst vor dem Erfolg oder Angst vor Versagen oder Angst vor dem Tod. Oder wir glauben, wir wären nicht gut genug. Du hast dich oben am Cañon so gefühlt. Du mußtest über die Grenzen deines Königs hinaus gefordert werden, um zu sehen, daß dein Selbstverständnis eine Illusion war. Das ist die Sucht, an der du hängst, und die dich abhielt, hinab auf dein Geheimnis zuzuwandern, auf deine Erleuchtung zu. Genau wie auf dem Steig. Wenn es mit einer Sucht nicht klappt, findest du eine neue. Du hast dich vor dem Sprung über den Abgrund gefürchtet, aber schließlich hast du ihn gemacht. Und wieder bist du über deine selbstgesetzten Grenzen hinaus. Als dir die Geister von la Caldera einen Schatz anboten, konntest du keinen Gebrauch von ihm machen.»

«Weshalb konnte ich es nicht, Zoila?»

«Weil du meintest, du verdientest diesen Reichtum nicht. Und was geschah als nächstes? Du bist ausgerutscht und hast dir am Rücken weh getan. Weißt du, wieso?»

«Nein.»

«Weil du Angst hattest, deine Kraft anzunehmen. Das war ein Anblick. Du bist vor der Kraft, vor der eigenen Kraft zurückgewichen. Das klingt einfach. Du hast das Vertrauen in die eigene Fähigkeit verloren. Dieser Energieknoten wurde als stechender Schmerz in deinem Rücken fühlbar.»

Ich begann hemmungslos zu schluchzen. Die Feuchtigkeit des Nebels, der Gischt, der Hitze mischte sich mit meinen Tränen und klatschte hinab in den Schlamm. Ich wollte mich nach vorn werfen, aber mein Oberkörper mochte sich nicht strecken. Ich ließ mich nach vorn baumeln, wurde von Krämpfen geschüttelt. «Tut mir leid, daß ich es nicht besser gemacht habe», heulte ich.

«Und nun machst du dich noch weiter fertig. König Hirn schwätzt da, schwätzt unaufhörlich. Du bist zu hart zu dir. Viele Frauen hängen mächtig an dieser Sucht. König Hirn hat es gern, dich zu peinigen, wie? Deine Angst, verlassen zu werden, ist eine seiner besten Peitschen. Dein Bedürfnis, Beifall zu bekommen. All diese Verhaftungen lassen die Energie aus dir strömen und dich eindösen.»

«Was kann ich tun, Zoila?»

«Du hast das Glück, diese Prüfungen, diese Lektionen kennengelernt zu haben, denn dir nähert sich neue Weisheit. Sei stolz auf dich und das, was du erreicht hast. Gib jetzt dein Gekämpfe auf. Du hast dir selbst eine Falle gestellt. Manchmal kann eine Führerin eine Hilfe sein.» Sie schaute in vollkommener Ruhe auf mich herab.

«Willst du mich führen?» frage ich.

Sie stach mit ihrem Stock in den Morast, hüpfte vom verrotteten Baumstamm und lief zu mir, sank kaum mehr als einen Zoll ein. Ich fragte mich, wie ihr das gelang.

«Zoila, weshalb sinkst du nicht ein?»

«Es gibt einen natürlichen Trick, wie man über diesen Schlicker geht. Aber mit Worten läßt es sich nicht ausdrükken. Es kann nur im Herzen und mit dem gesamten Wesen erfaßt werden.» Sie streckte die Hand aus, und ich packte sie. «Widersetz dich mir jetzt nicht. Denk nicht. Zieh nur sanft an meiner Hand, laß dich hinauf und hinaus ziehen. Der Schlamm wird dich freigeben, wenn du ihn freigibst.»

Ich zog und befolgte ihren Rat, so gut ich konnte. Es schien sich nichts zu tun, keine Spur von einem Sieg über den starken Treibsand. Ich wollte schon aufgeben, blickte dann aber Zoila ins Gesicht. Ich sah eine unbeschreibliche Kraft in ihren Augen. Ich hörte ein schmatzendes Geräusch und begann herauszugleiten. Ich erschrak fast ein wenig und faßte mit der anderen Hand nach Zoilas Arm. Ich war heraus.

Ich sprang in einem Satz auf den verrotteten Baumstamm und rannte auf das Becken und auf festeren Boden zu. Diesmal folgte Zoila mir. Als ich das Ufer erreichte, setzte ich mich hin. Ich war völlig verausgabt, aber doch fröhlich, als wäre ich aus der Umklammerung meiner niederen Energien befreit worden. Zoila kauerte sich in meine Nähe. Ich schnappte noch nach Luft, atmete aber bald ruhiger. Wir schwiegen eine Weile, betrachteten den Strudel.

Zoila nahm mich an der Hand und führte mich flußabwärts. An einer Stelle, die weniger reißend war, gingen wir in das Wasser. Inseln aus Schaum und Urwaldblättern trieben vorüber, während wir bis an die Hüften in der Strömung standen. Zoila zeigte mit ihrem Stock. «Siehst du den flachen Stein unten am Wasserfall?»

«Den dort?»

«Ja, das ist der Sitz *Tlazolteatls*. Mit ihrem Wasser werde ich dir den Schlamm vom Körper waschen.»

Zoila wusch mir langsam und sehr sorgfältig den Morast von den Beinen. Dann faßten wir uns an den Händen und hielten sie der sinkenden Sonne entgegen, beteten im Wasser der Zauberer um Ganzheit und Wandlung. Wir dankten der Göttin und den Geistern, die uns beigestanden hatten. Dann planschten wir eine Zeitlang im Wasser. Wir konnten die Stärke der Strömung spüren, die unsere Beine zur Spirale des Strudels zog.

Der Rückweg nach Llano war erfreulicherweise viel weniger steil. Ein feiner Regen begann zu fallen, als wir die Serpentinen eines Pfads hinaufstiegen. Ich hatte ihn vorhin nicht bemerkt. Sobald wir den Felsrand oben erreicht hatten, machten wir uns sofort auf den Heimweg und kamen mit der Abenddämmerung nach Hause.

Ich legte mich gleich in meine Hängematte, und am nächsten Morgen wachte ich vor Sonnenaufgang auf. Ich war von einer höchst seltsamen Energie erfüllt. Die Trägheit von gestern früh war verschwunden. In meinem Herzen war ein ganz neuer Grad der Freude, und ich kam mir tatsächlich verwandelt vor. Ein ungewöhnlicher Lebensgeist war in mir, und ich wollte springen und tanzen: Ich fühlte mich eins mit den Katzen, dem alten gelben Hund, den Vögeln, die in den Bäumen erwachten. Ich wollte nackt durch den Dschungel streifen und ein wildes Geschöpf werden, das auf den Bäumen lebte. Ich fühlte mich dem Wind zugehörig und den Gerüchen. Ich tat ein paar Tanzschritte, drehte mich einige Male. Ich sah mich als Jägerin an den Flüssen. Mein Haar von der Farbe des gelben Grases wehte im Wind, und meine Nase schmiegte sich ans weiche Fell meines Gefährten.

Ich wußte nicht, was ich mit der ganzen Energie in mir beginnen sollte. Ich fiel in meine Hängematte und stampfte in langsamem, rhythmischem Wiegen den Boden. Der Südwind war wie Maisfasern und kitzelte meine Beine. Ich fragte mich, was geschehen würde, wenn ich alles in Los Angeles hinter mir ließe und einfach für immer in Llano bliebe. Das Leben hier schien fröhlich und aufregend zu sein. Vielleicht könnte ich einfach glücklich leben – nichts als *sein.* Ich ließ mich verträumt in dieses neue Leben treiben, als ich ein vertrautes Lachen hörte.

«Lynn hat früher nie im Schlaf gelächelt.»

Die Worte ließen mich mit einem Ruck wach werden. »He, Agnes», sagte ich. Die Vision war fort. Ich rieb mir die Augen. «Du hast mir gefehlt.»

Zoila trat neben Agnes und sprach lachend: «Das stimmt. Ich möchte wetten, Lynn hat sich wirklich nach deiner Rückkehr gesehnt. Wir waren gestern in la Caldera.»

Agnes gab sich überrascht. «Hat es dir Spaß gemacht?»

Sie starrten mich an, bis ich schließlich stotterte: «Naja, ich habe eine Menge gelernt.»

Wir lachten zusammen.

Ich setzte mich in der Hängematte auf und betrachtete die Sonne, die in den Tautropfen auf dem Salat in Zoilas Garten blitzte. Ich fühlte mich nun sehr entspannt, war zufrieden mit dem Erreichten auf dem spiralförmigen Steig der Selbstverwirklichung. Ich fragte, ob es etwas zu essen gäbe.

«Ich mache Frühstück», meinte Zoila.

Wir setzen uns um das Essen, redeten und lachten über meine Erlebnisse mit Zoila. Es zeigte sich deutlich, ich war eine sehr glückliche Frau.

Nach kurzem Schweigen wollte ich wissen: «Was ist aus Hyemeyohsts Storm geworden, Agnes? Ich habe ihn schon solange nicht mehr gesehen.»

«Wer ist Hyemeyohsts Storm?» Zoila hob ihre Augenbrauen.

«Storm ist Schriftsteller, ein waschechter Medizinmann aus dem Norden.» Agnes unterbrach sich einen Augenblick und schlürfte Saft aus ihrer Kürbistasse. «Lynn, du hast eine ganz andere Ausbildung als Storm. Was du über ihn geschrieben hast, war symbolisch. Das ist gut. Er hat dir die Kraft und den Nutzen der Symbolik gezeigt, und das hat dein Leben bereichert. Du brauchst diese Erfahrung nicht länger. Du bist eine Frau geworden, die ihre eigene Kraft hat.»

Ich dachte lange darüber nach, und Agnes betrachtete mich beiläufig. Schließlich sagte ich: «Aber wenn ich an den Spaß denke, den wir zusammen hatten, fehlt er mir.»

«Mir auch», sagte Agnes und erhob sich mit Zoila. Wir räumten den Tisch ab.

Zoila sagte: «Du siehst verwirrt aus, Lynn. Du hast Schwierigkeiten mit realen und symbolischen Handlungen.»

«Ja, ich glaube, ich bin dabei, zu verstehen.»

«In der Bibel hob Jesus das Brot hoch und sagte *Dies ist mein Leib*. Dann hob er den Becher mit Wein und sagte *Dies ist mein Blut*. Das waren reale Handlungen mit symbolischer Bedeutung. Verstehst du?» fragte Zoila.

«Ja, dank dir.»

Zoila umarmte mich fest.

Im Geflecht der Zwei
überrascht ein Austausch
der Bär und das Reh
werden ein Baum

Wir könnten sehen
ganze Dschungel
tauchen auf
aus einer Umarmung

Elizabeth Herron
Suppose

Der Schatten eines Zauberers

Am frühen Nachmittag erklärte Agnes, daß sie zur Hazienda zurückkehre. Ich solle bei Zoila bleiben.

«Möchtest du, daß ich dich begleite, Agnes?»

«Ich laufe lieber allein.» Und auf einmal war sie fort.

Im Haus waren ein paar Kinder, lachten, rauften und lärmten. Über Zoilas Familienleben hatte ich mir kaum Gedanken gemacht. Ich wußte, sie war Großmutter, hatte aber keine Ahnung, wie alt sie war. Wie Agnes und Ruby sah sie manchmal älter und dann wieder recht jung aus. Das schien zum Wesen dieser ungewöhnlichen Frauen zu gehören. Und die grenzenlose Energie, normalerweise als typisch für die Jugend angesehen, paßte gut zu ihnen.

«Sind das alles deine Enkel, Zoila?» wollte ich wissen und sah zu, wie ein neunjähriges Mädchen mit Namen Rosa ein Huhn aus unserem Zimmer jagte. Rosa hielt mitten im Lauf an, und das aufgescheuchte Huhn rannte vor ihr davon, flatterte mit den roten, purpurnen Flügeln und gackerte laut. Rosa blickte mich aus großen, schwarzen Knopfaugen an, rief: «Hei, Liin.» Und jagte weiter.

«Sie ist das Mädchen von meiner Tochter Marilia.»

«Wieviele Töchter hast du?» fragte ich. Irgendwie hatte ich bei Zoila, obwohl sie Großmutter war, nicht an ihre Kinder gedacht.

«Ich habe sieben Kinder, vier Töchter und drei Söhne. Eine ganze Menge, was? Sie alle haben jetzt eigene Familien, und sie sind recht glücklich.»

Später jäteten wir Unkraut im Garten. Zoila hatte eine grüne Hand und gab sich besondere Mühe mit ihren Pflanzen, darunter viele Kräuter. Sie schnitt Grasstengel, die wie Mormonentee aussahen, nahm mich mit ins Haus und zeigte mir, wie sie zusammengebunden und zum Trocknen aufgehängt wurden.

«Nur einen Tag lang», sagte sie. «Dann verwenden wir sie.»

Wir kehrten die gestampften Böden, wischten Eßtisch und Stühle ab. Ich nahm eine Axt und hackte etwas Holz. Die Klötze waren schwer zu spalten. Ich holte einige Eimer Wasser vom Bach. Zoila sagte mir, ich solle mich kurz ausruhen, während sie ein paar Chilis für das Abendessen schälen wolle. Ich schlief, und der Regen des späten Nachmittags kam und reinigte die Luft. Ich träumte vom Wasserstrudel und spürte das Ziehen so stark, daß ich aufwachte. Zoila lag nicht in ihrer Hängematte, und so stand ich auf und sah mich um. Da entdeckte ich zwei dunkle Silhouetten vor der untergehenden Sonne. Sie standen im Eingang und umarmten sich. Es war Zoila mit einem Mann. Ihre Bewegungen waren voller Zärtlichkeit und Wärme. Ich wollte mich verbergen und war überrascht, daß ich errötete. Als ich verlegen ins Haus schlüpfen wollte, rief mich Zoila.

«Lynn, ich möchte dich jemandem vorstellen.»

Ich lief um die Hängematte, über die Veranda und in den Vorgarten.

«Das ist José, mein Mann.»

«Aber ich dachte ... also, ich weiß nicht, was ich dachte. Vermutlich nichts.»

«Buenas tardes», sagte José. Wir gaben uns die Hände,

und er drückte meine freundlich. Handfläche und Finger waren kräftig und rauh von der Arbeit. Er trug weite, weiße Hosen und ein Hemd, an den breiten, schön geformten Füßen einfache Ledersandalen. Sein Aussehen entzückte mich. Ich blickte ihm erstaunt ins Gesicht. Sein graumeliertes Haar war sorgfältig gekämmt und ließ die dunkelbraune Haut zur Geltung kommen.

«Dein Mann sieht sehr gut aus», sagte ich.

Zoila stieß mich kichernd mit dem Ellbogen an. «Was ist los mit dir, Lynn? Du siehst so verblüfft aus. Du hast nicht gewußt, daß ich einen Mann habe?»

«Ich glaube nicht», murmelte ich. «Entschuldigt. Ich freue mich, dich kennenzulernen, José.»

Wir gingen ins Haus. José legte ein paar in Zeitungen gewickelte Pakete auf den Tisch, dann reichte er mir ein kleines Päckchen.

Ich war überrascht. «Für mich?»

Er nickte,

Zoila und José sahen zu, wie ich behutsam die weiße Schnur aufknüpfte und das Zeitungspapier entfernte. Ich packte einen kleinen Kolibri aus Ton aus, die Flügel ausgebreitet.

«Wie schön Form und Farbe sind!» rief ich. Im spitzen Schnabel war ein Loch, und im Schwanz auch eins.

José zeigte auf die Schwanzfedern aus Ton und spitzte die Lippen. «Blas hinein», sagte er.

Ich hielt den Vogel an meinen Mund und blies. Ein sehr lieblicher Ton erklang, und ich war begeistert. Ich gab ihn Zoila, und sie drückte ihn an die Lippen und spielte eine Reihe Töne.

Sie gab ihn mir wieder und meinte: «Kolibris kommen anscheinend zu dir.»

«Der Kolibri ist Lynns kleiner Bruder», sprach José.

«Und dein Bruder ist ein großer Krieger. Er kann dich zur Nahrung führen, die du zum Leben brauchst. Beobachte ihn, studiere sein Verhalten.» Die Worte kamen zögernd, mit Akzent, doch konnte ich ihn gut verstehen. Die kraftvolle Ruhe seiner Stimme ließ mich sofort wachsam werden. Mein Kopf fuhr hoch, und ich starrte ihm forschend in die Augen. Ein Schauer lief durch mich, als sähe ich zum ersten Mal den Ozean. In seinen Augen war eine intensive Kraft, die Wildheit des Panthers. Ich fühlte mich mit ihm verbunden, die Art von Verbindung, die über Nationalität, Blut oder Familie hinausgeht, eine Verbundenheit zwischen Zauberern, die aus demselben Holz geschnitzt sind.

«Willkommen in unserer Familie», sagte er schlicht, und seine Augen veränderten sich von der Tiefe der Plejaden zu einem milden Funkeln.

Er fuhr mir durchs Haar, als wäre ich ein kleines Kind, ging dann zu Zoila und half ihr mit den Vorräten, die er mitgebracht hatte. Er schlug ihr zärtlich auf den Hintern und zwinkerte mir zu. Sein Gesicht strahlte, lächelte breit, und wir lachten und bereiteten Chili Rellenos zum Abendessen.

Beim starken Kaffee nach dem Essen wurde mir klar, daß José und Zoila wie ein junges Liebespaar waren. Dabei war eine gegenseitige Achtung spürbar, wie sie nur in langem Zusammenleben entstehen kann. José wirkte jünger als Zoila, hatte aber doch etwas Beschützendes, ging aufmerksam auf ihre Bedürfnisse ein. Seine liebevolle Aufmerksamkeit unterschied ihn von den meisten anderen Männern spanischer oder indianischer Herkunft, die mir begegnet waren. Die beiden faszinierten mich als einzelne wie als Paar, und ich sah es als besondere Ehre an, bei ihnen sein zu dürfen. Meine Gedanken waren mir sicher anzusehen, denn Zoila blickte mich seltsam an und begann zu sprechen.

«Als ich José vor vierzig Jahren traf, meinte er, er würde gern Automechaniker werden. Ich war schon eine *Curandera,* weil meine Großmutter die beste und fähigste *Curandera* aus Solola in Guatemala war. Sie zog mich auf und brachte mir alles über Berggeister und Pflanzen bei, was sie wußte. Sie kannte die Geheimnisse der Natur und die ewigen Feuer in allen Dingen. Sie wußte vieles und half mir, mich auf die Ganzheit zuzubewegen. Sie ließ mich teilnehmen an ihrer Schönheit, ihrem Frieden.

José und ich verliebten uns am Festtag des Heiligen Hieronymus, aber seine Familie hatte Angst vor mir. José war zehn Jahre jünger als ich, und ich war eine Heilerin. Seine Mutter war ernst und streng, und sie machte furchtbaren Stunk. José wollte seine *Madre* nicht kränken und verließ mich, ging nach Merida, um Lastwagen zu reparieren. Ich war tief verletzt und heiratete einen anderen. Der war ein Trinker und ein schlechter Mensch, und als unser erstes Kind geboren war, jagte ich ihn davon. Ich konnte selbst für mich sorgen. Dann erfuhr ich, daß José schwer an Hepatitis und Fieber erkrankt war und im Sterben lag. Er hatte seinen Lebenswillen verloren.»

«Was geschah dann?» fragte ich.

«Seine Mutter und sein Vater brachten mich zu ihm, damit ich ihn heile. Seine Mutter wollte wissen, wieviel es kosten würde. Als ich damals die Arzneien und Kräuter für José bereitet hatte, unterhielt ich mich lang mir ihr. Ich brachte sie dazu, einzusehen, daß sie ihrem Ansehen zuliebe den Sohn ruiniert hatte. Ihre Habgier und Wichtigtuerei hatten sie blind für den Wunsch ihres Sohnes gemacht, glücklich zu sein. Ich erklärte ihr, daß er aus diesem Grund vielleicht nicht weiterleben würde. Sie wurde zornig und wollte mir nicht glauben, aber dann sagte sie etwas Seltsames. Sie sagte, ihr wäre es lieber, er würde sterben als daß er ihr von einer anderen Frau weggenommen würde. Sie war so entsetzt über ihre eigenen Worte, daß sie in Tränen ausbrach. Ich behandelte sie. Sie gab ihre Zustimmung, und José und ich wurden getraut. Nach einer Weile wurden wir Freundinnen, sie und ich.»

Ich schüttelte langsam den Kopf und wollte etwas zu Zoilas Geschichte bemerken. José hob die Hand und sagte: «Aber das war nur der Anfang. Ich war im Koma und wäre fast gestorben. Daß ich heute am Leben bin, verdanke ich nur Zoilas ungewöhnlichen Fähigkeiten. Ich hatte viele merkwürdige Träume, und sie half mir mit den Pflanzen, in das geheimnisvolle Dunkel zu gehen. Ich weiß jetzt, es war die Krankheit der Schamanen, und sie hat mich in dieser Hinsicht geheilt. Sie hat mir vieles beigebracht.»

«Was hat sie dich gelehrt?»

José lächelte. «Sie brachte mir das Lebendigsein bei.»

«Während deiner Krankheit? Du warst doch fast schon tot.»

«Genau. Und in mehr als einer Beziehung. Ich war vom ersten Augenblick in Zoila verliebt, aber meine Familie war streng katholisch, und ich hatte Angst, zurechtgewiesen zu werden. Ich mußte fast sterben, um meinen Weg zu ihr und zu meinem wahren Selbst zurückzufinden. Ich hatte die Menschen und das, was ihnen Schwierigkeiten macht, immer erkennen können. Ich wollte ein *Curandero* werden, aber meine Familie sah das als falsch, als ein Zeichen des Teufels an. Außerdem war niemand da, der mich unterweisen konnte.» José lächelte Zoila zu.

Zoila schenkte Kaffee in die Kürbistassen und sagte: «Meine Großmutter hat uns immer gesagt, daß es für die Frauen viel besser ist, jüngere Männer zu heiraten, weil die Männer dazu neigen, zwölf bis sechzehn Jahre früher als Frauen zu sterben. Natürlich heiraten die Frauen in Mexiko oft sehr früh, und das macht das Leben schwer. Die Bräuche eines Volkes sollten manchmal geändert werden. Ich habe viele Freundinnen, die ihre letzten Lebensjahre ohne die Gemeinsamkeit mit dem Mann verbringen. Das ist eine Tragödie. Gerade in den letzten Jahren kannst du besondere Freude mit einem Mann haben.»

«Ein Glück, daß ich Zoila fand», meinte José. Er hatte sich in seinen Stuhl zurückgelehnt und war dem Gespräch aufmerksam gefolgt. Dann erklärte er: «Ich war die letzten paar Jahre oft fort, weil die Leute von uns gehört haben. Mich brauchen Leute, die weit weg sind.»

«Fehlt er dir nicht, Zoila?»

«Er? Ich kann's gar nicht erwarten, bis er seinen Koffer packt.» Sie sah José an und lächelte. Sie blickten sich einen Moment in die Augen, und ich konnte das vollkommene Verstehen, den Bund zwischen ihnen spüren. Sie wandte sich wieder an mich und fuhr fort. «Wenn Menschen heiraten, beginnen sie, das Leben des anderen zu leben. In diesem Augenblick ist der Grund, warum gelebt wird, für immer vergessen.»

«Wie meinst du das?»

«José und ich haben diese Erdwanderung angetreten, um ganz verschiedene Lektionen zu lernen. Ich habe ihn unterwiesen, und so sind wir beide Heiler. Aber das bedeutet nichts. Er arbeitet anders als ich und setzt andere Kräfte ein. Weil wir beide Freiheit brauchen, um zu wachsen, sind wir ziemlich oft getrennt.

José ist auch noch ein Schüler unserer Alltagswelt. Er ist Schüler auf den Feldern und hilft beim Anbau und der Ernte von Henequen, so wie ich beim Maisanbau helfe. Da gibt's keinen Zweifel. Es besteht ein großes Bedürfnis nach Gleichgewicht von Materie und Geist.

Viele Leute möchten *Curanderos* werden. Wie schade,

daß sie ins Schamanenland des *Curanderos* hasten, ohne sich zuerst um ihr Zuhause zu kümmern. Wir reden hier von den Grundlagen. Wenn die Menschen ihren Launen folgen, manifestiert sich der Geist nicht auf der irdischen Ebene, wo wir ihn am nötigsten brauchen.

Es ist schön und gut, wenn ein *Curandero* am Lagerplatz der Zauberer seine Arbeit richtig macht. Doch die, die auf der körperlichen Ebene des Alltags ihre Arbeit nicht richtig machen können, müssen irgendwann einmal zurückkehren und bitter enttäuscht von vorn anfangen. Wenn ich sagen würde: ‹José, wir müssen ein regelmäßiges Leben wie deine Mutter führen›, würde er einfach eingehen. Seine Mutter war wie *Chicomecoatl*, die Große Mutter. Erinnerst du dich an sie, an die Zeremonie der Ultima Madre?»

Ich nickte.

«Sie ist die gebieterisch Nährende, die ihr Leben planmäßig und nach anerkannten Tatsachen einrichtet. José und ich sind nicht so. Wir möchten träumen und Menschen inspirieren, damit sie gesund und gut leben. Wir leben die meiste Zeit in unbekannten Welten. Wenn ich wie seine Mutter wäre und den Wunsch hätte, immer mit der Uhr zu winken, müßte ich lernen, den Unterschied zwischen uns zu respektieren und ihn sein zu lassen. Ich müßte lernen, ihn bedingungslos zu lieben. Das fällt den nährenden Müttern gar nicht so leicht. Die legen ihrer Liebe eine Menge Fesseln an.»

Ich schenkte mir wieder Kaffee in die Kürbistasse und dachte über Zoilas Worte nach. «Ich fand die Ehe sehr schwierig, weil niemand brauchte, was ich zu geben hatte.»

Zoila lachte leise. «Und dein Mann hat wiederum nicht verstanden, was du brauchst, was?»

«Überhaupt nicht.»

«Du mußt wissen», erklärte Zoila, «es wird berichtet,

in der alten Kultur der Maya wurden Frauen *und* Männer so unterwiesen, wie du neulich nachts. Ihnen wurde die Umsetzung der Energie der Mutter Erde beigebracht; sie wurden über die weibliche Energie belehrt, wie sie sich in einem Menschen zeigt. Wenn wir die großen Mütter in uns verstehen, können wir in Harmonie leben und uns gegenseitig helfen, unser Schicksal zu erfüllen.»

«Ich glaube, in meiner Kultur haben viele Frauen der Weiblichkeit den Rücken gekehrt», sagte ich.

«Ein großer Kummer für unsere Madre.» Zoila legte die Handflächen auf den gestampften Boden. «Wenn die Frauen ihre Ganzheit nicht als weibliche, schöne Frauen annehmen können, werden die Männer nie ihre weibliche Seite kennenlernen, und die Erde wird in großer Disharmonie verharren. Die Frauen sagen, daß es die Männer sind, die das Ungleichgewicht auf unserer Mutter Erde geschaffen haben. Die Männer haben unsere Kriege heraufbeschworen. Es liegt aber an den Frauen. Wir haben es zugelassen. Männer und Frauen brauchen einander, wir müssen voneinander lernen. Das gehört mit zu dem, worum es bei diesem Leben geht.»

«Was bringen die Männer den Frauen bei?» fragte ich. «Besteht zwischen ihnen nicht ein Austausch?»

«Ganz allgemein gesprochen bringen die Männer den Frauen bei, ihr Bewußtsein zu ordnen, vor allem draußen im Alltag. Die Frauen unterweisen die Männer im heiligen Traum, wie sie die Weisheit ihres Bewußtseins empfangen und einsetzen können. Die Frauen lehren die Männer, wie sie leben können. Die Männer lehren die Frauen, wie sie ihre Träume zum Ausdruck bringen können, wie sie dafür von der Welt Energie zurückerhalten, Geld zum Beispiel oder Nahrung oder andere materielle Güter.»

«Ich sehe aber eine Menge Frauen, die ohne Männer Geld verdienen», meinte ich und setzte mich auf.

Zoila blickte auf José und wieder zu mir. «Ja, Frauen können heute Geld verdienen, aber nur, wenn ihr Mann-Schild gut entwickelt ist. Wenn eine Frau in ihrem Mann-Schild schwach ist, wird sie immer nur geben und nichts dafür verlangen. Sie wird zur Märtyrerin. Ein Mann kann da einer Frau in vieler Hinsicht etwas beibringen.»

Wir schwiegen eine Weile. Ich konnte sehen, daß José sehr müde war. Er war von einer weiten Reise zurückgekehrt. Ich war dem Schicksal von Herzen dankbar, daß es mich zu diesen beiden prachtvollen Menschen geführt hatte. Ich half beim Abräumen und Geschirrspülen. Ich entschuldigte mich und sagte, es wäre schon spät und daß ich lieber zur Hazienda zurückginge. José wollte mich durch den Dschungel begleiten, aber ich lehnte ab.

«Vergiß deine Kolibriflöte nicht», sagte Zoila.

Wir umarmten uns.

«Und Vorsicht vor Pumas», meinte José.

Lachend ging ich. Nach einigen Schritten drehte ich mich um und blickte zurück. José und Zoila standen im Eingang, hielten sich in den Armen. Wir winkten uns zu, und ich lief weiter. Der Himmel war unermeßlich und voller Sterne. Meine Sandalen drückten sich knirschend in den Kies der unbefestigten Straße. Ich ging mit fröhlichem Herzen durch das Dorf Llano, war tief bewegt, weil Zoila und José sich offenbar sehr liebten.

Die Geräusche der Menschen waren diese Nacht anscheinend weiter als sonst zu hören. Im Dorf wurde gelacht. Ich ging mit raschen Schritten. Scheinbar grundlos zog ein Kribbeln durch meinen Körper. Ich blickte eben noch rechtzeitig auf und sah einen Schatten von der Größe eines riesigen Flügelrochens in den nächsten Baumwipfel schweben und dort verschwinden. Ich war mir sicher, daß ich es mir nicht eingebildet hatte. Meine Augen huschten umher und suchten nach der Ursache der seltsamen Erscheinung. Ein kühler Wind war aufgekommen, wehte aus dem Unterholz, und ich zog mein geblümtes Umhängetuch fester um die Schultern. Die nächtlichen Vögel und Tiere waren ganz verstummt. Es war still wie vor einem Erdbeben.

Ich ging sehr rasch und bildete mir alle möglichen schaurigen Dinge ein. Ich hatte die Nähe Red Dogs gespürt. Als ich den Dschungel durchquert und die Hazienda erreicht hatte, war ich voller Entsetzen. Ich rannte die Treppe hoch, öffnete die Zimmertür. Agnes begrüßte mich. Ich atmete immer noch heftig. Sofort frage ich: «Kann sich Red Dog in einen Schatten verwandeln, der über mir schwebt und wie ein Flügelrochen aussieht? Und kann er alle nächtlichen Tiergeräusche zum Schweigen bringen?»

Agnes sah mich neugierig an: «Weshalb fragst du?»

«Weil das eben passiert ist, Agnes.»

«*Was* ist passiert? Sehr klar drückst du dich nicht aus.»

Ich erklärte so gut ich konnte, was genau geschehen war.

Agnes fand meine tiefe Unruhe belustigend und tätschelte mir die Hand. «Red Dog hat viele Masken. Ich weiß nicht, was du da für einen Vogel gesehen hast. Wenn es Red Dog war, kannst du froh sein, daß es nur ein Erkundungsflug und kein Angriff war. Laß dich davon nicht stören. Das nächste Mal wird er dich wahrscheinlich töten, und dann ist alles ausgestanden.»

«Agnes!» rief ich und stampfte mit dem Fuß auf.

«Du wirst ihm bald von Angesicht zu Angesicht gegenüberstehen, weißt du. Er hat jetzt Angst vor dir, aber das macht ihn nur noch gefährlicher. Gern verlier ich dich nicht, aber du bist ein schwaches, schutzloses Weibchen.»

«Agnes!»

«Früher oder später», sagte sie und schüttelte den Kopf.

«Es wäre besser, wenn du zu mir hältst, Agnes.»

Sie zog eine Augenbraue in die Höhe. «Schlaf ein bißchen.»

Nach einem Bad kroch ich ins Bett und machte das Licht aus. Ich starrte auf die dunklen Holzbalken und das Strohdach über mir. Ich sprach über José und Liebe und Beziehungen, bis ich bemerkte, daß Agnes schnarchte. Bald war ich eingeschlafen.

Die Quellflüsse
Und der nackte Knochen
– wir sagen
Fanden statt
Wie die Masse der Berge.
Die Sonne eine geschmolzene Masse. Deshalb
In sich selbst fallen –?
Wirklichkeit, blindes Auge
Hat uns das Starren gelehrt –

George Oppen
Route

Das Gesicht der Erde

Früh am Morgen zogen Agnes und ich die verlassene Straße hinter der Hazienda entlang. Die Morgensonne war sahnig weiß und stand noch tief über dem Horizont. Im Gehen trank ich Tee in winzigen Schlucken aus dem kleinen, hohlen Kürbis, den ich behutsam mit beiden Händen hielt. Lang lag die Straße vor uns, und ich war äußerst glücklich. Alles schien wunderbar. Auch die Kürbistasse schien so viel besser als eine gewöhnliche Tasse zu sein. Sie hatte freilich Leben in sich, wie auch eine heiße Flüssigkeit.

Die Sonne stieg höher und strahlte über meine Schultern nieder und begann die harte Erde der Straße zu erwärmen. Wie gewöhnlich hatte es nachts leicht geregnet. Das schlammige Wasser der Pfützen fing an zu trocknen. Ich sah Obstbäume und konnte den Rauch der Feuer riechen, die in den Feldern mit Henequen brannten.

«Fühl mal die Sonne», sagte ich. «Ist das nicht ein Gefühl, das munter macht?»

«Das Licht, das du jetzt spürst, ist Leben, das vor einiger Zeit seiner Mutter den Rücken kehrte, wegstarb. Wenn du einen Zahn verlierst oder dir das Haar schneiden läßt, sind diese Stücke von dir auf immer tot für dich. Sieht die Sonne anders aus oder fühlst du dich irgendwie anders, wenn die Haare beim Schneiden fallen?»

«Eigentlich nicht. Nicht wirklich.»

«Neulich hast du mich gebeten, über den Tod zu sprechen, und jetzt ist eine gute Gelegenheit. Wenn dein Geist den Körper verläßt, kommt es zu demselben, endgültigen Herschenken. Dein Geist strahlt weiter Licht und Stärke wie die Sonne aus, wählt sich dann aber eine andere Art von Sichtbarkeit. Verstehst du, mehr ist der Tod nicht.»

Einige bunte Vögel schossen und kurvten in der Luft über uns. Sie hielten Abstand, führten uns aber weiter ihr Spiel vor.

«Ich verstehe, Agnes.»

«Nein, du verstehst nicht, sonst würdest du nie Angst vor dem Tod haben.»

«Na gut, ich wollte, ich würde verstehen», sagte ich.

Agnes wandte sich um und lachte. «Wenn du deinen Tod verstehen würdest, wärst du glücklich, glücklich mit allem und jedem, was dir begegnet. Du siehst die schönen Vögel fliegen, und sie machen dich glücklich. Aber wenn das jetzt Flugzeuge wären, die das Morden vom Himmel werfen? Dir würde es nicht gefallen. Ich sag' dir aber ehrlich, wenn wir Flugzeuge sehen würden, die uns vernichten sollen, würde ich ebenso glücklich sein wie du, wenn du diese geflügelten Wesen betrachtest.»

«Agnes, das ist wahnsinnig.»

«Nein, du bist wahnsinnig, klammerst dich an allem fest, besonders an deiner Angst. Wenn du das Leben verstehst, ist es vielleicht gar nicht so schlimm, wenn du es verlierst. Wenn du deinen Vater verlieren würdest, oder deinen Hund, Muffin – heißt der nicht so?»

«Ja.»

«Irgendwas. All dein Verhaftetsein. Du würdest auch das nicht verstehen. Deine Kinder, dein Hund, dein Auto, dein Haus, deine Kleider, deine Sachen – alles tote Fingernägel. Das eigentliche Leben, die eigentliche Liebe können dich nie verlassen, weil du das bist.»

Die Vögel flogen nun direkt über uns, kaum ein Dutzend Fuß über dem Boden, schwatzten und zirpten. Auch wenn ich Agnes' Behauptung, sie sei fähig, im Angesicht plötzlicher Vernichtung zu jubeln, nicht verstehen konnte, fühlte ich mich doch in besonderem Einklang mit der Erde. Der Blick auf den leicht ansteigenden Hang mit den hohen Baumgruppen unter dem klaren, blauen Himmelszelt war voller Zauber. Die unbefestigte Straße wand sich jetzt sacht durch das Tal. Eine halbe Stunde stapften wir Seite an Seite weiter, bis Agnes vorschlug, anzuhalten und zu rasten.

Wir legten uns beide am Straßenrand in hohe Grasbüschel, die eine Art Nest bildeten. Agnes gab mir einen Schluck Wasser aus einer Kürbisflasche, und als ich sie ihr wieder gab, landete ein gelber Schmetterling auf meinem Finger. Er flog nicht weg, als Agnes die Flasche aus meiner Hand nahm. Ich hielt ihn ins Sonnenlicht hoch, sah mir die glänzend butterfarbenen Flügel an. Ich wollte ihn küssen, da flog er fort. Ich blickte ihm nach, wie er durch die Luft schaukelte und schwebte. Irgendwie beschwor das Geschöpf Bilder des wogenden Meeres herauf, dann von Pferden, die über ein Feld galoppierten.

Agnes musterte mein Gesicht. Sie ließ ihren Blick einige Sekunden auf mir ruhen und sagte: «Heute ist ein besonderer Tag für dich.»

«Ein besonderer Tag? Wie das?»

«Du könntest heute etwas lernen. Wer weiß?»

«Ich versuche, jeden Tag etwas zu lernen», meinte ich ein wenig ungehalten. Agnes lachte.

«Naja, das mache ich», behauptete ich.

Das ließ sie noch lauter loslachen, bis ihr die Tränen übers Gesicht liefen, und sie sagte: «Lynn, Lynn, hör auf!

Du bist zu reizbar. Etwas lernen ist keine so wichtige Angelegenheit, wie du vielleicht denkst.» Sie wischte sich die Tränen aus den Augen. Sie saß mit einem mächtigen Grinsen da, brach wieder in Gelächter aus und sagte: «Auf's Wissen kommt es an.»

«Ich verstehe nicht, wie du etwas wissen kannst, ohne es gelernt zu haben.»

«Ein gutes Argument», meinte sie.

Ich wußte nicht, wie es Agnes gelungen war, mir die Stimmung völlig zu verderben. Ich wollte mir die Landschaft ansehen, betrachtete sie aber mit anderen Augen.

«Lehre mich etwas», sprach Agnes. «Ich versuche, jeden Tag etwas zu lernen, ganz gleich, mit wem ich zusammen bin. Ich meine es ernst, Lynn. Bring mir etwas bei.»

Sie sagte es so ernst und unerwartet, daß ich ihr glaubte.

«Also, was willst du von mir beigebracht bekommen, Agnes?»

«Was du eben weißt.»

Agnes hatte dies Katz-und-Maus-Spiel schon lange nicht mehr mit mir getrieben, und ich war entschlossen, ihr diesmal über zu sein. Ich zermarterte mir das Gehirn, versuchte etwas zu finden, das Agnes nicht wußte. Mir fiel nichts ein. Ich wußte, wie ein extra trockener Martini gemixt wird, aber das würde albern klingen. Ich konnte eine Mordsbouillabaisse kochen. Das schien auch nicht zu gehen. Ich war eine erfahrene Reiterin, aber mit Agnes verglichen war ich nichts als eine Angeberin. Ich hatte gesehen, wie sie die unglaublichsten Dinge mit Pferden anstellte, und ich war nie fähig gewesen, es ihr nachzutun.

«Ich warte», sagte Agnes.

«Ich denke noch nach.»

«Denk nicht mehr nach. Das ist manchmal Zeitverschwendung. Ich sag' dir was. Die nächsten paar Tage bist du die Lehrerin und ich die Schülerin.»

«Ich weiß nicht, ob ich *das* wirklich möchte, Agnes.»

«Sei nicht albern. Ich bin die Schülerin, die auf einen weisen Rat von meiner großen Lehrerin Lynn hofft. Jeder Brocken ist mir recht, den du einem hungrigen Intellekt hinwirfst.»

«Agnes, bist du sicher, daß du meine Schülerin sein willst?»

«Aber natürlich.»

«Du wirst nicht böse, wirst es mir später nicht heimzahlen?»

«Du kennst mich doch.»

«Es könnte lustig werden. Versuchen wir es.»

«Okay, auf geht's. Übrigens, wo gehen wir eigentlich hin?»

«Wir gehen spazieren.»

Die nächsten vier Tage wurde die Tagesordnung auf den Kopf gestellt. Ich brachte Agnes alles bei, wovon ich annahm, ich könnte es wissen und sie nicht. Ich brachte ihr arabische Pferde und ihre Herkunft aus Ägypten nahe, führte sie in das Tibetanische Totenbuch ein. Ich muß sagen, sie war eine gewissenhafte Schülerin. Sie machte sich Notizen, führte alles, was ich ihr auftrug, peinlich genau aus, stellte mir unaufhörlich Fragen. Sie klagte nie, wenn ich sie hart anfaßte, sie das Zimmer kehren, die Betten oder Besorgungen machen ließ. Gegen Ende des vierten Tages war ich ratlos. Mir fiel nichts Nützliches mehr ein, das ich Agnes vermitteln konnte. Bevor ich nachts zu Bett ging, sagte ich: «Agnes, die Verantwortung ist zu groß.»

«Ja, ich glaube, du hast dich verausgabt.»

«Eine Lehrerin sein ist sehr schwer. Du mußt deine Informationen wirklich ordnen.»

«Schön, das hast du gelernt.»

«Und Agnes, du bist eine ausgezeichnete Schülerin. Als ich dich aufforderte, einiges zu wiederholen, hast du mich beschämt. Du hast dich fast wörtlich an alles erinnert.»

«Schön. Dann hast du also gelernt, was es heißt, eine Schülerin zu sein, die die Mühe lohnt.»

«Allerdings. Ich hatte aber kein gutes Gefühl, was meine Fähigkeiten als Lehrerin betrifft.»

«Ganz im Gegenteil. Du bist eine hervorragende Lehrerin. Du hast mich überrascht.» Sie zwinkerte. «Ich hatte bis jetzt nicht erfaßt, wie tief deine Erfahrungen und Kenntnisse sind. Ich habe viel gelernt, was mir helfen kann, vor allem, wenn ich mal auf einen Besuch nach Los Angeles komme. Ich möchte sagen, als meine Lehrerin hast du ungefähr vier Sterne verdient.»

«Danke, Agnes», antwortete ich. «Aber macht es dir etwas aus, wieder meine Stelle zu übernehmen? Mir ist mehr als je zuvor klar geworden, warum ich deine Schülerin bin.»

«Muß ich wirklich?» fragte Agnes. «Es fing eben an, Spaß zu machen.»

«Ja, das mußt du.»

Da umarmten wir uns und gingen zu Bett. Selbst im Finsteren sah ich noch Agnes' Augen funkeln. Jetzt war ich mit dem Lachen an der Reihe und begriff schließlich, wie tief ihr durchtriebener Humor war. In dieser Nacht träumte ich viel, und als mich Agnes am nächsten Morgen weckte, bestand kein Zweifel, daß sie das Kommando wieder übernommen hatte.

«Nimm dein Medizinbündel und deine Pfeife», sagte Agnes, sobald sich meine Augen an das Morgenlicht gewöhnt hatten. «Wir wollen wohin. Ich möchte, daß du uns sofort hinfährst.»

Ich stand auf, schüttelte die Steifheit aus meinen Gliedern und machte mich fertig für die Fahrt. Wir gingen hinab, frühstückten etwas und waren bald unterwegs. Wir fuhren nicht zu Zoila, sondern tiefer in den Dschungel.

«Park den Wagen», sagte Agnes nach ein paar Meilen Fahrt. Ich fuhr an den Rand und stellte das Auto ab.

«Nimm deine Sachen mit.»

Ich holte mein Medizinbündel und den Pfeifenbeutel vom Rücksitz und beeilte mich, Agnes zu folgen. Sie lief rasch einen Dschungelpfad entlang, schob Farne und Schlingpflanzen beiseite. Wir überquerten einen kleinen Bach und blieben auf dem Pfad. Die Pflanzen wurden immer wilder. Agnes ging so schnell, daß ich langsam außer Atem geriet. Wir erreichten eine Lichtung mit vielen Feldern. In der Ferne war ein strohgedecktes Haus aus Adobeziegeln. Agnes eilte direkt darauf zu.

«Was jetzt?» sagte ich.

Es war fast Mittag, als wir beim Haus ankamen. Wir zwängten uns durch die Holztür. Das Haus hatte leer ausgesehen, war aber voller Menschen. Zoila und José waren da, auch einige Frauen, die ich auf der Hazienda gesehen hatte. Zwei junge Männer standen neben Zoila und José vor der Gruppe. Sie wurden aufgefordert, sich zu den anderen zu setzen. Zoila und José setzten sich ebenfalls. Agnes gesellte sich sofort zur Gruppe. Ich war befangen und fragte mich, was das für ein Treffen sei.

Zoila winkte mich näher, bedeutete mir, ich solle auf einer Grasmatte ihr gegenüber Platz nehmen. Ich hörte Murmeln, Geflüster, das verstummte, als ich mich setzte. Ich bemerkte, daß der gestampfte Boden zwischen Zoila und mir geglättet war, daß auf einem großen Stück Spitze viele ihrer Bündel lagen. Zoila spürte meine Verlegenheit und lächelte mir zu.

José stand auf. Er begann eine Ansprache auf Maya. Ich

verstand gar nichts, doch bald schon war der ganze Raum ein schallendes Gelächter. José schnitt Gesichter, salutierte, zuckte die Schultern, zwinkerte. Es war offensichtlich eine Art komischer Nummer.

Zoila sah die Besorgnis, das Erstaunen auf meinem Gesicht. Ich lachte lauter als alle anderen, als José auf brennendes Kopalharz trat und auf einem Bein durch den Raum hüpfte, den Fuß umklammerte, als habe er Verbrennungen dritten Grades, und dabei wie eine Eule schrie.

Zoila sagte sehr leise zu mir: «Mach dir die Rhythmen in diesem Raum bewußt. Es ist wichtig, daß alle lachen. Wir fangen mit der Belehrung erst an, wenn alle glücklich sind.»

José fing Zoilas Blick auf und machte obszöne Gesten in ihre Richtung. Sie begann zu kichern. Er war ein übermütiger Clown, und ich konnte jetzt nicht mehr aufhören zu lachen. Ich fragte mich, was das nur für ein Treffen sein mochte. Offenbar ging es um Heiliges, denn Zoila hatte ihre allerheiligsten Bündel mitgebracht, und ich auch. Ich sah Josés Clownereien zu und dachte daran, wie verzweifelt ernst die Suche nach der Wahrheit oft wird, dachte an die selbstgefällige Verzückung auf den geflissentlich feierlichen Gesichtern der Anhänger so vieler Richtungen.

«Diese Leute sind Schüler und haben auf diese oder jene Weise mit unserer Arbeit zu tun», bemerkte Zoila. «Ich habe sie versammelt, damit sie hier sitzen und ihre Kraft der Mesa, der Maske, dem Gesicht der Erde schenken – dem, was du Altar nennst. Aus der Erde wird ein Baum mit vielen Ästen wachsen. Ich glaube, es wird auch für dich etwas in ihm sein, wenn du willst.» Sie sagte etwas auf Maya, und alle lachten.

«Was hast du gesagt, Zoila?»

Sie drehte sich grinsend zu mir. «Ich sagte, ich wollte sie sehen lassen, wie blöd ein Gringo sein kann.»

Ich lachte, faßte es nicht als unfreundliche Bemerkung auf. Entspannt setzte ich mich auf der Matte bequem zurecht. Zoila begann mit einem zugespitzten Stock auf dem Boden ein Rechteck zu ziehen. Sie zeichnete ein Kreuz hinein, wodurch es in vier Pyramiden geteilt wurde, deren Spitze sich in der Mitte trafen.

Zoila sprach erst auf Maya, dann auf englisch. «Das ist nun die Form, die viele Altäre annehmen. Unsere Schwestern im Süden und Südosten verwenden sie gewöhnlich. Meistens ist auf der linken Seite der Tod. Auf der rechten ist das Leben. Tod und Leben können als negativ und positiv, als böse und gut aufgefaßt werden. Jeder Altar ist ähnlich, und doch verschieden, weil jeder Schamane anders ist. Wir haben alle unsere persönliche Eigenart.»

Sie zeigte mit dem Stock. «An dieser oberen Mesa oder, wenn ihr wollt, am oberen Dreieck befindet sich die Sammlerpyramide. Sie bringt im wesentlichen Kraft herein und hält sie fest. Deshalb stellt ihr hier Gegenstände auf, die Antennen gleichen – Kerzen, Rohr, Stäbe, Federn, Gebetsstäbe – was eben Energie aus dem Universum in eure Gebete herabzieht.»

Zoila zeigte wieder mit dem Stock. «Das untere Dreieck ist euer persönliches Schenken der Kraft zur Mitte hin, wo die Pyramiden zusammenlaufen und sich treffen. Hier kommen eure Kraft ausstrahlenden Kristalle hin, auch eure persönlichen Pfeile. Also eure mächtigsten Kraftspender kommen hierher.»

Sie nickte in Richtung Mitte. «In die Mitte jeder Mesa kommt euer Übermittler. Das ist euer hermaphroditischer oder androgyner Repräsentant der Kraft. Dieser Gegenstand ist weder gut noch böse, weder positiv noch negativ.»

Zoila blickte auf, und meine Konzentration war gestört. José legte wieder los. Er war unbemerkt in eins von Zoilas

Kleidern geschlüpft und machte vor einigen Angehörigen der Gruppe und sogar vor Agnes Knickse! Er versuchte, einen der jungen Männer zu küssen. Alles brüllte bei seinen Possen los. Auf einmal stand er völlig still.

Als sich alle beruhigt hatten, sagte Zoila erst auf Maya und dann auf englisch: «Wie José, ist das ein Mann oder eine Frau?» Ich spähte durch die Schwaden von Kopalrauch zu ihm hin. Ich wollte eben lachen, als ich aus dem Augenwinkel sah, daß Agnes hinter mich trat. Sie packte meinen Kopf mit beiden Händen und drehte ihn so, daß ich nur noch auf José blicken konnte. Ich wußte nicht, was dadurch erreicht werden sollte, doch als ich ihn unverrückt betrachtete, begann er weicher zu wirken. Seine Gestalt verschwamm langsam, wurde wieder scharf. Seine Gesichtszüge hoben sich scheinbar empor. Sein Mund wurde weiblich, voll und sinnlich, und José schien üppige Brüste und einen kurvenreichen Körper mit schmaler Taille zu haben. Ich versuchte, mein normales Raumgefühl zurückzuerlangen, doch vergebens.

Agnes ließ mich los. José war nun ohne Zweifel Frau, flirtete unverschämt mit einem der beiden jungen Männer im Raum, blinzelte geziert, warf ihm einen verführerischen Blick zu. Der junge Mann sah ihn schwärmerisch an. Das Ganze war so überzeugend, daß ich dachte, sie würden gleich im Gebüsch verschwinden. Alle teilten sich in eine Schnapsflasche und rauchten ein wenig.

Zoila wartete, bis es still geworden war. «Der Hermaphrodit in der Mitte eures Altars ist das Herz. Es wird eingesetzt, um mit den positiven *und* negativen Situationen zu arbeiten, wie sie gerade kommen. Es hilft euch, jede Art von Energie in etwas Brauchbares umzusetzen. Es ist euer Ort der Konzentration. Es steht für das, was ihr im heiligsten Teil von euch selbst seid.»

Einer der jungen Männer stellte eine Frage.

«Die Frage», meinte Zoila, «hat mit einer Erklärung der Mitte oder des Hermaphroditen zu tun. Er möchte es weiter ausgeführt haben.» Sie sprach einige Minuten auf Maya zur Gruppe und wandte sich wieder an mich. «Wenn du katholisch wärst, würde deine Mitte wahrscheinlich ein Kruzifix sein. Lynn, für dich könnte es deine Pfeife oder ein Kristall von deinem heiligen Berg sein, von einem Berg, der dir Lebenskraft verleiht. Dein Hermaphrodit muß etwas sein, was deine heiligen Fähigkeiten konzentrieren kann. In gewisser Weise ist er alles, was du bist.»

«Ich verstehe nicht, wie ein Kruzifix in positiven wie negativen Situationen verwendet werden kann», sagte ich.

«Wenn eine Frau zu dir käme und glaubte, ihr sei ein böser Zauber angehext worden, würdest du mit deinem Kruzifix arbeiten, um deine Aufmerksamkeit und Kraft auf die negative Seite deines Altars, auf die des Todes zu richten.»

«Wie?»

«Dein Kruzifix würde dir helfen, das Ding – und da gibt es viele – zu finden, das dich unterstützt. Du könntest einen Nierenstein verwenden und mit seiner vielsagenden Energie in der Lage sein, den Stein zu finden, der vielleicht von einer Hexe oder einem Feind in sie hineingetan worden ist. Dann würdest du ihn aus ihr heraussaugen, wenn das deine Art wäre. Aber du machst es nicht auf diese Art. Du widmest dich der Heilung von Geist und Herz. Du würdest einer Frau vor oder nach der Heilung beistehen, damit sie sich nicht wieder einen Stein oder ein Problem zulegt. Du würdest also Dinge für deinen Altar zusammentragen, die für ein besseres Sehen sorgen – Stücke von Meteoren, Kristalle, Kraftobjekte anderer Schamanen, und so weiter.»

Ich gab mit einem Nicken zu verstehen, daß ich wenigstens zum Teil begriffen hatte.

Plötzlich faßte José nach meiner Schulter. Zunächst wollte ich mich wehren, machte dann aber mit. Er trug noch immer Zoilas Kleid, biß in meine Schulter und saugte an ihr. Alle begannen in Ohs und Ahs auszubrechen und Beifall zu rufen. Dann spürte ich, wie dort, wo er saugte, unter der Haut etwas nachgab. José richtete sich mit geblähten Bakken auf. Er spuckte einen winzigen Tontopf in seine Hände. Der war vermutlich in mir gewesen.

«Ich bin froh, ihn erwischt zu haben, bevor das Gift heraussickerte», meinte José und wischte sich die Stirn ab. «Wie fühlst du dich jetzt?» Er schüttelte eine tintig graue Substanz aus dem Topf in die Hand und murmelte: «Sehr schlimm.»

Meine Schulter hatte seit einigen Tagen geschmerzt und tat nun nicht mehr weh. Ich fühlte mich besser. Ich bewegte die Schulter auf und ab. José setzte sich, kreuzte die Beine und tat so, als feile er sich die Fingernägel. Das Haus war ein lautes Durcheinander von Gelächter und Klatschen.

«Zoila, meine Schulter tat weh, aber jetzt tut sie überhaupt nicht mehr weh.»

Zoila lächelte. Ich sah José an, der sich in einem kunstvollen Ritual die Lippen schminkte. Ich wollte meinen Augen nicht trauen. Er gab sich so geziert. Ich wußte, er erlaubte sich auf meine Kosten einen Spaß, oder doch nicht? Er wich meinem Blick aus, sah mich dann aber direkt an. Für den Bruchteil einer Sekunde war ich wie versteinert. Es war wie ein Treffen von Tiger und Wolf, und der Augenblick war schon vorüber. Zoila sagte etwas zu mir, doch meine Aufmerksamkeit war fort. In meiner Schulter konnte ich eine behagliche Wärme spüren. Zoila legte sanft eine Hand auf meine, und ich bemerkte, daß ich zitterte. Sie bot mir einen Schluck Saft aus einer Kürbisschüssel an, und ich trank.

«Besser, nicht?» fragte sie.

Ich hatte erwartet, daß der Schmerz in meine Schulter zurückkehren würde, aber es war nicht so.

«Viel besser», versetzte ich und nickte heftig.

Zoila betrachtete mich. «Ich arbeite wie du, um Geist und Herz zu heilen», meinte sie. «Während ich mit dir arbeite, sieht José zu. Er kann die dunklen Stellen sehen, an denen sich deine Lebenskraft nicht bewegt. Er kann sehen, was schlechte Menschen in dich hineingeschossen oder getan haben. Er entdeckte diesen Tontopf in deiner Schulter und saugte ihn einfach heraus. Mit der Zeit wäre das Gift langsam durchgesickert, und du wärst eine sehr kranke Frau geworden. Jetzt hast du nichts mehr zu befürchten.»

«Wo stammt der Topf her?»

«Von einer Feindin. Sie hätte eigentlich deine gute Feindin sein können. Mit einem schnellen Auge hättest du sie sehen und dich schützen können.»

Gelächter brandete auf. José balancierte den Tontopf auf der Nase, schleuderte ihn wie ein Seehund ein Stück in die Luft und fing ihn mit der Zunge auf. Dann wiederholte er die Vorstellung, ließ ihn wieder auf der Nase landen.

«Wie kann jemand eine gute Feindin sein? Wer hat das mit mir gemacht?»

«Sie ist eine Angeberin, hat einen dunklen Wind als Verbündeten. Sie muß jemand mit einer scharfen Zunge sein, die aber nicht viel sagt, deshalb ist auch der Topf so klein.»

«Hilft es mir, wenn ich das weiß?»

«Sicher. Vielleicht kannst du sie das nächste Mal erkennen. Es kann eine Person sein, die du für eine Freundin hältst, die jedoch dein Auge täuscht. Manche Feinde sind gut, weil sie uns verletzen, wenn wir es am wenigsten erwarten, und zwar dort, wo wir am schwächsten sind. Bei dir ist es die Empfindlichkeit, sind es die Gefühle. Du mußt härter werden, und eine gute Feindin härtet dich ab. Sie bringt dich dazu, deine Schilde zu putzen.»

Als Zoila schwieg, bemerkte ich das Licht in ihren heiteren, braunen Augen. Trotz der Gelassenheit war in ihren Augen auch Angriffslust. Es waren eindeutig liebevolle Augen, die andererseits unerschütterlich wirkten. Ich fragte mich, ob das die Eigenschaft war, die sie mir erklären wollte. Ich hatte es langsam satt, gesagt zu bekommen, ich müsse härter werden. Die Alternative schien aber darin zu bestehen, immer wieder verletzt zu werden, und das hatte ich noch satter.

«Was soll ich also machen, Zoila?»

«Behalte deine gute Feindin, bis sie sich entweder ändert, oder du stärker wirst.»

Leise sagte ich: «Oh, großartig.»

José wirbelte herum und warf mir von der Nasenspitze her den Tontopf zu. Ich fing ihn auf und war verblüfft, daß er kalt wie ein Eiswürfel war. Er ließ meine Hand erstarren, und ich stellte ihn nieder. Agnes flüsterte mir ins Ohr, ich solle ihn aufmerksam ansehen. Ich beobachtete, wie er rasch dahinschmolz, sich in die gestampfte Erde hinein auflöste, dann ganz verschwunden war. Ich staunte.

«José hat ihn mit seinem Humor zum Schmelzen gebracht», sagte Zoila.

Im Raum wurde laut geklatscht und aufgeregt gesprochen.

Ich setzte mich auf der Matte zurecht, hatte die Augen verwundert aufgerissen. José reichte mir einen kleinen Stoffbeutel.

«Hier», sagte er und zeigte mit dem Finger. «Nimm die

Erde, wo der Topf sich aufgelöst hat, und gib sie in den Beutel.»

Ich kratzte die Erde mit einem Kürbis zusammen, den mir Zoila gab, und füllte sie behutsam in den Beutel, band ihn mit zwei Schnüren zu. Ich legte ihn zu meinen Sachen.

Zoila erhob sich rasch und verjagte ein weißes Huhn, das sich hereinverirrt hatte. Sie kehrte schnell zurück und setzte sich. Sie legte den Beutel auf ihre Handfläche, hob ihn hoch und sagte: «Gib den Beutel auf die negative Seite deines Altares. Wenn eine zu dir kommt, die eine hinterlistige Schwiegermutter hat oder verleumdet wurde, dann arbeite mit dieser Erde. Sie wird dir Kraft und Klarsicht geben, und du wirst wissen, wie du sie am besten heilen kannst.»

Agnes und José reichten Schüsseln mit Trockenfrüchten und Sonnenblumenkernen herum. José steckte sich eine Zigarre an und blies alle Anwesenden mit beißenden Rauchwolken an. Zoila füllte Wein in Kürbistassen und verteilte sie. Einer der jungen Männer begann auf seiner Tonflöte eine ätherische Melodie zu spielen. Der andere fing an, mit den Handflächen eine kurze Holztrommel zu schlagen. Der Klang hallte tief nach. Dann und wann schlug José, der sich um die Anwesenden kümmerte, auf eine runde, flache Trommel, die von einem Dachbalken hing. Er schlug sie mit einem kurzen Stock, schuf so eine angenehme Gegenbewegung zur anderen Trommel. Frauen begannen zu singen. Die Musik war sehr seltsam und schön.

Ich kaute eine getrocknete Aprikose und sah mir eine Trommel an, rund wie ein Baumstamm, die auf dem Boden lag. Ein Ende zeigte eine geschnitzte Schlange, die andere einen Adler, José bemerkte mein Interesse und kauerte sich neben mich.

«Das ist eine Schlitztrommel», sagte er, «ein *teponaztli.* Die beiden Schnitzereien stellen die Hochzeit von Erde und

Himmel dar. Die Welt hat die Klänge unserer Mayakultur vergessen. So viele der alten Instrumente gingen verloren. Mein Freund Pazatl erweckt die alten Gesänge wieder zum Leben. Es heißt, wir müssen demütig sein, wenn wir die Stimmen der Natur hören wollen. Hör mal, wie einfach diese Musik ist. Die Natur braucht nur drei Instrumente, um ein Gewitter zu machen: Blitz, Donner und Regen.» Damit stand er auf und hielt mir ein langes Stück Bambus ans Ohr. «Schließ die Augen», sagte er. Bis auf die sanften Töne der Flöte und gelegentliche dumpfe Trommelschläge verstummte die Musik. Der Bambus an meinem Ohr erzeugte ein Geräusch wie brausendes Wasser, erst leise, dann stärker, und ich fragte mich, wann ich von der Flutwelle verschlungen würde. Ich öffnete die Augen und stellte fest, daß der Bambus an beiden Enden verschlossen war, daß das Geräusch von Kieseln erzeugt wurde, die von einem Ende zum anderen rollten.

«Diese ganze schöne Musik weckt die Geister auf», sagte Zoila. «Sie schlafen und warten, bis wir kommen und sie dazu verlocken, aufzuwachen. Deshalb singe ich und sage meinen Geistern schöne Sachen, wie ich auch José schöne Sachen sage, damit er mich mag.»

Ich sah José an, der sich umgezogen hatte und wieder der stattliche Mann war. Ich richtete meinen Blick wieder auf Zoila.

«Geister müssen dich erkennen können, Lynn», fuhr sie fort. «Du mußt einen Namen haben, damit sie dich von ihrer Welt aus rufen können. Die meisten Geister leben in den Ciebabäumen, im Wasser und in den Bergen. Deshalb arbeite ich auch gewöhnlich draußen. Ich glaube, wir haben dir erheblich geholfen. Jetzt mußt du die Landschaft des Gesichts der Erde kennenlernen, das wie eine Batterie ist.»

«Wie eine Batterie?»

«Ja, es sammelt und speichert Lebenskraft in Abhängigkeit von der Kraft deiner Bündel und auch davon, wie gut du deine Kraft konzentrieren kannst. Mein Gesicht der Erde, mein Altar unterscheidet sich von diesem hier.» Sie wies auf ihre Zeichnung und löschte sie dann mit der Hand aus. Darauf zeichnete sie ein neues Rechteck, fast ein Quadrat. Sie zog einen Kreis um die Zeichnung und schrieb draußen um den Kreis die englischen Worte für *Norden, Süden, Osten und Westen.* Sie zog ein großes X durch das Rechteck, machte an die Enden der vier Arme des X je ein kleines Kästchen.

«Die Arme markieren die Frühlings- und Herbstpunkte, die Sommer- und Wintersonnenwende», erklärte sie und machte einen kleinen Kreis im Norden des Altares. «Das ist der Nordwind. Er ist kahl, blind, niederträchtig und der stärkste aller Winde.»

Sie zog einen weiteren kleinen Kreis im Süden. «Das ist der Südwind. Er ist ein Kriegerwind. Er ist gut.»

Sie machte einen dicken Kreis in die Mitte.

«Das ist der Zenith. Das ist der Ort des Mannes, der in der Mitte steht. Er ist ein Hermaphrodit. Er ist verrückt und stark. Für *La Sabia,* die Frau des Wissens, ist der Hermaphrodit auch die Verrückte Frau. Wir bewegen uns mit der Sonne im Uhrzeigersinn um das Gesicht der Erde. Die Verrückte Frau hat das vollkommene Gleichgewicht des Hermaphroditen. Sie hat die Kraft und die Einsicht des *Ometeotl,* der göttlichen Dualität. Denk dran, daß in Mittelamerika das Wasser den Frauen gehört. Der Himmel ist männlich und die Erde weiblich. Süden, Westen und Norden sind trocken und weiblich. Der Norden und Osten sind feucht und männlich. Das scheint widersprüchlich und seltsam, aber so ist es eben. Der Mond lebt im Meer, und die Sonne lebt im Meer und kommt über den Berg herauf. Die

Sonne ist Kind, Gatte und Vater des Mondes. Du mußt die Bewegung von Sonne und Mond erfassen, den Zeitpunkt der Sonnenwenden und die Bewegung der Sterne. Siehst du, alles in der Welt der Schamanen beruht auf dem Zenith, und das gilt besonders für Altar und Pyramiden.»

«Mir fällt es schwer, dir zu folgen, Zoila. Warte bitte eine Minute; ich bin völlig verwirrt.»

Zoila bewegte sich leicht auf ihrer Matte. Sie sah José an, der nickte, und dann entließ sie alle. Bevor sie die Hütte verließen, bedankten sie sich einzeln bei ihr. Sobald das vorüber war, spähten José und Agnes über Zoilas Schulter, um zu sehen, was vor sich ging. Von einem hohen, offenen Fenster fiel Sonnenschein auf das Stück gestampften Boden, wo wir arbeiteten. Ich wollte noch einmal von vorn anfangen und zeigte auf einen Kreis. Zoila las meine Gedanken.

«Nein, das ist die Sommersonnenwende», meinte sie.

«Dann muß das der Winter sein», sagte ich.

«Genau.»

Wir gingen alles von neuem durch, zeigten auf das Diagramm. Gegen Ende ihrer gewissenhaften Wiederholung bekam ich allmählich ein Gefühl für die Bewegung der Jahreszeiten und ihrer Welt, der Welt der *La Sabia* – der Frau des Wissens. Der Zenith und die Vorstellung des Hermaphroditen faszinierten mich am meisten.

«Das ist höchst ungewöhnlich, Zoila», sagte ich. «Ganz anders als alles, was mir je erklärt wurde. Ich glaube, mir gefällt der Begriff der göttlichen Dualität am besten.»

«Sie ist kein Begriff. Du neigst dazu, dir Ideen so vorzustellen, als seien sie Begriffe. Solange du das tust, wirst du nur äußere Erscheinungen kennenlernen und die praktischen Anwendungen nicht erkennen. Der Hermaphrodit stellt wie ein Angelpunkt das Gleichgewicht von allem dar, was ist. Aber denk dran, daß auch er verrückt ist, wobei das der Grund ist, warum er der Welt eine neue Form geben kann.»

«Das ist eine höchst heilsame, naja, was auch immer, eben nur kein Begriff.»

Zoila lachte. «Ich gebe dir noch ein Beispiel», erklärte sie. «Bei den Maya gibt es dreizehn heilige Bäume, doch der Baum in der Mitte ist der schwächste. Paradoxerweise ist er aber auch der mächtigste. Der Dümmste ist der Weiseste, sagt der Weise. Oder ist er der Dümmste? Agnes hat mir von ihrem Weg erzählt, vom Weg des Gegensätzlichen oder des heiligen Clowns. In der Verrücktheit des Clowns kann sie unanständig sein oder alle bestehenden Strukturen und Ideen prüfen, ob sie auch wirklich wahr sind – und sie kommt damit durch. Sie selbst ist schwach, aber ihre Kraft liegt genau in der Schwäche.»

«Ist das wie beim heiligen Clown, der rückwärts mit einer zerbrochenen, verbogenen Lanze in den Kampf reitet? Er ist so tief mit dem Großen Geist verbunden, daß er völlig darauf vertraut, unversehrt zu bleiben. Von einem vernünftigen Standpunkt aus gesehen ist er ein Narr.»

«Das höre ich zum erstenmal, aber es klingt ganz ähnlich. Vielleicht wird es verständlicher, wenn ich das Beispiel des jüngsten Kindes bringe, denn es ist der Mond in seiner letzten Phase. Es taugt zu nichts, weil es sonderbar oder nicht normal ist, und doch weiß es alles. Der Herr der schwankenden Erde, oder in deiner Sprache der Herr der Erdbeben, ist ein jüngstes Kind. Er ist ein Idiot und geht krumm, aber er ist äußerst mächtig.» Sie sah mich mit einem Ausdruck an, den ich nicht deuten konnte. José und Agnes starrten mich ebenfalls an. Dann begriff ich, daß sie wissen wollten, ob ich verstanden hatte.

«Ich glaube schon», meinte ich schließlich.

Zoila sagte: «Ich glaube, du hast für heute erst einmal genug Informationen über den Altar erhalten. Wir machen morgen früh weiter. Ich werde dir zeigen, wie du deine Maske der Erde anlegst, und dir wird alles klarer werden. Dieses Wissen ist glatt wie ein Fisch und schwer zu fassen. Heute abend gibt es weiteren Unterricht für dich. Laßt uns jetzt aber erst zu meinem Haus zurückkehren.»

Wir nahmen alles, was Zoila zurückbringen wollte, und liefen durch den Dschungel zu meinem Auto. Ich fuhr alle zu Zoila. Wir aßen gemütlich zu Abend. Agnes ging mit José spazieren und ließ mich mit Zoila allein.

«Heute abend ist es wichtig, daß du eine Verbindung mit deinem Stern herstellst. Du wirst diese Erfahrung morgen brauchen können.» Zoila stand vom Tisch auf. «Mir ist eben etwas aufgefallen.»

Sie ging ins Nebenzimmer und kehrte mit einem Bündel zurück. Sie wickelte es auf, wählte einen kleinen, glatten Stein und rieb ihn immer wieder über meine Schulter. Meine Schulter tat wieder weh, der Hals auch – ich dachte, vom Fahren. Zoila flüsterte etwas und hielt sich den Stein an die Stirn.

«Ah!» rief sie schließlich. «Die blöden Telefone.»

«Was? Telefone?»

«Das Telefon ist einer der Gründe, warum dir Hals und Schulter wehtun. Benutze kein Telefon mehr.»

«Zoila, du hast recht. Ich verkrümme immer den Hals um den Hörer. Wie in aller Welt bist du darauf gekommen?»

«Ich verwende dieses Werkzeug, meinen Sonnenstein. Ich legte ihn auf die kranke Stelle und sah mir deinen Körper an. Dann blickte ich in meinen Stein hinein, um zu sehen, was mit dir nicht stimmt. Ich möchte, daß du hinaus auf die Felder gehst und deinen eigenen Sonnengegenstand suchst, einen Stein, der zu dir spricht, bei dem du das Gefühl hast, du kannst mit ihm arbeiten. Dieser Stein wird für deinen Stern stehen, für dein Sonnenlicht.»

Sie machte eine Geste, und ich stand auf. Ich sah, daß Agnes und José hinter mir waren und die ganze Zeit alles beobachtet hatten.

«Geh jetzt», meinte Agnes, «solange die Sonne noch ein bißchen scheint. Ich höre einen Stein, der dich ruft.»

Ich verließ sofort das Haus. Zoilas alter gelber Hund trottete hinter mir her auf die Felder hinaus, hinüber zum schilfigen Bach. Ich überquerte eine goldgrüne Höhe. Der Kopf schwirrte mir mit den Lehren von heute. Bei jedem Schritt über den steinigen Boden hatte ich das Gefühl, ich schreite über eine Maske der Erde. Das Land wurde flacher, und ich war mindestens fünfhundert Schritte vom Haus entfernt. Ich blieb stehen, blickte an grünem Blattwerk vorbei auf. Die Sonne blendete mich einen Moment, dann trat ich hinaus aufs Feld.

Der Himmel war blau, und die Luft ganz warm und ruhig. Im Westen flammte ein orangener und purpurner Sonnenuntergang auf. Ich setzte mich neben einen Graben und dachte einen Augenblick an die alten Lehren der Maya vom Zenith. Ich holte ein paarmal tief Luft und versuchte mich auf die Bewegungen der Sterne einzustimmen. Auf einmal hörte ich überrascht etwas, was wie schwaches Kindergeschrei klang. Das Geräusch wurde lauter und verwandelte sich in ein Stöhnen. Der alte gelbe Hund grub wie wild in einer Furche. Ich erhob mich und ging hin. Er war ganz eifrig, hatte die Schnauze in ein Loch gedrückt. Ich kniete mich neben ihn und streichelte ihm den Rücken. Er grub weiter, nahm dann etwas zwischen die Zähne. Er wedelte heftig mit dem Schwanz. Er versuchte wegzulaufen, wollte mir nicht zeigen, was er gefunden hatte.

«Komm her, Junge», rief ich. «Laß sehen, was du hast.»

Er hielt an und kam zögernd zu mir. Ich vermutete, daß er einen vor langer Zeit vergrabenen Knochen gefunden hatte. Der Hund hob sehr sacht mit einer genauen und anmutigen Bewegung des Kopfes die Schnauze direkt in Richtung der untergehenden Sonne, legte sanft einen kleinen Gegenstand in meine ausgestreckte Hand. Er setzte sich und bellte, wartete auf die Belohnung. Ich beugte mich zu ihm, umarmte ihn und kraulte ihm die Ohren, spürte dabei die ganze Zeit den Gegenstand, den meine linke Hand umklammert hielt. Er fühlte sich seltsam an. Schließlich löste ich mich vom Hund, um nachzusehen.

Der Gegenstand war klein, länglich und erdverkrustet. Ich rieb die Erde ab, und zu meiner Erschütterung saß auf meiner Handfläche eine vollendet aus Stein gehauene Göttin, die mir aus der Zeit der Olmeken zu stammen schien. Die Figur war aus einem weißen Gestein gehauen und glänzte in der Sonne. Ich rieb sie noch ein wenig und betrachtete sie genau. Sie war von erlesener Schönheit.

«Mein Stück Sonnenlicht», sagte ich voller Freude. «Mein eigener Sonnenstein.»

Ich hielt sie in den flammenden Sonnenuntergang und dankte den Kräften, daß sie uns zusammengebracht hatten. Ich suchte die Stelle nach weiteren Altertümern ab, fand aber nichts. Ich nahm etwas Tabak aus meiner Tasche, streute ihn im Kreis um das Loch, machte es dann zu und sprach ein Gebet. Darauf rannte ich den Weg zum Haus zurück. Der gelbe Hund folgte mir auf den Fersen und bellte aufgeregt. Ich war überglücklich.

Nachts schlief der gelbe Hund mit mir unter einem Moskitonetz. Ich lag mit dem Gesicht nach oben, den Kopf auf einem Kissen, und konnte in die Tiefen des Nachthimmels, in ein Panorama funkelnder Sterne blicken. Die Milchstraße schien unermeßlich und überwältigend in ihrer

Intensität. Sternschnuppen flammten auf. Die Mondsichel hob sich erstaunlich hell vom tief purpurnen Firmament ab.

Ich hielt die Göttin an die Brust gedrückt. Zoila hatte mir gesagt, daß sie sowohl mein Erdstern wie auch mein Sonnenstein sei und daß ich vor dem Einschlafen beten und sie berühren sollte, damit sie in meinen Träumen sein würde. Als sie mir die Figur zurückgab, konnte ich ihrem warmen Lächeln ansehen, daß sie recht zufrieden war.

Ich sah in der trüben Dunkelheit eine Gestalt auf mich zukommen. «Keine Angst. Ich bin's, José.»

Ich begrüßte ihn, und er ließ sich neben dem Moskitonetz nieder. Wir unterhielten uns einige Zeit. Ich sagte ihm, welche Freude es mir bereitete, bei Zoila und ihm zu sein und die Wärme ihrer Beziehung zu genießen. «Euer Verhältnis ist so simpatico», sprach ich und bemerkte einen orange blinkenden Stern dicht über dem dunklen Umriß seines Kopfes.

«Ich glaube, das liegt an mir», sagte er. «Ich war immer unbekümmert. Zoila ist launischer als ich.» Er schwieg, lachte dann leicht.

«Wieso hast du dich in sie verliebt?» fragte ich und hoffte nur, daß es nicht zu anzüglich klang.

Er antwortete rasch und schien sich zu freuen, ausführlich über ihre Ehe zu reden. «Zwischen uns war immer eine starke körperliche Anziehung. Aber es war nicht nur Sex. Wir beide lieben die Erde und ihr Leben in uns mit Ausdauer und Kraft. Das war uns immer gemeinsam.» Er machte eine Pause und fuhr fort: «Jeder Mensch wächst anders. Keine zwei Blumen gleichen sich, können aber im selben Garten wachsen. Wenn ich eine Blume sehe, sehe ich die Sonne und das Licht aus Zoilas Körper, und alles gleicht sich. Die Blume ist ihr Leben und ihr Geist, und meiner ebenso. Einfach, wie?»

«Nein», sagte ich lachend. «Ein Segen ist das.»

José wünschte mir einen guten Schlaf und verschwand in der Nacht. Ich hörte die Haustür aufgehen, hörte dann die drei lachen und reden. Ich tätschelte den gelben Hund und bedankte mich, daß er mich zur Figur der Göttin geführt hatte. Nach ein paar Minuten waren wir beide eingeschlafen.

Ich erwachte im Morgengrauen. Der Hund lag an mich gelehnt flach auf dem Rücken, und seine vier Beine ragten in die Höhe. Er hatte die Schnauze gestreckt und schnaufte, pfiff und schnarchte. Ich rieb ihm den Bauch. Er rollte herum, wagte aber nicht die Augen zu öffnen. Ich sprang auf die Beine, rollte mein Bettzeug zusammen und nahm das Moskitonetz ab, ließ den Hund dort zufrieden liegen und ging ins Haus. José und Agnes saßen am Tisch, und Zoila briet Tortillas und Eier. Ich sah einen Teller für mich bereitstehen und gesellte mich zu ihnen.

«Nimm dir ein paar Früchte», sagte José. «Das Frühstück ist in einer Minute fertig.»

Ich suchte eine Mango aus, halbierte sie und begann zu essen. Nach dem Frühstück machte ich etwas Hausarbeit, und dann rief Zoila, ich solle kommen. Wir gingen in das kleine Zimmer mit dem Altartisch.

«Diesen Altar hat mein Großvater gemacht, und er wurde mir von meiner Großmutter gegeben», sagte sie. «Nicht ein Nagel ist in ihm. Als ich den Altar bekam, hielt ich eine Zeremonie hinter einem Vorhang ab und kam dann hervor, trug ihn mit einer Schärpe, die ich mir um den Hals gebunden hatte. Ich heilte eine Dame von Asthma. Mir wurde darauf gesagt, ich hätte die Kraft, das Gesicht der Erde zum Aufstehen zu bringen. Ein Altar, eine Maske ist wie ein Geist. Sie sind faul und schlafen. Du mußt lernen, sie zum Aufstehen zu bringen. Du mußt singen.»

Zoila begann mitten in dem Krähen des Hahnes und dem Gebell des gelben Hundes, der herein wollte, zu singen. Die Worte waren natürlich in der Mayasprache und für mich unverständlich. Sie gab mir zu verstehen, daß sie ein junges Mädchen sei, das sich verirrt habe. Dann wurde das Lied fast ein Schmeicheln, als versuche sie, die Geister zu betören. Mich betörte sie auf jeden Fall. Ich konnte spüren, wie Wände und Böden wachsam wurden, wenn das möglich ist. Ab und zu flocht sie englische Wörter in die Mayasprache ein. «Ich möchte deine schönen Ellbogen und Arme, deine kräftigen Hände, deinen Mund», sang sie wie zu ihrem Liebhaber. Ich konnte in mir wie auch im Zimmer eine Reaktion spüren. Agnes kam auf Zehenspitzen herein, setzte sich in die Ecke und hielt ihre Pfeife in der Beuge des linken Armes.

Zoila begann darauf ihre Bündel auszulegen und erklärte jedes. Das nahm mindestens zwei Stunden in Anspruch. Von Zeit zu Zeit warf ich einen Blick auf Agnes. Ich sah, ihre Augen waren geschlossen, als sei sie eingeschlafen oder in Trance gefallen. Ich hatte noch nie erlebt, daß sie auf diese Weise einer anderen Medizinfrau Respekt erwiesen hätte. Mir erschien es als besondere Ehre, an Zoilas außergewöhnlichem Wissen teilhaben zu dürfen. Sie erklärte viele Lehren, die ich früher nicht verstanden hatte, betonte die neue Verantwortung, die ich trug, weil ich dieses Wissen erhalten hatte. Es wurde dunkel, als sie ihre Bündel aufräumte.

Als nächstes begannen wir mit meinen paar Bündeln zu arbeiten. Einige Stunden schwebte ich wie in Trance über ihrem Altar, ihrem Gesicht der Erde. Ihr Altar war anders gebaut als der erste oder zweite, die sie mir gestern in der Hütte gezeichnet hatte.

Sie erklärte: «Für verschiedene Anlässe verwende ich unterschiedliche Altäre. Weltaltäre sind zum Beispiel geeignet für Zeremonien, die der Welt helfen. Diese Zeremonien werden gewöhnlich auf den Bergen oder den Vulkanen abgehalten. Die Sonne bezeichnet den Platz, wo du den Altar errichtest, und die Sonne sagt dir, wo du ihm Nahrung zuführen mußt, jeden Tag an einer anderen Stelle. Jedesmal, wenn die Sonne heraufkommt, tragen andere Götter sie. Wo die Sonne aufgeht oder versinkt, dort führst du deiner Maske der Erde Nahrung zu, und jede Stellung, jeder Lauf hat einen Namen. Alle Bergaltäre haben einen Baum, und manche Bäume haben drei Steinaltäre. Einer ist direkt auf die Tagundnachtgleiche ausgerichtet, die beiden anderen auf die Sonnwenden. Für diese Altäre versammelst du dreizehn Gottheiten oder Kräfte.»

«Auf was für einem Altar arbeiten wir?»

«Das ist ein Wahrsagealtar, ein persönlicher Altar. In den Bergen oder draußen verwenden wir Stein. Im Haus nehmen wir Holz wie bei diesem Tisch. Im Innern», sagte sie und pochte auf die Holzplatte, «enthält der Altar Dinge, die alles Persönliche symbolisieren, persönliche Gottheiten, Gottheiten der Zeit und ihre Positionen. Ebenso sind Farben, Tiere, Säugetiere, Fluggetier, Wassergetier, Reptilien und Kräuter Teil der Persönlichkeit deines Altars. Die Kraft der Südecke ist mein Traum und meine Vision. So nämlich begründe ich meine Freundschaft mit einer bestimmten Zeremonie. Manchmal kommt Hagel, oder der weiße Falke oder ein Blattumhang, doch ist da kein Körper, keine Form, denn er ist aus massivem Wind. Drinnen ist eine weite Ebene, auf der ich Opfer darbringe.»

Ein leuchtend weißes Licht umstrahlte Zoila, und ich dachte, sie ist in Trance. Ich hatte den Sinn der Worte nur zum Teil erfaßt, und oft hatte der Zusammenhang gefehlt. Ich hatte Agnes einige Male in einem ähnlichen Zustand erlebt, sah ihn bei Zoila aber zum erstenmal. Ihre Erklärung war so schön, daß das Gefühl, das aus ihren Worten strömte, mich alles verstehen ließ.

Es blieb lange still, während Zoila in eine andere Welt zu blicken schien. Sie fuhr fort: «Bevor du etwas tust, nachdem du deinen Altar genau ausgerichtet hast, stellst du deine Wächter, Soldaten oder Berge an die vier Ecken, damit nichts Schlechtes herein kann. Dann nimmst du dein Räucherwerk, Kopal und deinen *Haupt*-Mann, den Hermaphroditen, und stellst die Friedensbewahrer und die Krieger auf. Frauen sind die stärksten Krieger. Gib Obsidianklingen dort neben sie an die vier Ecken. Sie helfen. Dann küsse und fache Räucherwerk mit deiner Hand an, stelle es auf. Es ist wie Regen. Regenmachen ist etwas Sexuelles. Für die sehr Alten und die ganz Jungen gibt es keinen Regen. Denk dran, daß dein *Haupt*-Mann durch das mächtig wird, was ihn umgibt. Alles andere folgt. Der *Frau-Mann* ist zart wie das Herz und sitzt auf einem Sessel oder Thron zur obersten Mitte des Altares hin. Rechts von *ihr-ihm* setzt du deinen Hof weiblicher Gottheiten auf ausgehöhlte Steinthrone. Diese Gottheiten trinken aus den Steinen. Diesen Gottheiten und dem Hermaphroditen reichst du deine ersten eingewickelten Bündel. Das sind Bündelopfer. Sie sind wie Babys, schöne Opfer. Bündel sind wie Samenkörner. Mach die äußere Hülle schön, dann wickle sie auf, um den innern Keim zu enthüllen, das Samenkorn oder die Placenta aus Nahrung oder Wasser. Öffne sie und bringe sie den Gottheiten dar, hauch sie an und stell sie vor die Throne. Sie sind mein Hof in andere Welten.»

In jeder Phase ihrer Bemühungen bemerkte ich, wie liebevoll sie die Handlungen ausführte. Sie stellte Kerzen an die obere Kante des Altars und entzündete sie sorgfältig. Dann verteilte sie gewissenhaft Tabak, Zucker, Blumen, Zigarren und Räucherwerk an jede Gottheit. Danach legte sie alle Bündel auf die Mitte der Fläche und öffnete die meisten. Wir erörterten die Notwendigkeit positiver und negativer Einflüsse. Zoila schien auf dieses Thema näher einzugehen, weil das Gleichgewicht positiver und negativer Gegenstände Kraft schafft. Als letztes legte sie ein eingewickeltes Bündel in die rechte Ecke.

«Niemand wird je sehen,was in diesem Bündel ist, nicht einmal José», sagte sie. «Das ist mein Medizintier, welches nur ich kenne. Es ist meine große Verbündete. Hier geht es um Stärke.» Sie bewegte die Hand über den Altar. «Bete um ein Wort, um Verbindung mit deinem eigenen, persönlichen Stern. Du wirst lernen, wie du deinen Altar, deine Maske der Erde mit Kraft beleben und zum Aufstehen bringen kannst.»

Zoila ging mit mir meine Bündel durch und zeigte mir, wie ich sie aufgrund von hell und dunkel, weiblich und männlich an den richtigen Platz auf dem Altar stellen konnte.

«Dies ist eine Darstellung aller Teile meiner Heiligkeit, meiner Seele, meines geistigen und meines körperlichen Wesens, nicht wahr?» fragte ich.

«Ja, das ist es. Der Altar befähigt La Sabia, das nicht Greifbare aus sich hervorzuholen und es greifbar in eine heilige Position zur Sonne, zum Mond und zu den Sternen zu bringen, damit sie mit ihm arbeiten kann, um sich selbst und andere zu heilen. Der Altar befähigt dich, Kraft aus dem Geist hervorzuholen und sie in die Hände der Gottheiten von Erde und Himmel zu legen.»

«Setzt du deinen Altar oft zum Wahrsagen ein?»

«Ja», antwortete Zoila, «wenn ich systematisch vorgehen und keinen Fehler machen will. Wir können unterschiedliche Methoden einsetzen, um das Wahrscheinliche zu weissagen, nicht jedoch die Zukunft.»

«Auf welche Weise sagst du das Wahrscheinliche voraus?»

«Wir nennen es blitzendes Blut oder Zucken. Das ist die stärkste Art. Wenn der Blitz einschlägt, bebt es. Wenn du zuckst, weißt du, daß es gut ist.»

«Das verstehe ich. Als du deinen Sonnenstein für meine Schulter nahmst, spürte ich ein Zucken unter deinen Händen. Meinst du das?»

«Ja. Ich werde über mein typisches Vorgehen bei der Arbeit reden. Wenn in unserem Dorf jemand zu mir kommt, um geheilt zu werden, sagen wir eine Dame, die mit ihrem Bauch Schwierigkeiten hat, so spricht sie erst mit meinen Leuten und bringt Nahrung als Geschenk für meine angeheirateten Verwandten. Das erweicht sie. Wenn eine Schamanin ebenfalls von den Speisen ißt, kann sie die Patientin nicht zurückweisen.»

«Was geschieht dann?»

«Die Frau kehrt später mit Begleitern zurück und nimmt Platz. Die Begleitung soll Zeuge sein und sehen, ob ich eine gute Schamanin bin, und sie helfen der Patientin, sich zu erinnern, wenn nötig. Wir unterhalten uns eine Weile, bis sie schließlich sagt, was ihrer Meinung nach nicht stimmt. Dann verlange ich einen halben Liter Zuckerrohrschnaps, drei Zigarren, drei weiße Kerzen, und weißes Kopal, und sie holen es und bringen es mir in ein Tuch eingewickelt wie ein Baby. Ich nehme es und lege es so auf den Altar, als wäre es ein kleines Kind auf seinem Rücken, öffne es, damit die Gottheiten die Opfergabe erkennen können. Die Gottheiten sitzen auf Matten. Ajpop ist der Herr der Matte, und ich mache große *ach*-Gebetsopfer, die Worte enthalten, und ich gebe diese Worte in meinen Rauch wie Raketen, zur Vorstellung des Namens. Wenn da kein Name ist, kannst du nicht erkannt werden. Da ist dann kein Gesicht.»

«Was geschicht normalerweise?»

«Ich heile sie, und alle gehen heim.»

«Wird für verschiedene Zeremonien unterschiedliches Räucherwerk verwendet?»

«Zunächst einmal gehört zu jedem Räucherwerk eine Gottheit. Wir verwenden weißes Kopal für die Bergaltäre, für die größten Weltzeremonien. Kopal ist das Harz des Kopalbaumes hier in Yucatán. Pontokopal verwendet und läßt man drinnen. Rindenkopal ist am besten, um Feinde und Angst zu verscheuchen. Wenn du dich selbst oder ein Haus reinigst, kannst du Salz und Chili zum Räucherwerk geben.»

Ich stellte mich einige Minuten still hin. Agnes war zu uns getreten und stand links von mir. Wir betrachteten beide genau den Altar, der jetzt mit Dutzenden von Kristallen von verschiedenen Schamanen oder Kraftplätzen bedeckt war, mit Knochenstücken, Steinen aller Farben, Formen und Größen, Haarsträhnen, Fell, Stoff, Parfüm, einen Kruzifix, verschiedenen Heiligenbildern, Tabak, Blumen, allen möglichen Kräutern, Seidentüchern, Webereien, Scherenschnitten, Pfeilen, Federn, Gebetsstäben, Edelsteinen und vielen unbekannten Gegenständen.

«Ein schöner und heiliger Anblick», sagte Agnes.

Ich nickte verwundert und zustimmend.

Wir sprachen gemeinsam Gebete. Agnes hielt ihre Pfeife über das Gesicht der Erde, und wir beteten in unseren unterschiedlichen Sprachen zum Großen Geist, der sie alle verstehen konnte. Wir beteten um Gesundheit und Weiterbestehen des Lebens auf dieser großen Mutter Erde.

An diesem Abend fuhren Agnes und ich zur Hazienda zurück und schliefen gute zwölf Stunden.

Spiegel sind Glas, mattes Glas! Im Bauch unsrer Mutter
tollte ich mit einem Zwilling, sah in ihre Augen.
In alten Zeiten war es gefährlich zu wissen, was wir wissen,
wenn andere durch diese Welt tollen, einsam, so einsam.

Philip Daughtry

Die heiligen Zwillinge

Mittags ging ich zu Zoila zum Essen. Ich hatte großen Hunger und schlang alles wie ein Wolf hinunter. Zoila aß langsam.

«Wie ich sehe, schmecken dir deine Tortillas», sagte Zoila.

Ich konnte mit meinem vollen Mund nicht antworten und nickte also.

Zoila nahm einen kleinen Bissen von einer Frucht. «Meine Großmutter hat mir beigebracht, daß es viele Münder gibt, von denen wir nichts bemerken.»

«Was für welche?» fragte ich, als ich hinuntergeschluckt hatte.

«Die Münder der Menschen und Tiere springen deutlich in die Augen. Weniger augenfällig sind die Münder der Bäume und Geister. Alles Lebendige hat einen großen Mund, sonst wäre es nicht fähig zu existieren. Ist dir je ein Lebewesen ohne Mund begegnet?»

Ich überlegte. «Nein», sagte ich.

«Alles, was die Geburt überlebt, ist hinter Nahrung her, um sich den Mund zu füllen.»

Ich lachte.

«Dein Körper ist selbst ein großer Mund. Er braucht alle mögliche Nahrung, um zufrieden zu bleiben – Luft, Wasser, Bohnen und Reis, Sonnenschein, Liebe, Verständnis unter anderem. In deinem Körper sind noch andere Universen, die alle essen müssen. Ein sehr wichtiger Mund ist der, der zwischen den zwei Kreisen der Absicht lebt, die du dein Bewußtes und dein Unbewußtes nennst. Dieser Mund braucht wie jeder andere Mund Nahrung. Die richtige Nahrung finden ist in der Welt des Schamanismus alles. Das richtige Essen für einen Geist zum Beispiel zu finden, erhält ihn am Leben. Wenn es sich um einen bösen Geist handelt, wirst du das richtige Essen entdecken wollen, um es ihm wegzunehmen, damit er bald weiterzieht. Das ist sehr grundlegendes Wissen, aber eben doch entscheidend.»

Ich hatte tatsächlich zu essen aufgehört. «Kannst du mir definieren, was Nahrung ist, Zoila? Was meinst du genau?»

«Ich rede von der Substanz, von dem, was eine Form des Lebens erhält. In einigen Fällen kann das eine Möhre sein. Die Nahrung kann auch aus guten oder schlechten Gedanken, aus Sprache oder Weisheit bestehen. Mit anderen Worten, aus jeder nur benötigten Energie.»

«Kannst du mir ein Beispiel nennen?»

«Denk einen Augenblick an Agnes. Du hast gesehen, wie sie sich direkt vor dir in ein anderes Lebewesen, einen Grizzlybären, verwandelt hat.»

«Ja.»

«Hast du dich nie gefragt, wie sie das macht?»

«Ich glaube, ich weiß es.»

«Es ist nicht gerade ein alltägliches Ereignis. Was meinst du, wie sie die Tiergestalten annimmt?»

«Naja, sie muß sich mit Absicht konzentrieren, das zu werden, was sie sein möchte, ein Grizzlybär zum Beispiel.»

«Glaubst du, daß sie wirklich ein Grizzlybär wird?»

«Das weiß ich nicht. Ich weiß nur, daß sie die Kraft entwickelt hat, sich intensiv zu konzentrieren.»

«Konzentrieren? Verstehst du, das sagt nichts aus, was wirklich Substanz hätte. Was du sagst, ist wahr, aber wie kann ich es nutzen?»

Ich gab keine Antwort.

«Agnes gelingt dieses äußerst schwierige Unternehmen, weil sie die Früchte der Totalität hervorbringt. Überleg dir mal, was das alles bedeutet. Mit Totalität meine ich, daß Agnes Aufmerksamkeit und Sein versteht. Wenn das so ist, erleben wir Wunder. Das Leben gleicht in etwa einem Film. Alles, was du siehst, ist eine Gedankenform. Stell dir vor, eine Form ist ein Kreis, der von Klang zusammengehalten wird. Eine Gedankenform ist nämlich genau das. Wenn du den Klang einer Form erfährst, hast du einen Teil ihrer Ernährung, ihres Essens entdeckt. Weshalb laufen die Schamanen herum und singen die ganze Zeit, machen merkwürdige Geräusche?»

«Weiß ich nicht. Warum?»

«Diese Klänge sind Teil einer Form. Wenn du verschwinden und unsichtbar werden willst, nimmst du den Klang aus einer Gedankenform weg, und puff! Wenn du einen Geist anlocken willst, damit er dir gehört, mußt du unter anderem singen. Worte, Klänge, Töne sind Teile dessen, was unsere Wirklichkeit zusammenhält. Es gibt niemals eine Form des Lebens, die ohne Klang ist. Agnes denkt *Bär* mit ihrer ganzen Aufmerksamkeit, läßt *Bär* nicht aus ihrem Sein ziehen, und sie ist eine Bärin. Wenn du *Bär* denkst, siehst du vielleicht vor deinem geistigen Auge das Bild eines Bären, aber doch recht schwach.»

«Wie lasse ich meine Gedanken die Form annehmen, die ich möchte, damit ich sie manifestieren kann?»

«Agnes sieht den Bären wie du zunächst vor ihrem geistigen Auge. Dann verlagert sie das Bild in ihren Solarplexus und läßt es die gesamte Aufmerksamkeit auf sich ziehen. Sie findet den Klang, der die Nahrung für seinen Mund ist, und setzt seine Form mit ihrem gesamten Sein zusammen. Sie will, daß es ins Sein tritt, einfach dadurch, daß sie wollen kann, daß du es siehst.»

«Jetzt bin ich verwirrt. Was meinst du damit, sie kann wollen, daß ich es sehe?»

«Sie kennt auch deine Nahrung. Sie sieht deinen geistigen Mund und gibt ihm Essen. Sie weiß, welche Lieder du brauchst, um sehen zu können, und sie weiß, daß sie nur existiert, weil du damit einverstanden bist. Du bist einverstanden, daß sie sich in das Bild eines Bären verwandelt, und dieser Bär ist wirklich.»

«Du meinst, er ist ein wirklicher Bär, aber gleichzeitig ist es auch ein Trick?»

«Es ist nur insofern ein Trick, als alles, was du siehst, ein Trick ist, ähnlich den Tricks in einem Film.»

«Agnes hat mir oft gesagt, das, was wir sehen, ist wie eine Spiegelung.»

Zoila legte mir die Hand auf den Arm.

«Nehmen wir zum Beispiel den Mund zwischen den beiden geistigen Bereichen in dir», sagte sie. «Alles hat einen Mund. Dieses Universum hat einen Mund. Der Geist ist ein Universum, und jeder der beiden Bereiche in ihm hat einen Mund. Gibst du zu, daß das, was du das Unbewußte nennst, ein Lagerhaus für alles ist, was du weißt?»

«Ja, gebe ich zu.»

«Bist du meiner Meinung, daß dein Bewußtes ein großes Werkzeug des Lebens ist, daß es kaum Zugang zum Unbewußten mit all seiner großen Weisheit hat?»

«Nehme ich an.»

«Es herrscht viel Verwirrung darüber, wie der Geist arbeitet. Bist du dir bewußt, daß wir alle zugleich männlich und weiblich sind?»

«Naja, bei westlichen Psychologen finden sich Theorien über Animus und Anima, über die männliche und weibliche Seite der Persönlichkeit.»

«Mir fällt es schwer, das auf englisch zu erklären, aber zwischen dem, was wir die Inseln deines Bewußten und Unbewußten nennen würden, befindet sich ein großer Mund. Dein Unbewußtes ißt fast alles. Dein Bewußtes nimmt nur zu sich, was es braucht, um stabil und vernünftig zu bleiben. Diese Münder essen beide den Prozeß der Übersetzung.»

«Übersetzung?»

«Ja, die Übersetzung der Sprache der einen Insel in die der anderen. Zwei Läufer oder Boten reisen von Insel zu Insel. Sie sind die beiden einzigen, die in den Mund hinein und aus ihm heraus können. Allen anderen ist der Mund verschlossen. Die Boten werden deine heiligen Zwillinge genannt. Sie, und nur sie sind die Übersetzer. Sie kämpfen wie Krieger und Kriegerin für das Gleichgewicht deines Bewußtseins.»

«Ich weiß noch immer nicht, was du mit dem Wort *Übersetzung* meinst.»

«Es ist eine Tatsache, daß du die Weisheit aller alten Völker der Mutter Erde auf deiner Insel des Unbewußten bewahrt haben kannst und trotzdem nichts davon weißt, einfach, weil sie nirgendwo auf deiner Insel des Bewußten ist. Deshalb bleibt sie dir unbekannt. Deine heiligen Zwillinge haben eben diese Pflicht und Verantwortung. Sie werden sie von einer Insel zur anderen bringen.»

«Wie?»

«Seit uralten Zeiten wird dies mit Träumen und Visionen erreicht. Weshalb trägt dir Agnes auf, zu fasten und auf Visionssuche zu gehen? Weil sie nämlich weiß, daß alles, was diesen Prozeß behindert, ausgeräumt werden muß, damit die heiligen Zwillinge in der Lage sind, dich und auch sich selbst zu erreichen und Botschaften zu übertragen. Träume und Visionen sind die Essenz der Heiligkeit. Du mußt still sein, wenn du deinen heiligen Zwillingen den Weg ebnen willst.»

«Viele Psychologen leisten Erstaunliches auf dem Gebiet der Traumdeutung.»

«Die ist sehr schwierig. Und noch komplizierter wird es, wenn du den Traum oder die Vision eines anderen deutest.»

«Weshalb?»

«Weil die Träume privat sind. Wir sind unvollkommene Wesen auf der Suche nach Vollkommenheit. Wir sehen nicht klar. Wie können wir also Träume klar deuten, vor allem, wenn sie Erfindungen anderer Menschen sind? Die Botschaften sind dunkel, verwirrend und deshalb schwer zu verstehen. In vielen Fällen können wir nur raten.»

«Das klingt nicht sehr vielversprechend», sagte ich.

«Deshalb mußt du die direkte Verbindung mit deinen heiligen Zwillingen herstellen. Sie können Botschaften direkt von der Insel des Unbewußten bringen. Sie können mit dir in einer deutlichen Sprache reden, die du verstehst. Du mußt überhaupt nichts deuten.»

Meine Augen leuchteten auf. «Bist du in direkter Verbindung mit deinen heiligen Zwillingen?»

«Bin ich.»

«Wie kann ich meine treffen?»

«Vielleicht kann ich sie für dich herauslocken. Doch zuerst mußt du mich bitten, deine Lehrerin zu sein.»

«Zoila, sei bitte meine Lehrerin. Bitte versuche, mich mit meinen heiligen Zwillingen bekannt zu machen.»

«Gut», sagte Zoila. «Wenn ich dir etwas beibringen will, muß ich erst darum gebeten werden. Ich werde mein Bestes tun.»

Wir aßen auf. Ich hatte mein Interesse am Essen verloren und aß nur noch mechanisch. Wir räumten die Kürbisse, Schüsseln und Reste vom Tisch, wuschen in der lichtdurchfluteten Küche ab. In Zoilas Haus und im ganzen Dorf Llano waren keine Kinder. Alle waren ins nächste Dorf gegangen, um sich ein Puppenspiel anzusehen, das eine der Schulen dort aufführte. Ohne die Kinder war es sehr still.

Als wir die Küche aufgeräumt hatten, hieß mich Zoila ihr zu folgen.

Wir betraten das kleine Zimmer mit den beiden Fenstern. Ich bemerkte in der Mitte des Zimmers im gestampften Boden ein kleines Loch, das mir früher nicht aufgefallen war. In der Nähe der Ostwand stand ihr rechteckiger Altartisch. Auf ihm befanden sich andere Dinge als gestern, oder die gestrigen waren anders angeordnet. Ich sah Kerzen, winzige bunte Blumenvasen, einen Schöpflöffel aus Kürbis, eingewickelte Bündel, einige kleine Tontöpfe, ein altes, vergilbtes Buch, das auseinanderfiel, eine Schlangenhaut und vieles andere, das ich nicht kannte.

Zoila zündete die Kerzen an. Sie bemerkte, daß ich den Tisch ansah, und sagte: «Denk daran, das ist mein Hausaltar. Ich verwende ihn selten. Für die meiste Arbeit ziehe ich meine Steinaltäre draußen unter den Ciebabäumen vor. Der hier ist persönlicher, und nur wenige haben ihn gesehen. Es ist mein grundlegender Altar.»

Sie rollte eine Grasmatte aus und legte sie auf den Erdboden, das eine Ende unter den Altartisch. «Also», sagte sie, «leg dich bitte auf die Matte, mit dem Kopf hier unter dem Tisch, während ich uns den Weg bereite.»

Ich rückte meine Kleidung zurecht und machte es mir bequem, kam mir ein bißchen albern vor, wie ich so von unten auf das Holz des Altars blickte.

«Du kannst schlafen, wenn du willst», meinte Zoila. «Es dauert vielleicht eine Weile.»

Kopalrauch begann das Zimmer zu füllen. Ich war müde, aber nicht schläfrig. Zoila fing an, auf Maya zu singen. Ich schloß die Augen und lauschte, entspannte Körper und Geist, deren letzterer anscheinend unsinnige Gedanken hervorbrachte. Meine Gedanken wurden unterbrochen, als ich auf Stirn und Unterarmen kühle Tropfen spürte. Die Flüssigkeit roch süß und nach Minze. Ich öffnete die Augen, als sich Zoila neben mich kniete und mir ein paar gelbe und weiße Blumen auf die Brust legte. Ich lächelte, stellte mir vor, daß ich wie eine Leiche aussehen mußte.

«Steh auf», sprach Zoila. «Du hast geschlafen.»

«Nein, habe ich nicht», antwortete ich rasch. «Ich habe nur die Gedanken schweifen lassen.»

«Schön, steh' trotzdem auf. Wir müssen uns auf eine Reise machen.»

«Wohin?» wollte ich wissen. Meine Stimme klang ungeduldig. «Ich wußte nicht, daß wir fort müssen.»

«Gib mir die Blumen», sagte Zoila.

Ich setzte mich auf und reichte sie ihr. Sie steckte sie in eine Tonvase auf ihrem Altar.

«Warte. Riech lieber noch an ihnen, bevor du gehst.»

Ich beugte mich vor und roch an den Blüten. Ich war irritiert, weil sie weder schlecht noch gut dufteten. Sie rochen einfach wie Grünzeug.

«Gehen wir», sagte Zoila. «Du hast eine wichtige Verabredung, und ich möchte nicht, daß du sie versäumst.»

«Verabredung? Was für eine Verabredung?»

«Mach die Tür auf, und los. Ich werde hinter dir gehen.»

«Tür. Ich erinnere mich nicht, hier eine Tür gesehen zu haben. Ich erinnere mich nur an eine Wand aus Adobeziegeln.»

«Mach sie auf», drängte sie.

Die Tür war aus uraltem Holz, von Hand behauen, und hing in verrosteten Angeln. Als ich sie aufstieß, knarrte sie laut. Ich lief ein paar Schritte auf den Weg hinaus.

«Ich bin direkt hinter dir», sprach Zoila. «Geh weiter.»

Ich spürte ihren Atem hinter mir.

Ich war etwa zehn Minuten gestapft, als Zoila sagte: «O nein.»

Ich fuhr herum. «Was ist los, Zoila?»

«Keine Angst. Ich habe nur meine Augäpfel verloren. Das passiert immer wieder. Siehst du sie irgendwo?»

Entgeistert suchte ich den Boden ab, entdeckte aber keine Augäpfel. Ich bekam es mit der Angst zu tun.

«Lynn, ist schon okay. Ich werde sie sicher später finden. Macht es dir etwas aus, wenn ich mich an deinem Arm festhalte? Du kannst mich führen. Schließlich möchte ich nicht, daß du eine wichtige Verabredung platzen läßt.» Sie packte meinen Arm dicht über dem Ellbogen.

«Bist du sicher, daß mit dir alles okay ist?» fragte ich.

«Folg einfach dem Pfad, Lynn, und alles wird sicher gut. Verirr dich bloß nicht. Wenn ich etwas nicht ausstehen kann, dann ist es, mich verirrt zu haben.»

«Werde ich schon nicht», versicherte ich ihr.

Ich hatte mich jedoch getäuscht. Ich hatte völlig die Orientierung verloren. Ich erkannte nichts wieder. Wir befanden uns in einer hügeligen Landschaft, die in allen Richtungen mit *chimisa* und Gestrüpp bedeckt war.

«Ich kann mich an nichts hier erinnern.»

«An was nicht?» fragte Zoila. «Denk dran, ich habe meine Augen verloren.»

«Wir sind anscheinend in einer Wüste, Zoila. Es sieht hier überhaupt nicht wie in Yucatán aus. Es sieht hier eher wie eine Gegend in der Nähe von Palm Springs aus.»

«Ach, ich würde mir da keine Gedanken machen», sagte Zoila. «Du siehst den Dschungel wahrscheinlich nur aus einem anderen Blickwinkel.»

«Wenn du meinst», erwiderte ich. Ich hielt mich an den Weg, und Zoila umklammerte immer noch meinen Arm. Ich weiß nicht, was ich ohne ihre tröstliche Nähe getan hätte. Ich fühlte mich sehr unsicher und wollte weinen, schämte mich aber. Ich hatte wenigstens noch meine Augen, so versuchte ich mich zu konzentrieren. Ich konnte nirgendwo die Sonne sehen. Sie hätte mir geholfen, mich zurechtzufinden. Statt dessen sah ich eine Art nacktes Zwielicht, und ich hatte keine Ahnung, wo der Lichtschein herkam. Der Ort, an dem ich mich befand, war anders als alle Orte, an denen ich je gewesen war.

Die Lage war schon schlimm genug, führte doch die Verirrte eine Blinde, aber jetzt ließen mich auch meine Augen im Stich. Die Pflanzen begannen wie Tiere auszusehen. Ich glaubte, einen Beifuß wie einen Rotluchs fortspringen zu sehen. Ich dachte, die Pflanzen hätten Tiergeister. Als ich sie jedoch aus der Nähe betrachtete, wurden sie wieder zu Pflanzen, nur um mich zu ärgern.

«Zoila, du wirst es nicht glauben, aber ich denke, die Pflanzen sind Tiere.»

«Wieso sagst du das?»

«Naja, eine hat eine Schnauze. Sie springen herum, aber wenn ich hinsehe, stehen sie regungslos. Ich weiß nicht, wieviel ich noch aushalten kann.»

«Wenn ich nur ein Auge hätte... hab' ich aber nicht. Wenn du sagst, die Pflanzen sind Tiere, bleibt mir nichts übrig, als dir zu glauben.»

«Wohin jetzt, Zoila?» fragte ich beunruhigt. «Das hier macht mich nervös», sagte ich, als Zoila ihre Hand an meinem Arm zurechtrückte. Ich war völlig verwirrt.

«Vergiß nicht, mich zu führen», meinte Zoila. «Ich könnte stolpern und hinfallen.» Sie gab mir einen leichten Stoß.

Vor mir war nichts als Sand. Er hatte einen sonderbar irisierenden Glanz. Wir liefen über den Sand, und das Land wurde zu einer harten Hochebene aus Lehm. Er war ausgetrocknet und in zahllose durstige Risse aufgesprungen. Ich beschrieb Zoila das Gelände, und sie sagte, sie glaube, wir seien genau auf dem richtigen Weg. Auf welchem Weg? fragte ich mich.

Ich sah etwas hüpfen und begriff, daß ein Mann auf uns zu kam. Ich erschrak, weil es nicht recht war, daß zwei Frauen allein hier draußen waren, die eine noch dazu blind.

«Zoila, ein Mann kommt auf uns zu.»

«Das überrascht mich nicht», versetzte Zoila, «wenn ich bedenke, wie alles gelaufen ist. Was macht er?» Ihre Stimme klang, als spreche sie in einen Krug hinein.

«Er kommt immer noch näher. Nein, einen Moment. Er ist stehengeblieben. Sieht so aus, als warte er auf uns. Er sieht irgendwie bedrohlich aus.»

«Geh weiter, bis du nahe genug bist, um ihn anzusprechen.»

Als ich näher kam, sah ich, daß der Mann ein Indianer war. Er wirkte kräftig, ein lebhafter Bursche, Geronimo nicht unähnlich. Er hielt die Arme gekreuzt, und seine Augen gaben mir das Gefühl, er wolle mich herausfordern. Wenige Schritte vor ihm blieb ich stehen.

«Beschreib ihn mir», sagte Zoila. «Ist er Indianer?»

«Ja.»

«Woher kommt er?»

Ich fragte ihn, und er teilte es mir mit.

«Er sagt, er kommt von der Mesa, wo immer das sein mag, und ist ein Apache.»

«Wie heißt er?»

«Wie heißt du?»

«Oh, du kannst mich einfach Sam nennen», meinte er. «Meinen Namen könntest du nicht aussprechen. Mit wem hast du jetzt eben gesprochen?»

«Wieso, ich rede natürlich mit Zoila.»

«Mit wem? Ich sehe niemand.»

«Zoila, er behauptet, er sieht dich nicht. Er muß blind wie ein Maulwurf sein.»

«Geh darauf ein», riet Zoila. «Tu so, als wär's ein Scherz. Ich bin für ihn unsichtbar, und hören kann er mich auch nicht. Du mußt mir alles sagen. Tut mir wirklich leid, daß ich meine Augen verloren habe. Ich werde auch ein bißchen taub. Ich frage mich, ob ich alle meine natürlichen Gaben verliere.»

«Mit wem unterhältst du dich?» fragte der Mann barsch.

«Ach, mit niemandem», gab ich zurück. «Ich rede mit mir selbst. Eine Angewohnheit, die ich von Kind auf habe.»

«Ich mag es nicht, wenn man mich zum Narren hält», sagte der Apache. «Lüg mich nicht an.»

«Das verspreche ich. Ich rede nur mit mir selbst.»

«Sag's ihm nur», meinte Zoila und drückte meinen Arm. Sie forderte mich auf, alles zu wiederholen, was der Apache sagte. Ich tat es.

«Welchen Ausdruck hat sein Gesicht?» wollte Zoila wissen. «Ist er glücklich, hier zu sein?»

«So sieht er nicht aus. Er wirkt zornig.»

«Frag ihn, warum er zornig ist.»

«Bist du wütend, oder was ist?» fragte ich.

«Er ist verärgert, weil es so lang gedauert hat, bis ich ihn erreicht habe», wiederholte ich Zoila. «Er sagt, er hat mir viel mitzuteilen, aber ich sei immer unaufmerksam. Ich würde mich nur selten an die Träume erinnern, die er schickt. Wovon spricht er, Zoila?»

«Zerbrich dir nicht den Kopf darüber. Beschreib ihn mir in allen Einzelheiten.»

«Nun, er ist ungefähr sechs Fuß groß, ungefähr in meinem Alter. Nein, er sagt, er sei jünger, aber das glaube ich nicht. Er scheint ein wenig streitlustig. Er hat lange schwarze Zöpfe, hohe Ledermokassins, Hosen und über ihnen eine Art Lendenschurz. Über einer Schulter trägt er ein Gewehr, über der anderen Bogen und Köcher mit Pfeilen. Von seinem perlenverzierten Gürtel hängt eine Scheide mit einem Messer. Sein Gesicht ist rot bemalt und hat viele Narben, seine Augen sind aber freundlich. Jetzt fängt er an, mich anzulachen.»

«Magst du ihn? Glaubst du, ihr könntet Freunde sein?» erkundigte sich Zoila.

«Ich mag ihn recht gern.»

«Warum magst du ihn?»

«Weil er offensichtlich mit Hingebung Krieger ist. Ich glaube, das ist der Hauptgrund. Für ihn ist der Weg des Kriegers eine Kunst. Er ist listig und geschickt. Er sagt, er ist einem Tier so ähnlich, daß er sein Gesicht mit Farbe bemalt, damit er wie ein Mensch aussieht.» Zoila und ich lachten laut los.

«Mag er dich, respektiert er dich?» fragte Zoila.

«Er sagt, ich sei in Ordnung. Ich glaube schon, daß er mich mag.»

«Was hält er von deinem Leben, das du bis jetzt geführt hast?» wollte Zoila wissen.

Ich hörte mir seine Antwort an, wandte mich an Zoila. «Er glaubt, ich habe einige Aufgaben vollendet, die mir gewisse Befriedigung verschafft haben. Er sagt, daß ich zu wenig genieße, daß ich zu wenig Spaß habe. Ich solle dringend weniger arbeiten, mir mehr Zeit fürs Spielen gönnen. Er sagt, das Spielen sei ein wichtiger Aspekt im Verhalten des Kriegers.»

«Freut er sich, daß du hergekommen bist, um ihn zu treffen?»

«Er meint, daß er schon aufgeben und zurück auf den Kriegspfad wollte. Er sagt, er möchte mein Verbündeter sein, daß er aber ein Gegner sein kann, wenn es nötig sei.»

Zoila lachte leise, aber mir kam es wie Spott vom Apachen vor. Er ging langsam auf mich zu, streckte seine Hand zu meinem Herzen hin aus und sprach: «Es war beinahe zu spät für uns.» Er zog die Hand zurück und legte sie auf dieselbe Stelle über seinem Herzen.

Ich erklärte Zoila, was er gemacht hatte, und fragte sie, was er damit ausdrücken wollte.

«Er zeigt, wie glücklich er ist», meinte Zoila. «Frag ihn, was du ihm geben kannst.»

Die Frage entzückte Sam aufs höchste.

«Ich habe keine bei mir», teilte ich Zoila mit. «Er möchte eine neue Kraftfeder von einem Ara, rot und spitz zulaufend.»

«So eine habe ich hier», sagte Zoila. Ich drehte mich um und nahm die Feder von ihr entgegen. «Ich habe viele davon», erklärte sie. «Gib sie ihm.»

Sam nahm die Feder und schien sehr erfreut. Er berührte die Stirn mit ihr und steckte sie dann in den Köcher zu den Pfeilen.

«Zoila, er will mir für sie etwas geben.»

«Was denn?»

«Fell vom Stinktier!»

«Frag ihn, warum er dir Stinktierfell geben will.»

«Er sagt, es wird meine Feinde fernhalten.»

«Dann nimm es lieber, Lynn.»

Ich nahm das Fell, das er mir anbot, und steckte es in eine Tasche. Sam kam mir steif und feierlich vor, und seine Augen ruhten eindringlich auf mir.

«Frag Sam, ob er für dich übersetzen will.»

«Was übersetzen?»

«Frag ihn einfach und sag mir, was er meint.»

«Er sagt, er wird Geschenke und Führung von einer Hütte zur anderen bringen. Wovon redet er?»

«Laß es gut sein!» fuhr mich Zoila an. «Frag ihn, wie du ihn am besten hören kannst, wenn dein Bewußtsein in einem normalen Zustand ist.»

Ich verspürte den Drang, Zoila mitzuteilen, sie sei unverschämt und verlange zuviel von mir. Schließlich wußte ich, was ich wollte, und konnte selbst entscheiden, was es zu fragen gab. Da zudem alles so sonderbar war, stellte ich die Frage nicht. Nur vor einigen Stunden war ich – wo war ich? Ach ja, das war gleich.

«Was hast du gesagt, Zoila?»

«Ich sagte, frag ihn, wie du ihn am besten hören kannst, wenn du in einem normalen Zustand bist.»

Ich fragte.

«Er meint, wenn ich mich nachts vor dem Schlafengehen mit Feder und Papier hinsetze, wird er kommen und mir beim Schreiben helfen. Ich möchte nicht, daß er in mein Haus kommt, Zoila. Die Leute halten mich schon für verrückt genug.»

«Wir schmuggeln ihn rein», schlug Zoila vor. «Niemand wird es bemerken.»

«Naja, in diesem Fall geht es vielleicht. Er wird aber im Gästezimmer schlafen müssen.»

«Ich bin sicher, ihm ist es gleich, wo er schläft. Bedank dich bei ihm für sein Geschenk und die angebotene Hilfe.

Sag ihm, daß wir unsere Reise fortsetzen, daß wir aber wiederkommen und ihn später noch einmal besuchen werden.»

«Er sagt, er wird auf uns warten, ganz gleich, wie lang es dauert.»

«Schön», sprach Zoila. «Schauen wir mal. Folge dem Weg, auf dem wir sind. Wir beeilen uns aber lieber. Wir könnten sie verpassen.» Sie schob mich kräftig weiter.

Ich lief rasch vorwärts, führte Zoila immer noch. Sie schien in großer Eile, irgendwohin zu kommen, so daß ich so schnell ging, wie ich nur konnte. Die Wüste zeigte eine blaugrüne Sandoberfläche, die zu glühen schien. Der Weg war klar, aber ich konnte auf ihm keine Fußspuren sehen. Das war merkwürdig. Wir befanden uns jetzt in einem Tal und liefen über massive Felsbrocken oder um sie herum. Dann fiel mir auf, daß die Felsen Edelsteine waren – Smaragde, Diamanten, Rubine, Saphire und Granate. Sie waren schöner als gewöhnliche Edelsteine und etliche Stockwerke hoch. Wir kamen an einen Ort, wo sich der Pfad gabelte, und ich fragte Zoila, welchen Weg wir am besten einschlügen.

«Geh links», sagte sie.

«Bist du schon einmal hier gewesen, Zoila?»

«Hier nicht, aber ich kenne eine Gegend wie die hier inund auswendig.»

Ihre Erklärung genügte mir. Die Oberfläche des Bodens war jetzt ein reines Weiß, ein bißchen zu hell, und mir war, als stiegen wir leicht in die Höhe. Ich hatte noch nie etwas gesehen, was weißer als der Schnee war. Ich nahm diese ganz und gar erstaunliche Landschaft einfach hin. Dann begann ich Musik zu hören, wie ich sie noch nie vernommen hatte. Chöre sangen, gelegentlich unterbrochen von einem Donnerschlag. Es war schön, paßte aber irgendwie nicht zu diesem Anlaß.

«Zoila, du wirst es nicht glauben wollen.»

«Was?» fragte Zoila.

«Da vorn tanzt eine Ballerina. Sie ist faszinierend gut.»

«Geh zu ihr», befahl Zoila. «Und denk dran, mich kann sie weder hören noch sehen. Du wirst mir also alles erzählen müssen, was geschieht und gesagt wird.»

Ich versprach es ihr und näherte mich aufgeregt der Tänzerin. Sie wirbelte auf den Zehenspitzen herum. Als sie mich kommen sah, hielt sie an. Sie war groß und schlank und sah aus, als sei sie eben von der Bühne des Bolschoitheaters herabgekommen. Sie hatte wunderbare, schmale Finger.

Wir begrüßten uns, und ich stellte ihr viele Fragen. Ihre Antworten waren sehr vielschichtig.

«Erzähl mir, was sie dir sagt», bat Zoila.

«Sie heißt Lala und ist eine russische Primaballerina. Sie ist sehr schön und gebildet. Sie hat mir praktisch ihre ganze Lebensgeschichte erzählt. Möchtest du sie hören?»

«Laß es für jetzt gut sein. Wie alt ist sie?»

«Sie ist älter als ich, ungefähr fünfundvierzig.»

«Was denkt sie über dein Leben?»

«Sie sagt, sie glaubt, ich hätte einen sehr interessanten Weg eingeschlagen, mich auszudrücken. Nicht viele Menschen sind bereit, jemand an der Magie teilhaben zu lassen. Sie meint, Ballett und Bewegung seien zwei Dinge, über die ich ruhig mehr wissen könnte. Sie erklärt auch, daß ich nie zu alt zum Tanzen wäre, wenn ich mich um meinen Körper kümmerte. Sie scheint aber zufrieden mit mir.»

«Freut sie sich, dich zu sehen?»

«O ja. Sie sagt, sie sei entzückt. Sie sagt, sie wollte mich schon lange treffen, und daß sie mich bald wieder sehen möchte. Ich überlege, ob sie nicht nach Los Angeles kommen und eine Weile bei mir bleiben könnte?»

«Frag sie, wann sie dich besuchen will.»

«Sie gab mir dieselbe Antwort wie Sam. Sie meint, sie wird jede Nacht kurz vor dem Schlafengehen zu mir kommen. Ich werde das Haus voller Besuch haben. Ich weiß nicht, wo ich sie unterbringen soll, wenn Sam das Gästezimmer hat.»

«Frag sie, ob sie dir nicht etwas geben will», unterbrach mich Zoila.

«Glaubst du nicht, das wäre irgendwie unverschämt, Zoila? Ich habe sie eben erst kennengelernt.»

«Hier herrschen andere Sitten. Hier wird es so gemacht.»

«Das wußte ich nicht.»

Ich fragte Lala rasch, ob sie mir etwas geben wolle. Sie lief anmutig ein paar Schritte weit und hob etwas Glänzendes auf. Sie brachte es mir.

«Die sind aber wundervoll, Lala. Vielen Dank. Zoila, sie hat mir ein Paar goldene Ohrringe gegeben.»

«Schenk ihr etwas dafür. Gib ihr deinen Ring.»

Etwas zögernd streifte ich den Opalring vom Finger und reichte ihn Lala. Sie steckte ihn sich sofort an. Ihre anderen Juwelen ließen ihn klein erscheinen.

«Ich werde ihn in Ehren halten», sprach sie.

«Frag sie jetzt, ob sie uns zurück begleiten will, um Sam zu treffen», sagte Zoila.

Ich erkundigte mich, und Lala war einverstanden.

Wir machten uns auf den Weg. Zoila hielt sich an meinem Arm fest, und Lala tanzte fröhlich um uns herum. Wir zogen zurück durch das Tal der Edelsteinfelsen, bis wir die Weggabelung erreichten. Es war ein Weg voll verrückten Vergnügens. Wir lachten wie eine Horde Schulmädchen. Ich hatte kein großes Verlangen, Sam so bald schon wiederzusehen, merkte aber, daß es Zoila wichtig war. Als wir schließlich bei ihm anlangten, saß er mit gekreuzten Beinen im Sand. Er beobachtete mit scharfem Blick, wie wir näherkamen. Wir hielten ungefähr zehn Schritte vor ihm an.

«Sam», sagte ich, «wir haben dir noch jemand mitgebracht.» Lala hörte mit ihren Pirouetten auf und schien ein bißchen perplex über Sams Aussehen. «Sam, darf ich dir Lala vorstellen?»

«Was geschieht jetzt», wollte Zoila wissen.

«Die Schöne und das Tier treffen sich zum ersten Mal. Sam steht auf und hält sich kerzengerade. Lala gibt sich höflich, ist aber aus dem Konzept gebracht. Ich glaube, sie ist über Sams Aufzug entsetzt. Ihm gefällt ihr Ballettröckchen anscheinend auch nicht.»

«Was macht Sam jetzt?»

«Er hat seine Arme verschränkt und reckt die Nase stolz in die Luft. Er brummt Lala an. Sie fragt ihn, ob er sprechen kann. Er sagt, er würde sprechen, wenn sie ihre lächerlichen Kleider wechselt.»

«Was sagt sie?»

«Sie wirft ihm einen tödlichen Blick zu. Warte – jetzt lacht sie und meint, er hätte ganz recht. Sie beginnt sich zu drehen, schneller und schneller. Mir wird schwindlig. Sie hält an und trägt nun ein langes rotes Gewand aus Satin. Sie sieht sehr vornehm aus. Sam nickt beifällig.»

«Meinst du, sie könnten Freunde sein?»

«Ich denke doch, wenn sie auch offenbar sehr verschieden sind. Ich glaube, es könnte eine Weile dauern. Lala sagt, sie würde mit Freuden versuchen, seine schlechten Gewohnheiten zu ändern. Er sagt, er hätte keine schlechten Gewohnheiten. Sie sagt, daß er augenscheinlich recht unzivilisiert sei, aber als Freund doch reizvoller als viele der Laffen, die sie kennt. Er könnte jedoch zu grob sein, um viel Zeit mit ihm zu verbringen. Sam meint, sie sehe wie eine aus, die aus dem Schaufenster eines Kaufhauses herausgetanzt sei, und daß er Frauen nicht mag, die gescheiter als er sind. Sie trägt es mit Fassung.»

«Kannst du sie dazu bringen, sich zu umarmen?»

«Nein. Lala sagt, sie umarmt Sam erst, wenn er sich gebadet hat. Er meint, er mag nur heilige Schwitzhütten, und daß es sie sowieso nichts angehe.»

«Wir haben viel erreicht. Es ist Zeit, zurückzukehren. Bedanke dich dafür, daß sie sich mit dir getroffen haben, und sag ihnen, daß du vorläufig jeden Abend vor dem Schlafengehen auf sie warten willst. Auch wenn sie nur für einen Augenblick vorbeischauen.»

Ich teilte es ihnen mit, und sie schienen traurig, daß ich fort wollte.

«Wir verstehen», meinte Lala.

«Danke für die Arafeder», rief Sam.

«Und ich danke für den Ring», fügte Lala hinzu.

«Auf Wiedersehen», sagte ich. Ich war selbst ein wenig traurig.

Zoila sagte: «Hast du was dagegen, wenn wir einen anderen Weg zurück nehmen? Ich weiß eine Abkürzung.»

«Macht mir nichts aus.»

«Schön», meinte sie. «Halt dich fest.»

Sie zog an meinem Arm, zerrte mich nach unten. Plötzlich bewegten wir uns nach oben, statt nach unten. Wir liefen mit unglaublicher Geschwindigkeit rückwärts, wie ein Film, der zurückgespult wird. Ich kam rückwärts durch die Tür herein und bemerkte, daß ich an den Blumen roch.

«Wie sind wir rückwärts durch diese Tür hereingekommen?» erkundigte ich mich.

«Durch welche Tür?»

«Wieso, durch die Tür dort.»

«Ich sehe keine Tür. Das bildest du dir bestimmt ein.»

Ich untersuchte die Lehmziegel, drückte gegen sie. Zoila stand belustigt neben mir.

«Also, sie war genau hier. Das kann ich beschwören. Was hast du mit ihr gemacht, Zoila?»

«Vielleicht ist sie jetzt erst einmal geschlossen», sprach Zoila.

Ich fuhr herum. «Du erinnerst dich, nicht wahr, Zoila?»

«Natürlich erinnere ich mich. Aber jetzt ist nicht die Zeit, darüber zu reden. Atme lieber ein paarmal tief durch. Du siehst blaß aus.»

Ich machte einige rasche und tiefe Atemzüge. Ich zitterte am ganzen Leib. Mein Bauch fühlte sich heiß an, und mir war ziemlich schwindlig. Ich spürte, wie Zoila mir den Arm um die Taille legte und mich stützte. Sie geleitete mich in die Küche und tauchte meinen Kopf in einen Eimer mit Wasser. Das erfrischte mich für den Augenblick.

Zoila warf mir ein Handtuch zu. Ich trocknete mir die Haare und wollte aufstehen, um Tee zu machen.

«Noch nicht, Lynn. Bleib deinen Gewohnheiten noch fern. Bleib ganz und gar in der materiellen Welt.»

Zoila bestand darauf, daß ich einige Stunden lang arbeitete. Sie gab mir ein kleines Handbeil und trug mir auf, einen riesigen Haufen Brennholz zum Anfeuern kleinzuhacken. Als ich damit fertig war, schlich ich mich zum Teekessel, aber sie schimpfte mich aus und ließ mich weiter arbeiten. Sie gab mir eine lange Liste, was ich alles tun sollte: Fenster putzen, Kleider waschen, Früchte und Gemüse ernten, Unkraut aushacken, das Haus gründlich aufräumen. Zu allem hätte ich zwei Tage gebraucht.

Ich neigte dazu, in Tagträume abzugleiten. Jedesmal, wenn das geschah, schrie mich Zoila wütend an. Sie schien es jedesmal zu merken. Einmal schubste sie mich sogar gegen die Wand, vor der ich mit einem nassen Schwamm stand und Fenster abwischte, die schon völlig sauber waren. Ich war so erschrocken, daß ich laut über die schlechte Behandlung zu murren begann. Zoila schubste mich wieder.

«Laß deine Wut heraus!» verlangte sie.

Das nahm mir allen Wind aus den Segeln. Wie konnte ich wütend werden, wenn sie mir die Erlaubnis gab? Ich konnte überhaupt nicht zornig werden, und als ich darüber nachdachte, mußte ich lachen.

Zoila beschimpfte mich in mehreren Sprachen, nörgelte an mir herum, daß ich dumm und faul wäre. «Du glaubst, du bist zu fein, um mein Haus aufzuräumen!» rief sie. «Du bist so herablassend und tust nur so, als würdest du arbeiten, und das nur, weil du etwas von mir willst.»

Ihre Worte taten mir weh. Ich geriet langsam in Wut und warf mit dem Schwamm nach ihr. Sie sprang beiseite, und ich verfehlte sie. Ich warf so fest, daß ich mir einen Schultermuskel zerrte. Ich wollte hinter ihr her, aber bevor ich sie packen konnte, war sie schon verschwunden. Ich lief verzweifelt heulend um das Haus, wollte Blut sehen. Dann begann ich zu weinen.

Als ich im Garten saß und meine Tränen trocknete, tauchte Zoila wieder auf. «Jetzt können wir zusammen den Tee genießen.»

Sie hatte ein Tablett gebracht und stellte es neben mir auf die Bank.

«Tut mir leid, Zoila», sagte ich. «Kannst du mir verzeihen, daß ich so in Wut geraten bin?»

«Dir verzeihen? Ich hab' mich ganz schön angestrengt, dich so zornig zu kriegen. Ich mußte dich *hierher* zurückholen, und zwar augenblicklich. Das ist sehr wichtig. Ich habe Leute erlebt, die dieselbe Erfahrung wie du machten und erst nach einem Jahr zurückkamen. Ich glaube aber, daß es bei dir jetzt in Ordnung ist.»

«Ich habe das Gefühl, daß ich im wesentlichen hier bin», erklärte ich. «Weißt du, ich kann kaum glauben, was eben geschehen ist. Übrigens, was ist eigentlich geschehen?»

«Du hast deine heiligen Zwillinge getroffen.»

«Sam und Lala?»

«Ja. Um dich dorthin zu bringen, mußte ich einen alten Trick der Maya anwenden. Natürlich bist du nirgendwo gewesen, außer in deinem Inneren.»

«Nichts davon war wirklich?»

«Alles war ganz wirklich.»

«Bist du mit mir gekommen?»

«Nicht direkt. Ich stand neben dir, während du an den Blumen gerochen hast. Das war meine Wirklichkeit. Ich habe dich mit einem Trick dazu gebracht, zu glauben, ich sei mit dir gegangen. Deshalb sagte ich dir, ich sei blind und taub. Du solltest mir alles erklären. Ich war eine Art Führerin. Obwohl ich nicht bei dir war, kenne ich das Gelände. Es ist bei allen fast gleich. Hätte ich aber mit dir kommen wollen, hätte ich mich verwandeln und mit dir in dasselbe Bewußtsein eintreten müssen.»

«Willst du damit sagen, daß alles, was geschah, sich ganz in meinem Geist abgespielt hat?»

«Ja, natürlich. Was dir geschieht, spielt sich immer in deinem Geist ab.»

«War das denn nicht Wirklichkeit?»

«Doch, absolut.»

«Waren Sam und Lala Wirklichkeit?»

«Ja, sie waren vollkommen wirklich.»

«Und du meinst, du hättest mit mir kommen können und Dinge erlebt, die für dich genauso Wirklichkeit gewesen wären?»

«Ja, das hätte ich tun können. Ich zog es jedoch vor, in der gewöhnlichen Welt zu bleiben, statt mit dir zu gehen.»

Das Ganze war verwirrend. Ich wußte nicht, was ich glauben sollte. Wie konnte es zwei Wirklichkeiten geben, wenn die Wirklichkeit aus sich heraus bestimmt ist, daß sie das ist, was wirklich ist? Ich kratzte mich am Kopf und stellte fest, daß mein Opalring fehlte.

«Habe ich Lala meinen Opalring gegeben?» erkundigte ich mich.

«Das hast du.»

«Was geschah? Wie hast du es erlebt?»

«Der Ring verschwand von deinem Finger, das ist alles. Du hast nie aufgehört, an den Blumen zu riechen. Das habe ich erlebt.»

Das Gespräch war unheimlich. Wann immer ich mich in diesen sonderbaren Welten befand, waren die Erlebnisse zweifellos Wirklichkeit. Ansonsten wurde nur dann meine Erfahrung der Welt lebendig; alle anderen Erlebnisse schienen oberflächlich. Zoila behauptete jedoch, ich sei gleichzeitig in ihrem Altarzimmer gestanden und hätte an den Blumen gerochen. Waren die heiligen Zwillinge Wirklichkeit oder nicht? War alles ein Traum? Und wie hatte ihn Zoila zustande gebracht?

«Genug Unterricht für heute», sagte Zoila und machte allem Fragen ein Ende. «Komm rein.»

Ich folgte ihr. In der Küche überreichte sie mir die goldenen Ohrringe und ein Stück Stinktierfell. «Verlier sie nicht, Lynn.»

Ich blickte sie verwundert an.

Wie ist diese Freude? Daß kein Tier
zaudert, und weiß, was es tun muß?
Daß die Schlange ohne Makel ist,
das Kaninchen seinen unbekannten Umkreis prüft
in weißem Sternschweigen? Das Lama
ruht voller Würde, das Gürteltier
hat eine Absicht zu verfolgen im Palmenwald.
Die heilig waren, sind es geblieben,
Heiligkeit löst sich nicht auf, ist Gegenwart
aus Bronze, nur der Blick, der sie sah
zauderte und wandte sich von ihr.
Eine alte Freude kehrt in heiliger Gegenwart zurück.

Denise Levertov
Come into Animal Presence

Die Jaguarmaske

Als ich am nächsten Morgen stumm mehrere Arbeiten erledigt hatte, nach einem nachdenklichen Frühstück, bei dem weder Agnes noch ich sprach, redete ich endlich über einige meiner beunruhigenden Gedanken und versuchte, sie logisch zusammenzufassen.

«Agnes», sagte ich, «mein Geist ist fassungslos angesichts dessen, was hier alles passiert ist. Mir fällt es immer noch schwer zu glauben, daß wir zusammen hier sind. Und dabei sitzen wir hier.»

«Du hast oft davon gesprochen, daß du dem Spruch glaubst, daß jede Dichtung von der Wahrheit übertroffen wird», meinte Agnes, und ihre tiefblauen Augen blitzten fröhlich. «Du hast recht.»

«Ich freue mich zu hören, daß du einmal meiner Meinung bist», scherzte ich. «Wann bist du zu dem Schluß gekommen?»

«Ich habe ferngesehen, während ich gestern auf dich wartete.»

«Ferngesehen? Wo?»

Agnes hob die Hand. «Da drüben, den Gang entlang. Die Sendung hieß *Raumschiff Enterprise*. Wußtest du, daß es da einen Mann von einem anderen Planeten gibt, der seltsam spitze Ohren hat?»

Ich starrte sie an. «Du hst dir das angesehen?»

«Ja, hab' ich.»

«Agnes, du überraschst mich», sagte ich.

Sie zwinkerte mir über ihren Becher mit heißer Milch und starkem Kaffee hinweg wissend zu. «Ja, die Sendung war wunderbar, und es ist interessant, daß die Autoren für unsere zukünftigen Raumreisen militärische Absichten voraussehen. Auch ich glaube das ganz bestimmt, wenn ich auch kriegerische Absichten ganz anders auffasse. Ich fand die Geschichte sehr unterhaltsam. Da mußt du bestimmt ein tapferer Krieger sein, wenn du vor Geschöpfe mit allgewaltigen Kräften treten willst.»

«Die so ungefähr wie deine sind», meinte ich. «Stimmts?»

Agnes runzelte die Stirn.

«Also Agnes», sagte ich, «ich habe heute überhaupt keine Lust auf etwas Ungewöhnliches. Ich glaube nicht, daß ich noch eine Zeremonie oder etwas Außergewöhnliches verdauen kann. Ich würde den Verstand verlieren.» Agnes' Gesicht schien sich zu verfinstern, aber ich fuhr fort. «Was hältst du davon, in Llano einkaufen zu gehen? Vielleicht könnte ich dir eine neue Bluse kaufen.»

«Nö.»

«Was meinst du mit nö?»

«Ich meine nö. Ich möchte weiter Tiivii gucken.» Sie zog das Wort in die Länge.

«Fernsehen? Du? Du machst sicher Spaß. Vielleicht könnten wir wie zivilisierte Leute zusammen zu Mittag speisen.»

«Nö.»

«Einfach nö?»

Agnes schüttelte den Kopf.

«Okay, ich seh' dich also später.»

Ach was, dachte ich mir. Agnes braucht möglicherweise einen Tag Ruhe, Urlaub von mir. Ich nahm Abschied und verließ die Hazienda.

Ich fuhr in meinem Mietwagen ins Dorf. Ich wollte fahren, weil ich bis tief in die Muskeln und Knochen meines Körpers erschöpft war. Ich wollte einfach Touristin spielen, Limonade schlürfen und Andenken ansehen. Ich stellte das Auto im Schatten eines Baumes ab. Ich sperrte die Türen zu und schlenderte über eine schmale, unbefestigte Straße, um mir mein Getränk zu holen, lief durch den Eingang eines Restaurants, das Tische im Freien um einen Brunnen stehen hatte. Ich stand an der Theke, suchte in meiner Börse nach einigen Pesos und zahlte dem Besitzer mein Getränk.

Ich wanderte durchs Dorf, bummelte dahin, blickte gelegentlich in die Schaufenster. Ich betrat einen Laden, der bunte Blusen und Kleider ausgestellt hatte. Auf den Regalen lagen in Augenhöhe Umhängetücher und leuchtend bunt bestickte Kleider. Ich stellte meine Limonade einen Augenblick ab, um mir die Umhängetücher anzusehen, doch fand ich nichts, was meiner Meinung nach Agnes hätte gefallen können. Als ich nach meinem Getränk griff, war es fort. Ich fluchte leise. Ich sah mich um, fragte mich, ob es jemand weggenommen hatte. Der Ladenbesitzer sah mich suchen und sagte in gebrochenem Englisch: «Amigo, draußen.» Er zeigte auf die Tür.

«Was für ein Freund?»

«Amigo, draußen.»

Ich ging hinaus, um nachzusehen. Auf einer Bank saß dort mein alter Freund Drum und nippte an meiner Limonade. Er stand auf und blieb mit einem breiten Grinsen auf dem Gesicht stehen, sah mich an.

«Was in aller Welt machst du hier?» wollte ich wissen.

Er begrüßte mich mit ausgebreiteten Armen, und wir setzten uns zusammen auf die Bank. Er gab mir meine Limonade zurück.

«Nett, daß du etwas zurückgibst, was dir nicht gehört», sagte ich. Ich nahm einen Schluck, bemerkte, daß die Hälfte fehlte.

Drum schien begeistert. Er trug neue Bluejeans, glänzend polierte Cowboystiefel und eine mit Perlen besetzte Gürtelschnalle. Aus der Brusttasche seines Westernhemds hing ein breites Tuch. Seine Augen waren von einem breitrandigen Stetson beschattet. Er wirkte durchtrieben. Ich war mehr als nur ein bißchen nervös, wie leicht es ihm gelungen war, sich an mich heranzuschleichen und meine Limonade zu stehlen.

Ich ließ mir meine Erlebnisse mit dem jungen Cree-Indianer durch den Kopf gehen. Als ich ihn zum erstenmal traf, war er der Hauptschüler Red Dogs. Was seither nicht alles geschehen war! Ich hatte den gestohlenen Hochzeitskorb von Red Dog zurückgeholt und ihn in unsägliche Angst versetzt, ihm einen Verlust seiner Kraft zugefügt. Drum wurde mit dem anderen Schüler, Ben, von Red Dog befohlen, ihn zu verlassen. Sie waren Schüler von Ruby Plenty Chiefs geworden. Wir hatten uns in den vergangenen Jahren vorsichtig angefreundet, aber ich hatte die beiden schon länger nicht mehr gesehen.

«Wieso bist du hier?» fragte ich.

«Wenn du mich zum Mittagessen einlädst, erzähl' ich es dir.»

«Gehen wir», meinte ich.

Wir liefen in aller Ruhe die Straße hinab, an ein paar Geschäften vorbei, bis wir ein kleines Restaurant entdeckten, in dem es die Spezialitäten der Gegend gab, und traten ein. Wir setzten uns an einen roten Plastiktisch, der mit weißen Papierservietten gedeckt war. Über uns kreiste ein großer Ventilator.

Als wir bestellt hatten und an Chips mit Salsa kauten, erkundigte ich mich: «Wie geht's dir? Du und Ben, seid ihr noch bei Ruby? Was ist los, Drum? Du scheinst an etwas anderes zu denken.»

«Das würdest du auch.»

«Weiß ich nicht. Hast du Probleme?»

«Ich bin den ganzen Weg von Kanada hierher getrampt. Wußtest du, daß uns Ruby rausgeschmissen hat?»

«Was ist passiert? Ich habe nichts davon gehört.»

«Sie sagte, wir hätten zu wenig Disziplin. Sie schlug uns vor, zum Militär zu gehen.»

«Du und Ben, ihr seid ganz schön faul, Drum. Vermutlich habt ihr zu wenig Disziplin – Selbstdisziplin auf jeden Fall.»

«Kann sein. Ich weiß es nicht. Aber zum Teufel, wir waren keine Schüler, das mußt du zugeben. Wir waren die zwei Sklaven der alten Hexe. Verdammt noch mal, sie war fast noch gemeiner als Red Dog. Ich bin froh, daß sie uns rausgeschmissen hat. Sie hat nie mit mir oder Ben geredet, hat nichts gesagt, was wir sonst noch falsch gemacht haben. Die wären wir los!»

«Wie ich sehe, bist du nicht zum Militär, es sei denn, du hast dich unerlaubt von der Truppe entfernt.»

«Teufel, nein! Die machen alle gleich. Wir haben nach einem anderen Lehrer gesucht. Zuerst gingen wir zu Phoebe.»

«Phoebe!» Phoebe war eine Wahnsinnige, die Red Dog Papiermagie und Hexenkunst beigebracht hatte.

«Phoebe sagte auf ihre unheimliche Art, daß wir erst Red Dog fragen sollten. Ich meine, die sollten die Frau in die Klapsmühle stecken. Sie sagte, Red Dog ist mit zwölf neuen, kraftvollen Schülern hierher gekommen nach Yucatán.»

«Hierher?» stöhnte ich und gab vor, von seiner Anwesenheit in der Gegend nichts gewußt zu haben.

«Ja. Und rate mal, wen er hier entdeckt hat?»

«Wen?»

«Dich natürlich.» Drums Augen wirkten einen Moment bedrohlich.

«Wieso mich? Ich bin doch nichts!» rief ich aus. «Man sollte meinen, ein Mann mit der Macht Red Dogs könnte etwas Besseres mit seiner Zeit anfangen.»

«Niemand hat ihm je die Macht so streitig gemacht wie du. Du hast ihn geschlagen. Diese Zauberer sehen die Dinge anders als normale Leute. Er hat eine alte Rechnung mit dir zu begleichen. Du weißt das. Tu nicht so verdammt unschuldig. Du hast den Hochzeitskorb zurückgewonnen, und er wird keine Ruhe geben, bis er nicht die Rechnung beglichen hat.»

«Naja, ob du mir glaubst oder nicht, ich bin hier auf Urlaub.»

«Lynn, laß den Quatsch», knurrte er zwischen zwei Bissen. Ich bemerkte, wie ihm Salsa übers Kinn troff. «Ich bin kein Idiot. Ich kann riechen, wie hier die Kraft herumschleicht. Um dir die Wahrheit zu sagen, ich habe Red Dog gefunden.»

Ich wurde vorsichtig. «Ach, wirklich», gab ich so lässig wie möglich zurück.

«Yeah. Er meinte, ich müßte mich bewähren. Er sagte, er traue mir nicht mehr, und vielleicht habe mich sogar Ruby hergeschickt, um bei ihm zu spionieren. Dann hat er mich gleich behandelt, als ob er ein verdammter Ausbilder beim Militär sei, und ich nichts als ein unwichtiger Rekrut. Du kommst gegen ihn nicht an. Immer ist er oben, und mich hat er sich einfach geschnappt. Er schlüpft in dich rein, und du hast keine Wahl, als ihm zu gehorchen. Diesmal ist er allerdings auf einem richtigen Machttrip.»

«Red Dog scheint ganz der alte zu sein, Drum.»

«Ich habe von Ruby eine Menge über meine weibliche Seite gelernt. Du glaubst mir vielleicht nicht, aber ich mag nicht zurück und den großen Red Dog bedienen. Ich finde ihn schlecht. Ich wollte immer nur eins, ein großer Medizinmann werden, kein Zauberer. Ich habe eine Menge Regeln und so weiter gelernt, aber dieses Zauberzeugs ist schaurig. Die halbe Zeit hat mich Red Dog zu Tode erschreckt. Ich brauch' deine Hilfe, Lynn. Bitte.»

«Was soll ich für dich tun, Drum?»

Er streckte überraschend die Hand aus und legte mir seinen Tabaksbeutel in die Hand. Sein Gesicht wirkte offen.

«Such mir einen Lehrer, einen, den ich respektieren kann, der mich nicht wie einen Sklaven behandelt.»

«Das kann ich nicht garantieren. Aber ich denke, ich bin verpflichtet, zu tun, was ich kann», sagte ich und nickte zum Tabaksbeutel hin, den ich auf den Tisch gelegt hatte.

Das war das Stichwort für Drum, sich die Bohnen hineinzuschaufeln. Er aß mit Heißhunger, und ich fragte mich, wieviele Mahlzeiten er wohl ausgelassen hatte.

«Was ist eigentlich mit Ben passiert?» wollte ich wissen. «Ist er mit dir hierher gekommen?»

«Nein, wir haben uns in Wyoming getrennt. Er sagte, er wolle Red Dog sein Gehirn nicht als Spielwiese zur Verfügung stellen. Er wollte etwas Neues versuchen, wollte diesen Schamanen namens David Carson aufsuchen.»

«David Carson. Wir haben schon mal von ihm geredet. Wo befindet er sich jetzt?»

«Irgendwo im Südosten von Oklahoma, in einem kleinen Ort, der Tuskahoma heißt.»

«Endete dort nicht der Pfad der Tränen?»

«Ja, ich glaub' schon. Auf jeden Fall für den Stamm der Chactaw. Ben nimmt an, dieser Carson wird ihn als Schüler nehmen und ihm beibringen, wie er Red Dog in den Arsch treten kann, was im Augenblick sein Lebenszweck zu sein scheint. Er ist immer noch reichlich wütend, daß Red Dog ihn fallenließ, und er denkt, dieser Carson ist die Antwort.»

«Was meinst du?»

«Naja, ich hab' ein paar reichlich wilde Geschichten über Carsons Kräfte gehört. Da packt mich das heilige Entsetzen. Ich will mit dem lieber nichts zu tun haben.»

«Nun, ich wünsche Ben alles Gute.»

Wir aßen den Rest unserer Mahlzeit schweigend auf, wenn sich Drums Mund auch wie bei einem Scheunendrescher bewegte.

Als wir fertig waren, sagte ich: «Komm mit mir mit, Drum.»

Ich zahlte, und wir stiegen in meinen Wagen und fuhren zu Zoila.

»Du wartest lieber hier im Auto, Drum.»

«Ja, ich weiß, wie's läuft. Ich bin aufs Schlimmste gefaßt.»

«Sei nicht so optimistisch.»

Ich ging zur Vordertür und klopfte. José ließ mich ein und betrachtete forschend mein Gesicht, während er mich ins mittlere Zimmer führte.

«Kann ich mit dir und Zoila reden, José?»

«Zoila ist nicht hier.»

Wir beredeten die Sache. Ich gab ihm den Tabak, den Drum mir überreicht hatte. Dann gab ich ihm eine knappe Zusammenfassung von Drums Geschichte. Schließlich fragte ich ihn, ob er ihn jetzt sehen und überlegen wolle, ihn als Schüler anzunehmen.

«War das Drums Tabak?» wollte er wissen.

«Ja, er gab ihn mir und bat mich, ihn zu einem Lehrer zu bringen.»

José hielt den Beutel an sein Herz und schloß die Augen.

«Ja», sprach er mehr zu sich als zu mir. «Ich werde mich in einer halben Stunde mit ihm im Restaurant treffen, wo ihr eben wart.» Er lächelte mich an. Ich hatte das unbehagliche Gefühl, er wußte etwas, von dem ich keine Ahnung hatte.

«Danke, José.»

«Dank ist belanglos», sagte er.

Ich ging wieder zum Wagen.

«Du bist dabei, Drum. José will dich in einer halben Stunde im selben Restaurant treffen. Er ist ein ganz besonderer Mann. Soll ich dich hinfahren?»

«Nein, ich laufe lieber», versetzte er und stieg aus. Er wollte in Richtung Dorf gehen, drehte sich noch einmal um. Was er sagte, klang wie: «Gras im Arsch, Lynn.»

Seine neckische Art, gracias zu sagen, fand ich nicht witzig. Er lief die Straße hinab. Ich wendete den Wagen und fuhr direkt zur Hazienda zurück. Ich konnte es nicht erwarten, Agnes von meiner Begegnung mit Drum zu berichten. Mein ruhiger, gewöhnlicher Tag war dahin. Ich war unruhig. Trotz Drums Zurschaustellung großer Aufrichtigkeit hatte ich das Gefühl, etwas könne nicht stimmen.

Der Himmel überzog sich mit dunklen Wolken, und als ich einbog und den Wagen in der Einfahrt der Hazienda parkte, drohte es zu regnen. Ich rannte ins Zimmer hinauf. Niemand war da. Es war leer. Mich überfiel ein äußerst merkwürdiges Gefühl. Es mußte etwas zu tun haben mit – ich wußte nicht, womit. Und Agnes war rätselhafterweise verschwunden.

Der Raum war ordentlich aufgeräumt. Meine Kleidersäcke aus Leinen hingen sauber im Schrank. Ich setzte mich einen Moment und versuchte, in meine Mitte zu kommen. Auf meinem Kopfkissen lag eine Adlerfeder. Ich nahm sie, betrachtete sie, Agnes hatte mir oft gesagt, eine Adlerfeder hätte die Kraft, einen Menschen in Zeiten des Zweifels zu führen. Irgend etwas war wirklich nicht in Ordnung. Das wußte ich jetzt. Ich starrte die Feder so lange an, bis sie vor meinen Augen verschwamm.

Mir kam der Gedanke, daß ich unverzüglich zur Hütte im Dschungel gehen müsse. Ich versuchte mich zu erinnern, wo sie lag, aber mein Gedächtnis ließ mich im Stich. Ich hatte so viele Stellen im Dschungel aufgesucht! In Gedanken fuhr ich die unbefestigte Straße ab, und mir fiel die Abzweigung ein, die wir genommen hatten. Ich nahm die Figur der Göttin, meinen Sonnenstein. Für den Fall, daß es regnen sollte, legte ich ein Umhängetuch über die Schultern, zog leise die Tür hinter mir zu und ging.

Ich steckte die Feder ans Armaturenbrett. Ich bog einmal falsch ab, fand dann aber die richtige Straße. Ich hörte einen Donner krachen, und es begann leicht zu regnen. Ich parkte am Dschungelrand, schloß den Wagen ab und rannte im Regen den Pfad entlang. Das grünende Gewirr der Schlingpflanzen und Lianen war ein Hindernis. Ich zog immer wieder das Tuch an mich, denn es lockerte sich ständig. Der Pfad war so schmal, daß ich oft stehenbleiben mußte, um mich zu orientieren.

Schließlich erreichte ich das Feld, auf dem sich die Hütte befand. Aus dem Schornstein quoll Rauch, und der Regen fiel weiter. Mich überfiel wieder schreckliche Angst. Ich war mir nun ganz sicher, daß etwas Furchtbares geschehen war. Verzweifelt rannte ich auf die Hütte zu. Ein großer Hund tauchte aus dem Nichts auf und verlegte mir den Weg. Es war der gelbe Hund, aber jetzt wirkte er gefährlich. Als ich näherkam, begann er zu knurren. Er krümmte den Hals,

als wolle er gleich springen. Mir fiel die Figur der Göttin ein, der Sonnenstein. Ich zog ihn aus der Tasche und zeigte ihn. Der Hund knurrte. Mir pochte das Herz. Ich bewegte mich sehr langsam vorwärts, hielt ihm die Figur hin. Er fletschte bedrohlich die Zähne. Glücklicherweise schnüffelte er an dem Stein, der wie eine Parole wirkte. Der Hund begann zu winseln und wedelte mit dem Schwanz. Er leckte mir die Finger und ließ mich vorbei. Ich dankte ihm und tätschelte ihm mit neuem Respekt den Kopf. Der Hund folgte mir in die Hütte, und ich machte die Tür hinter uns zu.

Der Raum war grau vor Rauch. Frauen saßen in Reihen auf dem Boden, und einige standen auch. Ein paar von ihnen erkannte ich in dem Dämmerlicht als Frauen, die auf der Hazienda waren. Ungefähr dreißig hatten sich an diesem Ort versammelt. Ich konnte den Regen plätschern hören, der jetzt heftiger geworden war. Blitze zuckten, und ein schneller Donnerschlag erschütterte die Hütte. In diesem Augenblick erfaßte ich zweierlei: erstens, daß ich mich in einer Art Versammlung befand, und zweitens, die Präsenz der Schwesternschaft der Schilde. Ich blieb abrupt stehen und setzte mich zwischen zwei Frauen.

Ich sah Agnes vorn im Raum neben Zoila und der Frau stehen, die ich als Jaguarfrau kennengelernt hatte. Der Anblick der drei rief in mir eine eigenartige Mischung von Gefühlen wach – ehrfürchtige Scheu, Liebe, Zärtlichkeit und Zugehörigkeit. Die Jaguarfrau trat aus dem Schatten heraus. Sie trug jetzt nicht ihre Jaguarmaske aus weißem Stein. Statt dessen war ihr Gesicht mit schwarzen und roten Streifen bemalt, die schräg über die Nase liefen. Sie kam mir so vertraut und gleichzeitig so anders vor.

«Was ist geschehen?» fragte ich leise die Frau rechts von mir, aber sie stand ebenso vor einem Rätsel wie ich.

Der Raum versank in einem Schweigen, das nur vom

Regen unterbrochen wurde, der auf das Dach prasselte. Die drei Frauen saßen jetzt auf Matten, uns gegenüber. Da erhob sich Zoila.

«Die Jaguarmaske ist gestohlen worden», sagte sie.

Für einige Augenblicke entstand eine heftige Bewegung. Dann beruhigten sich die Frauen, und der Lärm erstarb. Der Kopalrauch war so dicht, daß die Gesichter von ein paar Frauen geisterhaft in den Wolken verschwanden und wieder auftauchten. Eine nie gekannte Energie brauste durch mich. Ich hatte einen gewaltigen Druck auf den Ohren, schien meinen Körper für einen Moment zu verlassen und über ihm zu schweben. Ich hörte mich sprechen: «Weißt du, wer die Maske gestohlen hat?» Meine Stimme klang sehr fern.

«Red Dog hat sie gestohlen, mit Hilfe seiner zwölf Schüler.»

«Bist du sicher?»

«Er hat es verlauten lassen.»

Die Jaguarfrau stand auf. «Komm, Lynn», sagte sie. «Setz dich dicht neben mich auf diese Matte.»

Ich glitt an den Frauen vorbei, fand die Matte und setzte mich in ihre Nähe. Die Jaguarfrau beugte sich leicht vor. Sie starrte mich regungslos an.

«Einer Schamanin die Maske stehlen», sprach sie, «heißt ihr Gesicht stehlen, ihre Art des Betens und ihre Zeremonien, ihr Leben.» Ihre Augen bohrten sich brennend in die meinen. «Du hast neulich etwas über den Altar, das Gesicht der Erde, die Maske gelernt – und du hast gelernt, dich mit der Kraft zu vereinigen. Du bist in die Mysterien und den Weg der Schamanin eingeweiht worden. Eines Tages wirst auch du dein Gesicht, deine eigene Kraftmaske empfangen und verstehen, was das bedeutet.

Die Jaguarmaske ist älter als die Schwesternschaft der Schilde, ja sogar älter als die Pyramiden. Die Jaguarmaske kann in den Händen eines üblen Zauberers unermeßlichen Schaden anrichten. Es könnte sogar das Ende der Schwesternschaft bedeuten. Die Maske ist das Hauptgesicht der Schwesternschaft und muß wiedererlangt werden.»

Ein Licht begann im Raum zu glänzen. Ich war mir nicht sicher, wie es dazu kam, und fragte mich, ob mir meine Sinne einen Streich spielten. Vielleicht projizierte ich das, was ich in meinem Innern fühlte, nach außen in die Wirklichkeit. Ich saß bolzengerade und spürte tief in mir eine Wärme. Eine Trommel wurde mir in die Hände gelegt, und ich lehnte mich zurück und begann sie zu schlagen. Ich war erstaunlich gut und trommelte anscheinend den Herzschlag von uns allen. Stimmen verschmolzen zu einem Gesang. Zoila sang in der alten Mayasprache. Das Lied nahm wie ein tanzender Derwisch an Kraft zu und brach plötzlich ab. Das wunderliche Licht war ungewöhnlich hell, und ich spürte großen Zorn unter den Frauen.

«Dir ist gesagt worden, du sollst deinen Zorn schöpferisch einsetzen und ihn nicht in Furcht umschlagen lassen», sagte die Jaguarfrau und blickte mich fest an.

Auf einmal begann der gelbe Hund zu knurren und vor der Tür hin und her zu laufen. Ich sah weiße Zähne aufblitzen. Er gab unheimliche, schauerliche Töne von sich. Er zitterte ahnungsvoll, bellte ein paarmal und schnüffelte an der Türschwelle.

«Beruhigt ihn», rief die Jaguarfrau. «Laßt ihn hier drin.»

Einige Frauen streichelten ihn. Schließlich wurde er brav und streckte sich vor der Türe aus. Alle kehrten auf ihre Matten zurück, und wir richteten unsere Aufmerksamkeit wieder nach vorn.

«Du hast der Schwesternschaft einmal geholfen», sprach die Jaguarfrau. «Du wirst uns wieder helfen, unbewußt.»

Ich wurde rot, fühlte mich befangen. Der Versuch, mich

daraus zu lösen und ruhig zu bleiben, hatte keinen Erfolg. Der Hals schnürte sich mir zu, und das machte mich wütend. Die Jaguarfrau trat vor. Sie kniete sich vor mich hin und hielt mir ihre linke Hand hin. Ich starrte auf einen Schmetterlingskokon, den sie auf der Handfläche trug. Sie nahm den Kokon in die rechte Hand, die rot bemalt war. Sie schüttelte ihn, und etwas fiel in meine Linke. Jemand spielte auf einer Tonflöte eine schwungvolle Melodie.

«Das ist ein Geschenk von deinen Schwestern, um die Kraft zu stärken, von der du noch nicht weißt, daß du sie hast.»

«Dank dir», sagte ich. «Danke euch allen.» Ich wies auf die anderen Frauen.

«Du bist die Jüngste hier», sagte die Jaguarfrau. «Deine Unschuld hat uns wieder einmal Leben gebracht, so wie ein Schmetterling aus einem Kokon geboren wird.»

Der Gegenstand in meiner Hand war winzig, aber für seine Größe schwer. Agnes brachte eine brennende Kerze und hielt sie dicht vor mich. Nun sah ich, daß ich eine goldene Göttinnenfigur mit Schmetterlingsflügeln, aus schwarzem Obsidian geschnitten, hielt.

«Wie schön», sagte ich. «Noch einmal danke.»

«Dank ist nicht nötig, sondern Verstehen. Du hältst *Itzpopolotl*, die Schmetterlingsgöttin aus Obsidian. Sie ist die Göttin der Jagd. Sie steht dem Obsidiankult der magischen Waffe vor. Sie ist ebenfalls die Göttin des Todes. In unserer Geschichte wurde sie vor langer Zeit eine Göttin der Maya, die Göttin des Melonenkaktus und eine Göttin der Fülle der Erde. Obsidian ist mit dem Mais und der Hervorbringung der Nahrung verbunden, jedoch auch verwandt mit Tod, Nacht und dem Opfer des Herzens. Das Herzopfer wurde stets mit einer Obsidianklinge vollzogen. Das ist die dunkle Seite des Obsidianschmetterlings. Die Göttin ist unsere Beschützerin und bringt jedem, der das Gesicht der Schwesternschaft stiehlt, Tod und Vernichtung.»

Ich sah mir das Geschenk genau an. Ich stellte mir vor, welche Wunder und Schrecken die Göttin in alten Zeiten gesehen haben mußte.

«Wie soll ich euch helfen?» fragte ich.

«Heute nacht wirst du im Dschungeltempel des Jaguars anfangen, zu verstehen. Die Schwesternschaft wird eine Zeremonie abhalten, um die Kraft für die Jagd zu wecken. Trag Itzpopolotl in einem Kokonbeutel um den Hals. Du wirst sie brauchen. Wir werden Kraftpilze nehmen, damit wir diesen Zudringlichen sehen, der uns am liebsten vernichten würde. Bereite dich vor. Sprich nicht und iß nicht. Wir werden uns versammeln, wenn der Mond hochsteht.» Die Jaguarfrau trat in die Schatten zurück. Agnes gab ein Zeichen, daß es Zeit für uns war, zu gehen.

Agnes und ich liefen durch den Dschungel direkt zu meinem Wagen. Minuten später brausten wir über die holprige Dschungelstraße zur Hazienda. Ich dachte über das eben Geschehene nach, fühlte mich unsicher und ängstlich. Die Versammlung der Schwesternschaft hatte mich deshalb an meine tiefsten Träume erinnert, weil sie unfaßbar gewesen war. Mir war, als sei ich an unsichtbaren, aber kräftigen Fäden dorthin geführt worden. Ich wollte Agnes fragen, doch die Jaguarfrau hatte mir befohlen, nicht zu sprechen. Das Herz wollte mir bersten; die würdevolle Kraft und Stärke jener Frauen war fast mehr, als ich ertragen konnte.

Bizarre Bilder drängten sich in meinen Geist, Bilder eines Blutopfers auf einem Steinaltar. Ich sah, wie sich ein Messer aus Obsidian in Red Dogs Brust bohrte. Ich fuhr zusammen. Nicht, daß er es nicht verdient hätte, doch wenn er starb, wer würde mein guter Feind sein? Was dachte ich da? Ich versuchte, die verrückten Gedanken abzuschütteln. Ich bewegte mich und warf einen Blick auf Agnes. Ihr Gesicht war unergründlich und dunkler als die Nacht, die sich draußen niedersenkte. Ich tastete nach Itzpopolotl im Kokon.

In unserem Zimmer auf der Hazienda setzte sich Agnes aufs Bett, und ihr Falkengesicht starrte zu den schattigen Wänden hin. Wir sprachen nichts. Wir aßen nichts. Gegen elf Uhr stiegen wir in den Wagen und fuhren die kleinen Straßen im Dschungel entlang. Ich wollte mich beim Fahren entspannen, konnte es aber unmöglich. Meine Besorgnis nahm zu. Wir fuhren länger als eine Stunde.

Agnes beugte sich zu mir und flüsterte: «Parke.»

Es war soweit.

Ich war froh, daß Agnes wußte, wo wir uns befanden, denn ich hatte zweifellos keine Ahnung. Wir liefen über einen Pfad, auf dem nur das Mondlicht lag, das durch die Schlingpflanzen und hohen Bäume drang. Ich war noch nie so tief im Dschungel gewesen. Die Geräusche der Nacht waren durchdringend. Zikaden und Vögel schrillten, und mein Hals war noch nie so trocken gewesen. Ich stand dicht vor dem Entsetzen, fragte mich, welches Schicksal mich erwartete.

Der schwere Duft des nachtblühenden Jasmins füllte die Luft. Agnes' dunkle Gestalt bewegte sich vor mir still durch den Mondschein. Ich konnte meine Schritte auf dem Pfad nicht hören, stellte sie mir aber in Gedanken vor. Eine Liane peitschte mir fest ins Gesicht. «Autsch», rief ich innerlich, spürte einen häßlichen Striemen. Ich faßte hinauf, riß die Ranke weg.

Ich paßte jetzt besser auf, nicht mit dem Pflanzenozean zusammenzustoßen. Ich war ganz Aufmerksamkeit. Trotzdem fragte ich mich, auf was ich mich diesmal einließ. Der

Pfad bog abrupt ab. Agnes hielt einen Moment an und blickte in die Höhe. Ich folgte ihrem Beispiel. Vor uns war ein gewaltiger, nicht freigelegter Tempel, mit Farnen und Schlingpflanzen überwachsen und von schwankenden Bäumen umringt. Das Bauwerk war gelblich braun und ragte hunderte von Fuß in den Himmel hinauf. Es sah wie die Faust eines Riesen aus, der aus der Erde in die Höhe nach dem Mond griff. Dann ertönten die Trommeln, sehr langsam, etwa alle fünf Sekunden ein Schlag.

Agnes ging weiter. Ich lief mit ihr herum zur linken Seite des Tempels. Ich blickte immer wieder hinauf, während wir den äußeren Rand entlangwanderten. Ich erkannte bald, daß der Tempel auf der einen Seite freigelegt worden war, auf der anderen nicht. Wir erreichten eine Brücke aus großen Quadern, wo uns zwei Amazonen den Weg versperrten. Ich glaubte sie aus der Zeremonie der Ultima Madre zu kennen. Jede trug eine Mayamaske aus glänzendem Gold, das sehr dünn und geschmeidig schien.

«Wir sind hier, um die Masken zu hüten», flüsterte eine. Sie hielt Agnes eine sonderbare, mit Federn besetzte Maske hin, die sie rasch aufsetzte.

Auch mir wurde eine Maske gereicht. Ich hatte keine Zeit, sie zu betrachten, da sie mir in die Hand gedrückt und ich aufgefordert wurde, sie unverzüglich anzuziehen, was ich tat. In der Dunkelheit konnte ich nur erkennen, daß auf der Rückseite lange, dünne Federn herabhingen, daß sie Augenschlitze und einen geöffneten Mund hatte. Meine Hand glitt über ein erhabenes Schlangenrelief, das den Scheitel einfaßte. Die Maske war teilweise aus Metall, zum Teil aus Stoff. Weil sie so dunkelfarbig war, hatte ich das Gefühl, mich in die Schatten aufzulösen. Die ebenmäßigen Federn legten sich an meinen Hals und Rücken.

Ich folgte Agnes an den beiden Hüterinnen vorbei und

über eine mit Steinplatten belegte Terrasse. Sie winkte mich an ihre Seite. Sie flüsterte mir ins Ohr: «Such die Jaguarfrau und tu, was sie sagt.»

Bevor ich etwas sagen konnte, war sie um die Ecke einer hohen Steinmauer verschwunden. Ich wußte nicht, was ich tun sollte und folgte ihr also. Als ich um die Ecke bog, lag ein vollständig ausgegrabenes grasbewachsenes Rechteck vor mir, ein wenig kleiner als ein Football-Feld. Auf allen vier Seiten ragten Stufenpyramiden schemenhaft einige hundert Fuß in den Nachthimmel auf. Am Rand waren in unregelmäßigen Abständen brennende Fackeln aufgestellt.

Trompeten der Maya, *hoptas* genannt, erschallten irgendwo, und die Trommeln begannen rascher zu schlagen. Gelegentlich war das Trillern einer Flöte zu hören, und der Klang eines Saiteninstruments drang schwirrend durch die feuchte Nacht. Im Klang der Musik schritt ich durch einen Bogen in der Steinmauer und ging herum zur Vorderseite der Hauptpyramide. Der Anblick ließ meinen Atem stocken. Hunderte von Kerzenlichtern liefen im Zickzack die Stufen hinauf und um das Rechteck und erhellten die Nacht. Sie sahen wie eine edelsteinbesetzte Mammutfeuerschlange aus, die sich über Erde und Stein wand.

An der anderen Seite des Rechtecks war eine Schar maskierter Frauen, die sich vor der großen Pyramide in einem Halbmond aufgestellt hatte. Die meisten trugen einfache weiße Gewänder, mit Ornamenten verziert. Jede Maske, jeder Kopfschmuck war anders – eine verwirrende, stattliche Reihe – manche reich dekoriert und typisch Maya, die anderen in Form und Farbe einfach.

Ich stellte mich in die Reihe und tat, was die Frauen machten. Wir bewegten uns von Zeit zu Zeit leicht mit der Musik, blickten hinauf zu den Hieroglyphen und Bildwerken oben an der Pyramide. Mir war, als sei ich durch eine

Geheimtür geschlüpft und auf einem anderen Planeten in eine Zeremonie geraten.

Die Musik begann schneller zu spielen, und ich war eben dabei, mich selbst völlig zu vergessen, als plötzlich Becken dröhnten, hoptas und Flöten gellten und Flammen aus einer Feuergrube auf der Spitze der Pyramide emporzüngelten. Viele maskierte Frauen mit kleinen Fackeln schritten zu beiden Seiten in Reihen die Tempelstufen hinab. Es waren Masken der Kriegerinnen, die diese Frauen schmückten, und sie glichen grotesken Alpträumen mit einer gewissen bösartigen Schönheit. Die Masken schimmerten im Feuerschein, und direkt über uns leuchtete der Mond.

Die Frauen bildeten eine einzige Reihe, und die hohen Federn glänzten im Feuer. Ich ahnte, diese Frauen waren die Schwesternschaft der Schilde.

Die Jaguarfrau erschien auf der Tempeltreppe, und das ganze Geviert verstummte. Sie trug Jaguargewänder und hob die Hände, die Pranken – selbst aus meiner Entfernung konnte ich die scharfen Krallen erkennen. In der linken Hand hielt sie einen fein geschnitzten Stab. Ihr Gesicht war wieder schwarz und rot bemalt, und das Fehlen der Maske schmerzte. Doch auch ohne die Jaguarmaske ging von ihr ein außerordentlich katzenhafter Glanz aus. Ich spürte den Sog einer ehrwürdigen Überlieferung, uralt wie die Zeit selbst, einer Tradition, die zu meinem Erbteil als Frau auf dieser Erde gehörte.

Der Anblick der Jaguarfrau überschwemmte mein Herz mit einem unaufhaltsamen Gefühl. Ich sah viel von meinem Leben. Ich war als Frau geboren, war deshalb beiseite geschoben worden, den Randgebieten des Lebens zugewiesen, in denen noch so viele meiner Schwestern weiter sitzen. War das nichts als ein Zufall der Geschichte? Ich versuchte durch das Trugbild gesellschaftlicher Schranken zu blicken, das die Augen der Frauen in der ganzen Welt trübt. Wir nehmen noch nicht einmal Notiz von einander. Es ist, als hätten wir uns jahrhundertelang wie mutierte Chromosomen, isoliert von den Erbmassen des ursprünglich Heiligen, bewegt, und unsere weibliche Urnatur sei uns und der Gesamtmasse der Welt entwendet worden, als hätte es sie nie gegeben.

Ich stand und starrte auf die silbrigen Schichten des Kopalrauchs, der die Luft füllte. Er stieg aus Schalen empor, die einige Frauen schwenkten. Trommelschläge tönten. Sie pochten im Gleichklang mit dem Rauschen des Blutes in meinen Ohren durch die Dschungelnacht. Die Reihen der maskierten Frauen begannen sich zu wiegen. Das beharrliche Trommeln wurde rascher. Wir sprachen im Chor und sangen und tanzten in den wehenden Kopalrauch und aus ihm heraus, er kräuselte sich in die Höhe und bildete eine riesige, geschlängelte Wolke. Die Reihen bewegten sich weiter. Jede von uns verschmolz mit der bunten Schar. Wir waren hingerissen, als wäre das Trommeln alles und wir ein Teil des Klangs. Immer weiter wurde getrommelt, dann war abrupt Schluß.

Die Feuergrube spie eine Explosion orangen Lichts aus. Wir blickten auf und sahen, daß die Jaguarfrau über das Geviert zeigte, auf dreizehn dunkle Männergestalten, die dreizehn brennende Fackeln hielten und in einer Reihe auf der Spitze der gegenüberliegenden Pyramide standen. Selbst durch die rauchige Luft konnte ich erkennen, daß Red Dog unter ihnen war. Ich fühlte mich einer Ohnmacht nahe. Plötzlich erinnerte ich mich an eine frühere, außergewöhnliche Vision. Vor Jahren hatte ich mich in ihr, mit Red Dog als dem *Kokopelli*, einer unwiderstehlichen indianischen puppenartigen Gestalt, auf einem Altar an einem Ort wie diesem hier vereinigt. Ein eiskaltes Frösteln lief mir den

Rücken hinauf. Die Vision hatte nicht nur meine männliche und weibliche Natur ins Gleichgewicht gebracht, sondern mich auch meine dunkle Seite zum ersten Mal erkennen und annehmen lassen. Vielleicht war sie eine Vorahnung dieser Nacht gewesen.

Ich faßte durch den Kokon an meinem Hals nach der Schmetterlingsgöttin und versuchte, die Bilder zu vertreiben, in denen Red Dogs Herz von einer Obsidianklinge herausgerissen, in die Höhe gehoben und der Sonne dargebracht wurde. Die Bilder waren unerträglich.

Red Dog trug die Jaguarmaske, und er warf sein Haupt wie ein König zurück. Seine Schüler gaben sich sehr stolz und hochmütig und waren nur spärlich bekleidet.

«Du wagst es also herzukommen und mein Antlitz zu tragen! Nenne deinen Namen!» rief die Jaguarfrau über unsere Köpfe hinweg Red Dog erstaunlich ruhig zu. Ihre Stimme war im ganzen Geviert gut zu hören.

«Westfrau, höre mich an», sagte Red Dog laut. «Du fragst nach Namen. Namen sind unwichtig. Ich bin ein Mann der Kraft und aus dem Norden hierher gekommen.»

«Weshalb bist du gekommen?»

Er sprach drohend: «Ich bin gekommen, um dir die Macht zu nehmen. Ich bin gekommen, um dir einen guten Tod zu geben und dir die Träume zu stehlen. Ich werde die Kraft deines Gesichts annehmen.»

«Du trägst es», sagte die Jaguarfrau. «Nimm seine Kraft an.»

«Die Absicht habe ich», meinte er. «Doch dieses Spielzeug bedeutet nichts ohne die Schlüssel der Kraft, die du in den Händen hältst, und die seine Kraft freisetzen werden.»

Meine Beine waren in der Erde festgewurzelt, während ich diesem Wortwechsel zwischen Zauberer und Jaguarfrau folgte. Die Jaguarmaske saß auf Red Dogs muskulösem

Körper und glänzte tückisch wie ein Spiegel im glasigen Mondlicht.

«Dann gib das Gesicht zurück», befahl die Jaguarfrau. «Du hast keine Verwendung dafür.»

«Nein!» schrie Red Dog wütend. «*Mir* gehört es!»

«Warum sollte ich dich denn unterrichten, einen Banditen, einen Dieb in der Nacht?»

«Weil ich die Kraft hatte, es zu nehmen, und weil du schwach bist.» Er schwang seine nackten Arme bedrohlich. «Du bist dieser Kraft nicht würdig. Ihr alle seid ihrer unwürdig. Ihr solltet mit euren Torheiten aufhören und nach Hause gehen.»

Der silbrige Kopalrauch entzog Red Dog kurz meinen Blicken. Ich duckte mich und sah im Halbdunkel, daß die Frauen in meiner Nähe auch erschrocken waren.

«Mann aus dem Norden!» rief die Jaguarfrau. «Was du sagst, ist wahr. Du hast furchtbare Kräfte, und du hast etwas Schreckliches getan. Wenn du willst, werden wir in dieser Nacht zusammen Pilze nehmen. Wenn du freilich ein Feigling bist, verdienst du die Kraft nicht. Ich werde dir einiges über die Jaguarmaske beibringen, und du wirst sehen, daß sie noch größere Kraft hat, als du dachtest. Vielleicht können wir im heiligen Traum die Antworten finden, nach denen wir beide suchen. Ist das annehmbar?»

«Siehst du nicht, daß ich ein Mann bin und kein Feigling?» sagte Red Dog mit merkwürdiger Stimme. «Du wirst erkennen, daß ich der Kraft würdig bin. Ich bin mit der Prüfung einverstanden. Sie ist annehmbar.»

«Dann komm von der Pyramide herab, und wir treffen uns im Geviert.»

Red Dog ging voraus, und die Männer kamen die Stufen herab. Die Schwesternschaft der Schilde begann sich ebenfalls auf die Mitte des Gevierts zuzubewegen. Die Reihe der

Frauen hatte angefangen, der Prozession Platz zu machen, als die Jaguarfrau direkt zu mir kam und mir eine große, tiefe Schale reichte, auf deren Boden sich das Bild einer Schildkröte befand. Wie ich wußte, wurde sie die Adlerschale genannt.

«Nimm die Adlerschale und folge mir», sagte die Jaguarfrau. «Beobachte genau, was geschieht. Du bist heute nacht die Wasserfrau. Nimm keine Pilze.»

Ich preßte die Schale an meinen Bauch. Ich wußte, sie war eine alte Blutschale, in der noch die pochenden Herzen Tausender Opfer aus uralten Zeiten zu spüren waren. Ich reihte mich am Ende der Schwesternschaft ein, und wir folgten der Jaguarfrau. Spärliches Trommeln und Flötengetriller setzte ein. Ich fürchtete um den Bestand der Schwesternschaft. Wie konnte diese Gemeinschaft spiritueller Frauen mit einem Mann, der eingestandenermaßen ein Zauberer war, und seinen entsetzlichen Schülern zusammen Pilze nehmen? Ich wollte nicht daran denken, wohin das führen mochte. Wie eigenartig, daß die Jaguarfrau überhaupt vorgeschlagen hatte, diese Speise der Götter mit erklärten Feinden zu nehmen. Ich hatte auch gehört, daß die magischen Pilze das Fleisch der Götter genannt wurden. Agnes hatte mir erzählt, daß bei vielen alten Zeremonien und Heilungsritualen der Maya Kraftpflanzen und Pilze verwendet wurden, hatte sie aber als meine Lehrerin nie eingesetzt. Ich fragte mich, was das für Folgen haben würde, und hatte die dunkle Ahnung, daß etwas Phantastisches geschehen würde.

Weitere schrille Flöten und auch Mandolinensaiten stimmten in die Musik ein, und sie schwoll zu einer Art Lied wie aus den peruanischen Bergen an. Ich konnte auf den Pyramidenstufen eine Reihe von Musikerinnen stehen sehen. Unter dem Spielen wiegten sie sich im Takt der

Melodie hin und her. Wir hatten die Mitte des Gevierts erreicht und hielten an. Hier stand ein einsamer Ciebabaum, und vor ihm wartete die Jaguarfrau auf Red Dog, der sich ihr näherte. Seine Schüler waren auf beiden Seiten fächerförmig wie Prärieindiander, die sich bei einem Überfall auf den Angriff vorbereiten, ausgeschwärmt. Die Männer hatten den ganzen Körper mit unterschiedlichen Mustern bemalt. Ihre Gesichter waren kunstvoll mit Farben bedeckt, und in ihr langes Haar waren die traditionellen Federn gebunden.

Seit ich Red Dog das letzte Mal gesehen hatte, schien er gewaltig an Kraft zugenommen zu haben. Er lief stolz und großspurig auf die Jaguarfrau zu. Ich achtete ihn in vieler Hinsicht. Es hatten sich zwar Wolken vor den Mond geschoben, und die Fackeln wurden hoch gehalten, aber es sah so aus, als sei sein Haar so rot wie früher. Die letzten Jahre war es grau gewesen. Sein schlanker Körper schien voller geballter Energie wie eine eingerollte Feder. Die geraubte Jaguarmaske spähte auf uns herab. Seine Schüler waren ebenso schlank und muskulös, und wirkten aggressiv. Einige trugen lederne Leggings, doch die meisten hatten bis auf einen Lendenschurz und perlenbestickte Ledermokassins nichts an. Sie sprachen nicht, lächelten nicht, hielten die Köpfe starr geradeaus.

Die Schüler waren in einer Entfernung von ein paar Schritten stehengeblieben, während Red Dog so nahe kam, daß ich unruhig wurde. Die Maske verwandelte ihn auf fast unmerkliche Art in ein monströses Wesen. Von der Jaguarfrau getragen, hatte die Maske fast männlich ausgesehen. Bei Red Dog war sie aber weiblich, auf böse Art weiblich, als verberge sie eine tödliche Mutter, die geduldig darauf wartete, uns alle zu verschlingen.

Die Jaguarfrau sprach mit rauher Stimme: «Bringt die Pilze und stellt sie zwischen uns auf Matten.»

Zwei Frauen liefen um uns herum nach vorn. Sie rollten Matten aus und stellten einige Schalen mit Pilzen und ein Wassergefäß auf. Sie zündeten Kerzen an und verbrannten Kopalräucherwerk. Das war das Zeichen für viele Schwestern, vorzutreten und Opferbündel auf die Matten zu legen. Es war ein Herschenken an den Geist der Pilze, damit die Reise gut würde.

Starker Wind fuhr mir durchs Haar. Dann sangen auf einmal alle Frauen, und die Jaguarfrau sang vor. Die Musikerinnen schritten die Pyramidentreppen herab und durch das Geviert auf uns zu. Ich konnte ihre Gestalten dunkel vor den Lichtwirbeln der Kerzen sehen. Wieder kam ein Windstoß und hüllte uns in eine dichte Wand aus Kopalrauch. Die Musik steigerte sich bis zur Raserei und brach plötzlich ab.

In der darauffolgenden Stille sahen uns die stehenden Männer in offener Feindseligkeit an. Die Jaguarfrau gab mir einen Wink, ihr die ersten Pilze zu bringen. Ich tat es, näherte mich nervös den Matten und kehrte mit einigen Pilzen in der Blutschale zurück. Die Jaguarfrau nahm die Pilze und begann zu kauen. Die Saiten eines unbekannten Instruments wurden daraufhin leicht angeschlagen, und die Flöten begannen sehr leise zu begleiten.

Dann setzten sich mit der Jaguarfrau zusammen dreizehn Frauen in einer Reihe dicht vor die Matten, kaum ein Dutzend Fuß von Red Dog entfernt. Die Jaguarfrau bedeutete Red Dog und seinen Schülern, sich ihnen gegenüber auf die andere Seite der Matten zu setzen, und sie machten es. An beide Reihen, an Frauen und Männer, wurden Pilze ausgeteilt. Alle nahmen ein paar und aßen sie. Die Jaguarfrau saß Red Dog direkt gegenüber, und soweit ich es sehen konnte, wenn ich in der Blutschale Wasser reichte oder mich hinter der Gruppe niederließ, wandte sie nie die Augen von ihm ab, wie auch die anderen Frauen den Blicken der Männer gegenüber nie auswichen. Hin und wieder sank der Kopf eines Mannes nach vorn, wie im Schlaf, worauf der Mann den Kopf wieder hob. Die Frauen verloren anscheinend nie die Kontrolle.

Etwa zwanzig Minuten der Stille verstrichen. Dann sprach die Jaguarfrau zwei Gebete. Ich sah, wie die Köpfe einiger Männer nach vorn sanken, wieder hochruckten und aufmerksam waren.

Red Dog flüsterte: «Disziplin!»

Die Jaguarfrau begann in einem höchst fremdartigen, flüssigen Ton einen Sprechgesang. «Ich bin die Mutter der Clownfrau. Ich bin die Jaguarmutter.» Die zweite Zeile wiederholte sie einige Male.

Eine Frau blies die Kerzen aus, und die Fackeln der Männer wurden gelöscht. Die Männer und Frauen sahen im Mondschein wie blau phosphoreszierende Gestalten aus, und die Jaguarfrau sang.

Nutze die Dunkelheit als Hintergrund
für deine sehenden Augen.
Du wirst kein Licht brauchen,
um die Schlüssel vor dir zu sehen.
Die Weisen sind mit uns.
Wir sehen sie klar.
Sie möchten es dir sagen.
Sie möchten es dir sagen.

Sie wiederholte die Zeilen einige Male, fügte Variationen an. Der Gesang brachte weitere Variationen der ersten Lieder und dauerte recht lang. Ich hatte noch nie eine derartige Zeremonie erlebt, wußte also nicht, was kommen würde. Der Sprechgesang schien in der Zeit zurück und voraus zu eilen, verhallte in die Finsternis, wurde geboren und wiedergeboren, wenn die Musikbegleitung sich hoch emporschwang. Der Gesang war so eindringlich, daß er mich an manchen Stellen schreckte, dann wieder einlullte.

Red Dog und seine Männer standen eindeutig unter seinem Bann. Sie lauschten und schauten wie trunken – achteten auf nichts anderes. Ihre bemalten Körper glänzten im Feuerschein. Ein Mann mit nur halb geöffneten Augen streckte den Arm nach der Frau gegenüber aus. Die Frau blieb völlig still. Ich war besorgt, doch schließlich ließ der Mann den Arm sinken.

Die Stimme der Jaguarfrau wurde sanft und klang warm, verführerisch. Ihre Silhouette wiegte sich im Zeitmaß der Musik. In den schmalen, gelben Streifen des Mondlichts konnte ich die anderen Frauen erkennen. Sie knieten, und die Körper hoben und senkten sich wie Wogen, wanden sich sinnlich. Jede bewegte sich so geschmeidig, als wären sie sehr anmutige, sehr junge Frauen.

Sieh die Schönheit vor dir.
Sieh die Schönheit vor dir.
Ich bin die Kolibrifrau, ho!
Ich führe dich zur Nahrung, ho!
Der Adlerherr harrt in den Bäumen.
Er sieht dein Gerippe.
Er sieht dein Blut brennen.
Sieh die Schönheit vor dir.
Brenne.
Sieh die Schönheit vor dir.
Brenne.
Ich möchte deine Beine.
Ich möchte deine schönen Knie.

Die Kolibrifrau betet.
Ich möchte deine Arme.
Ich möchte deine Zehen und Finger.
Sie betet. Alle Kraft in unserem Innern nun.
Alle Kraft in unserem Innern nun.

Einer der Männer zischte durch die Zähne. Ein anderer forderte die Frau ihm gegenüber mit einem herrischen Wink auf, zu ihm zu kommen. Das war gar keine Zeremonie. Ich war mir nicht mehr ganz klar, was geschah. Ich wollte mir die Maske vom Gesicht reißen und die Augen reiben. Drei der Männer waren aufgestanden, wiegten sich erotisch auf ihren muskulösen Beinen. Selbst Red Dog stand auf. Ein Mann reckte die Arme nach der Frau gegenüber, winkte sie heran.

Die Musik klang warm und samtig. Die Luft war voller sexueller Spannung, voller Kopalrauch. Mir war, als erlebte ich eine Tempelschändung, alles bewegte sich auf das Verbotene zu. Ich hielt es kaum aus, still zu sitzen. Ein paar der Frauen sanken zwischen den Gesängen in Ohnmacht. Die Stimme der Jaguarfrau war nun rauh, flößte sogar Angst ein, ich hatte noch nie etwas Ähnliches gehört. Zwischen den Melodiebögen schlug sie wie eine Nachtigall. Der Klang ihres Gesangs brandete wie Wogen auf, die gegen den Meeresstrand donnern.

Ich nahm alles stumm in mich auf, zitterte jedoch, war von den verführerischen Klängen der Nacht überwältigt. Ich versuchte die überraschende Wendung der Ereignisse zu begreifen. Ich verspürte den fast unwiderstehlichen Drang, fortzulaufen, blieb aber. Die Männer standen jetzt alle. Red Dog sprang tatsächlich über die Matten und umarmte die Jaguarfrau. Er zog die Jaguarfrau an sich, preßte sie an seine Brust. Ihre Körper sahen für mich im Feuerbad des Fackelscheins wie ein Leib aus. Tierlaute drangen aus Red Dogs Kehle.

Die anderen Schüler machten es ihm nach. Körper wurden nackt ausgezogen, und alles tanzte, fiel verzückt ins Gras. Es war, als seien alle vorhin verborgenen Regungen entfesselt worden. Ich schloß die Augen und fiel in den Sprechgesang ein, meinte wirklich den Verstand verloren zu haben. Während ich mich mit meinen explodierenden Gedanken abmühte, wurde mir etwas Kaltes und Rundes in die Hände geschoben. Ich blickte hinab und begann zu zittern, denn ich hielt die Jaguarmaske.

«Hüte sie gut», flüsterte mir Agnes ins Ohr.

Ich hatte Angst, mich von der Gruppe zu entfernen, weil ich dachte, jemand könne mich die Maske wegtragen sehen. Ich versuchte, sie in die Blutschale zu stecken, aber das ging nicht. Ich wollte verzweifelt Agnes herbeiwinken, aber sie war verschwunden. Ich kroch auf allen vieren umher, suchte nach einem Versteck für die Maske. Endlich entschloß ich mich, sie unter meine Bluse zu stopfen und drückte sie fest an meinen Bauch.

Ich setzte mich auf, versuchte, so wenig wie möglich aufzufallen, und schaute regungslos zu. Ich hätte gern wissen mögen, wie lange ich meine unerfreuliche Lage noch ertragen mußte.

«Lynn», hörte ich jemand hinter mir sagen.

Ich wandte mich um. Die Jaguarfrau stand dort mit den anderen Frauen. Was für eine Überraschung!

Ich riß den Kopf herum und blickte zurück auf die nackten Leiber. Es sah aus, als wären die Männer mit jungen Frauen zusammen, doch diese weiblichen Gestalten begannen sich aufzulösen, und nichts blieb zurück. Nun stöhnten die Männer ekstatisch und vergnügten sich eindeutig allein.

«Was habe ich eben gesehen?» fragte ich.

«Du hast Projektionen von Begierden gesehen», sprach die Jaguarfrau. «Du sahst Männer, die in ihren eigenen Wahn verliebt sind.»

Als ich zurück auf die Männer blickte, sah ich in ihren Armen halb aufgelöste Gestalten, die sich mal deutlich zeigten, mal undeutlich wurden.

Ich spürte, wie eine Hand nach meinem Arm faßte. Es war Agnes.

«Komm jetzt», befahl sie.

Ich reihte mich bei den anderen Frauen ein. Als die ganze Prozession der Schwesternschaft der Schilde das Geviert verließ, sangen wir:

Du bist jetzt rein.
Sagen die Weisen.
Sagt der Adler.
Du bist jetzt rein.
Wir sind wohlvorbereitete Geistfrauen.
Ich bin die Jaguarfrau.
Bete.
Du bist vom Berg gerissen worden.
Die Geister beten.
Die Geister beten.

Bevor ich hinausging, drängte es mich, einen letzten Blick auf Red Dog und seine Schüler zu werfen. Sie waren nackt im Mondlicht und rotgoldenen Fackelschein. Sie bewegten sich emsig, rhythmisch, vereinigten die Seelen mit dem Trugbild. Die Musikerinnen blieben noch und spielten weiter. Ich hätte beinahe laut herausgelacht.

In der Hazienda versammelte sich die Schwesternschaft in einem weiten Raum. Die Dämmerung stand bevor, und einige Kerzen brannten. Ich konnte den Wind draußen leise flüstern hören, er ließ die Kerzen flackern. Ich preßte immer noch die Jaguarmaske an meine nackte Haut, und sie erfüllte mich. Ich blickte aufmerksam die wunderbaren Schwestern an, denn ich ahnte, daß ich bald die Urwälder Yucatáns verlassen würde.

Wir bildeten einen Kreis, und die Jaguarfrau rief mich in die Mitte. Die Schatten der Frauen spielten in phantastischen Formen über die weißen Ziegelwände, wie Teile meiner selbst, die sich von mir gelöst hatten.

«Hast du die Maske?» fragte die Jaguarfrau.

«Ja», sagte ich.

Ich zog sie unter meiner Bluse hervor und reichte sie ihr. Ich glaubte, im schwachen Licht Tränen auf ihrem Gesicht schimmern zu sehen. Ich ging zum Kreis zurück. Wieder bewegten sich die Schatten wie Gestalten – amorphe Umrisse, die auf unbeschreibliche Art von dem Geist belebt waren, der auch in mir war. Ich beobachtete, wie mein Schatten mit anderen verschmolz und sich wieder löste.

Die Jaguarfrau hielt die Maske in die Höhe, damit alle sie sahen. Sie schwebte wie ein Ei, oder wie der Mond über uns. Sie wurde, bei Agnes angefangen, im Kreis herumgegeben, und jede Frau berührte sie einen Augenblick. Ich fühlte mich geehrt, weil ich sie ein paar Stunden hatte tragen können. Ich war die letzte, die ihre Hände auf die Jaguarmaske legte. Ich sah sie nun als strahlende, glänzende Kugel, die Schutz gewährte. Ein sonderbares blaues Licht wanderte meinen Arm hinauf, und ich fühlte mich mit meinem ganzen Wesen eins. Zögernd nahm ich meine Hände fort, fühlte mich ein wenig traurig.

Die Jaguarfrau zog sich die Maske langsam über das Gesicht, drehte sich, daß sie alle sehen konnten. Große Freude und Heiterkeit war im Kreis zu spüren.

«Das Gesicht ist zurückgekommen», sagte die Jaguarfrau. «Die große Schwesternschaft ist also wiederhergestellt und neu erstanden.»

Es brach eine ungeheure Begeisterung aus. Ein Licht, ein unermeßliches Leuchten begann von den Frauen auszugehen. Ich fragte mich, ob meine Augen zu sehr von der Zivilisation geprägt waren, daß sie erst jetzt etwas sahen, was ich schon immer hätte sehen müssen. Dann nahm die Leuchtkraft ab und wurde schwächer.

«Stell dich in die Mitte», sagte die Jaguarfrau.

Wieder lief ich in die Mitte des Kreises der Frauen. Die Jaguarfrau trat zu den anderen. Sie nahm mit allen gemeinsam die Maske ab, legte sie wie alle auf den Boden, so daß nun ein Ring aus Gesichtern schräg zu mir emporblickte. Der Raum verdunkelte sich. Die Gesichter auf dem Boden schienen eine bedrohliche Kraft in sich zu tragen. Eine Frau begann ein wehmütiges Lied zu singen. Tonflöten begleiteten sie, die sich vollkommen ihrem Sopran anschmiegten. Die Worte stammten aus einer mir unbekannten Sprache.

Alle Frauen bewegten sich jetzt näher zu mir, schoben ihre Masken mit den Füßen vor, während sie langsam in einem schleppenden Tanz herankamen. Die Masken krochen näher, die Musik wurde lebhafter, und die Frauen schienen Tiergestalt anzunehmen. Die Masken waren eiförmige, leuchtende Scheiben, die scheinbar in die Höhe stiegen. Ich erlebte eine Implosion der Energie und einen Zustand des Einsseins mit dem Universum.

Als nächstes weiß ich nur, daß ich auf dem Boden saß, immer noch in der Mitte des Kreises. Die Masken befanden sich auf halbem Weg zwischen mir und den Frauen, die ebenfalls auf dem Boden saßen. In dem schwachen Licht sah ich jetzt ihre Gesichter.

«Das war ein Lied des Dankes», sagte die Jaguarfrau mit ihrer tiefen Stimme. «Jetzt mußt du dein Gesicht empfangen. Du hast das Gesicht einer Medizinfrau zurückgebracht, und das ist eine große Tat. Du hast der Schwesternschaft Energie geschenkt. Du mußt verstehen, was du getan hast.»

«Aber Jaguarfrau, ich habe nichts getan.»

«Still, Kind», befahl sie. «Ich werde versuchen, es zu erklären.» Sie schwieg ohne jedes Lächeln, fuhr dann mit kräftiger Stimme fort: «Jenseits von Dunkelheit, Intoleranz, Vorurteil und Ungleichgewicht arbeitest du daran, die Kraft und Heiligkeit in allen Frauen zu zeigen. Du beginnst dich mit vielen anderen deines Geschlechts zu erinnern, wer ihr seid. Du erinnerst dich noch nicht ganz daran, wer du bist, doch bald wirst du es wissen.»

«Wie habe ich der Schwesternschaft Energie geschenkt?»

«Erinnerst du dich, als wir uns vorher in der Hütte trafen, daß der gelbe Hund, der Wächter, zu knurren begann und ins Freie wollte?»

Ich sagte erstaunt: «Ja, ich erinnere mich.»

«Er knurrte, weil uns einer störte, der bei uns spionieren wollte.»

«Wer? Weshalb habt ihr den Hund nicht hinaus gelassen, um den Spion zu fangen?»

«Weil ich wollte, daß er uns hört.»

«Wieso?»

«Weil uns sonst Red Dog nie bei den Pyramiden gesucht hätte, und weil dann die Maske, die ihm in die Hände gefallen war, bei ihm geblieben wäre.»

«Ich verstehe nicht.»

«Du hast Drum direkt zu uns geführt. Er ist dir gefolgt.»

«Drum?»

«Ja, er hat sich nicht mit José getroffen. Das war eine List.»

«Warum hätte Drum das tun sollen?»

«Er mußte sich bewähren, bevor ihn Red Dog wieder als Schüler annahm. Das stimmt doch?»

«Ja, aber wie konntest du das wissen?»

«José hat uns sofort benachrichtigt.»

«Hat Drum Red Dog zur Jaguarpyramide geführt?» fragte ich.

«Ja, und das war gut. Er wurde Opfer seines eigenen bösen Gewebes. Bring Licht in das, was du webst, oder setz dich nicht an den Webstuhl. Er und seine Schüler haben eine Lektion erhalten, die sie wirklich verdienten. Sie sind auf ihr eigenes, unausweichliches Trugbild hereingefallen und werden sich so schnell nicht davon erholen.»

Ich hörte Kichern und blickte im Kreis umher. Alle waren so hochgestimmt, daß ich nicht anders konnte, als zu lachen.

«Du hast geglaubt, einer Orgie zuzusehen, nicht wahr?» fragte die Jaguarfrau.

«Ja, schon. Das dachte ich wohl.»

«Außer dem, was sich in ihren Köpfen abspielte, geschah nichts.»

«Aber ich glaubte, dich zu sehen. War das wie ein Hologramm?»

«Hör mir zu. Wenn der Geist des Pilzes in den Körper einer Schamanin eingeht, kann sie jede äußere Form annehmen. Sie kann einen alten Mann zu einem jungen, stattlichen Krieger machen. Sie kann die fliegenden Schilde herbeirufen oder kann eine alte Frau wie mich jung und verführerisch schön aussehen lassen. Als die Männer uns ansahen, erblickten sie, was sie sehen wollten. Sie wurden von ihrem eigenen leidenschaftlichen Verlangen verführt. Wir gaben unsere Vision in die ihre und zauberten Bilder herbei, in denen sie sich verfingen. Das Merkwürdige ist, daß ein Schwarzmagier immer von seiner eigenen Vision der Gier und Angst verführt wird. Der einzige Weg, einen Zauberer dazu zu bringen, sein Vorgehen zu ändern, besteht darin, daß er anfängt zu verstehen, daß sich die Kraft schließlich gegen jeden wendet, der sie mißbraucht. Wenn diese Männer aus ihren sinnlichen Träumereien erwachen und ihre Torheit entdecken, gibt es keine Möglichkeit, der Wahrheit auszuweichen.»

«Es sah auf jeden Fall so aus, als würdet ihr sie lieben.»

«Für die Uneingeweihten zaubern ist einfach. Vor einem erfahrenen Magier zu zaubern, ist etwas ganz anderes. Der läßt sich nicht so leicht täuschen. Ja, es sah so aus, als würden wir uns diesen Männern in Liebe hingeben. Betrete nie das Revier einer Feindin und setze nie ihre Waffen ein, ohne den Geist zu kennen, der diese Waffen beseelt, sonst vernichten sie dich.»

Ich spürte, wie die Energie der wunderbaren Frauen um mich herum in mich einströmte. Die Farben auf ihren Gesichtern verschmolzen in den Schatten des frühen Morgens und bewegten sich harmonisch wie die Spiegelung eines Regenbogens in einem Dschungelteich hin und her. Die Traurigkeit war von mir abgefallen, und mein Herz war nun voller Freude.

«Diese Geburtsmaske ist für dich», sprach die Jaguarfrau. Sie hielt mir einen weißen, ovalen Gegenstand hin. Er wog recht schwer in meinen Händen, und fühlte sich ähnlich wie die Jaguarmaske an. Ich hielt das Gesicht in das Licht der Dämmerung. Die Frauen waren still. Die Jaguarfrau legte mir einen Arm um die Schultern. Mir stiegen sanft die Tränen in die Augen. Ich drückte das Gesicht an mich, hielt es vor mich, um es anzusehen. Der Stein war zu einer Maskenform gemeißelt worden, doch hatte sie keine erkennbaren Züge.

«Diese Maske ist eine Schwester der Jaguarmaske. Sie ist

uralt und wurde jahrhundertelang für die Zeit aufbewahrt, in der die Schlange in den Wassern erscheint, die nur der Mond bricht. Eine Zeit der Veränderung ist eingeleitet. Ein neues Gesicht wird unter uns sein, wird bald geboren werden. Du hast die Wahl. Ein neues Gesicht wird zur Schwesternschaft der Schilde gehören.»

Von jenseits der Zeit,
jenseits der Eichen, des hellen klaren Wasserstroms,
wurde ihr aufgetragen, zu weben die Fäden
ihres Körpers, ihres Schmerzes, ihrer Vision
hinein in die Schöpfung,
die Gabe, wenn sie erschaffen hat,
zu verschwinden.

Paula Gunn Allen
Grandmother

Der Obsidianschmetterling

An einem hellen Morgen einige Tage später saßen Agnes, Zoila und ich im Eßzimmer der Hazienda und frühstückten. Wir hatten uns über die Kräfte verschiedener Gegenstände aus der alten Zeit unterhalten. Agnes und Zoila hatten erklärt, daß einige hilfreich, andere sehr gefährlich wären.

«Diese alten Sachen, alle Geräte, müssen mit Rauch behandelt werden», sagte Agnes.

«Wie machst du das?» wollte ich wissen.

«Sie müssen auf neutralen Boden gestellt werden, von einem Kreis aus Tabak umgeben. Dann mußt du die Kraft veranlassen, hervorzutreten und sich zu erklären. Wenn der Gegenstand eine gute Kraft hat, behältst und verwendest du ihn. Hat er eine schlechte Kraft, sollte er verbrannt oder vergraben werden.»

Zoila meinte, ihre Art, magische Gegenstände mit Rauch zu reinigen, sei sehr ähnlich. «Einmal fand ich einen Steinstab zum Töten, der über tausend Jahre alt war. Er hatte einem Schwarzmagier gehört, und mit ihm konnte jeder vernichtet werden. Als ich ihn aufweckte, versuchte er, mich zu töten, aber glücklicherweise war José da. Er warf ein großes Stück rotes Vulkangestein auf ihn und fing seine bösartige Kraft ab. Wir karrten ihn zum Gipfel eines Vulkans und warfen ihn hinein. Verstehst du, er gehörte dorthin. Diese Geräte der alten Zauberer sind kein Spielzeug.»

«Ich bin froh, daß ihr mir das gesagt habt», bemerkte ich. «Ich wollte schon einige der alten Stätten absuchen, ob ich nicht etwas finden könnte, was für meine Bündel zu verwenden wäre.»

«Ich fürchte, das wird unmöglich gehen», sagte Zoila. «Das wäre eine sehr riskante Sache. Du bist eine spirituell eingestimmte Frau, und du würdest dich unnötigerweise Gefahren aussetzen. Du bist an einem prekären Punkt deiner Schülerzeit. Alle möglichen gefährlichen Einflüsse können dich locken, und dir fehlt das erforderliche Wissen, wie du dich schützen kannst. Bis du es nicht hast, müssen deine Handlungen überwacht werden.»

«Die Touristen finden selten solche Gegenstände», sagte Agnes, «aber du würdest vermutlich über viele stolpern. Gib die Tortillas weiter.»

Ich reichte ihr den Teller, und sie nahm sich eine.

«Du bist jetzt ein Magnet», lachte Zoila leise. «Einer, der unterschiedslos anzieht. Du kannst Grauenhaftes wie auch Angenehmes anziehen.»

Agnes nahm mit dem Löffel ein großes Stück Melone, wartete jedoch mit dem Essen. «Deshalb ist es Zeit für dich, abzureisen und nach Hause zu fahren.»

«Agnes, ich möchte nicht fort. Ich will hier Urlaub machen. Ich möchte ein bißchen Spaß haben.»

«Fahr heim. Dort kannst du deinen Spaß haben», antwortete sie. «Was sein sollte, ist geschehen. Du bist in die Altäre eingeführt worden, in das Gesicht der Erde, und du hast deine Schwestern wieder getroffen. Jetzt ist es Zeit, sich zu trennen.» Sie spielte mit einem Stück Melone und blickte mich mit unbewegtem Gesicht an. Ich sah Zoila an, aber sie wirkte ebenso unnachgiebig.

Ich fühlte das Blut in meine Wangen steigen. «Naja, ich glaube, ich sollte wirklich zurück nach Hause und arbeiten. Ich werde die Fluggesellschaft anrufen und etwas reservieren lassen für...» Ich sah sie fragend an.

«Heute abend», sagten sie wie aus einem Mund.

«Naja, da habe ich wenigstens noch Zeit, meinen Tee auszutrinken», meinte ich.

«Geh und ruf jetzt an!» sagte Agnes mit Nachdruck.

Ich stand auf, ging durch das Eßzimmer und den Flur entlang zum Telefon. In der Hazienda war es still. Niemand war zu sehen. Im Haus war eine seltsame, hallende Leere. Ich rief die Fluggesellschaft an und ließ mir einen Platz reservieren. Mir blieben etwas über acht Stunden, um nach Mérida zurück und zum Flugplatz zu fahren – genug Zeit.

Ein paar Minuten später gingen Agnes, Zoila und ich hinauf und packten. Ich legte meine Sachen in meine Reisetasche. «Wo fährst du hin, Agnes? Darf ich es wissen?»

«Bring mich bitte zu Zoilas Haus», sagte sie. Sie rollte ihre paar Sachen in eine Decke, die sie mit einem Seil zusammenband. Sie machte eine Schlaufe, die sie über ihre Schulter streifte. «Beeil dich jetzt.»

Ich zog die Augenbrauen hoch, sagte aber nichts. Ich hätte mich über ein paar Tage Ruhe gefreut, wäre gern in Uxmal umhergewandert. Behutsam wickelte ich meine Geburtsmaske ein, verstaute sie mit meinen anderen Sachen. Zoila und Agnes warteten ungeduldig auf dem Gang. Sie trieben mich zur Eile an, doch das bewirkte nur, daß ich verwirrt wurde.

Irgendwie war ich mir unsicher, ob ich so plötzlich abreisen sollte. Ich wollte mich von allen verabschieden, die ich getroffen und als meine Schildschwestern erkannt hatte. Es war einige Jahre her, seit ich sie gesehen hatte. Vielleicht wollte ich nur bestätigt bekommen, daß alles wirklich geschehen war. Ich tastete nach der Umhüllung der Geburtsmaske, machte nach einem langen Augenblick den Reißverschluß meines Koffers zu. Ich nahm ihn auf die Schulter und lief rasch zu den beiden.

«Ein Glück, daß nicht die Komantschen angreifen», rief Agnes mit einem Lächeln. «Wenn Lynn dabei ist, würden wir nie rechtzeitig herauskommen, um am Leben zu bleiben.»

Wir gingen die Treppe hinab und nach draußen. Überrascht sah ich, daß auf dem gepflasterten Parkplatz außer meinem Auto keines mehr stand.

«Wo sind alle?» fragte ich. «Sind sie abgereist? Wo sind alle Wagen, die hier waren?»

«Alle sind einkaufen», meinte Agnes.

Zoilas Gesicht verzog sich zu einem Lächeln.

Ich sah sie neugierig an. «Zum Einkaufen?»

«Laß sie ziehen», sprach Agnes. «Es kommt wieder eine Gelegenheit.»

Wir setzten uns alle auf den Vordersitz des Wagens, Agnes in der Mitte. Ich fuhr die lange, unbefestigte Einfahrt hinaus und auf die schmale Dschungelstraße. Wir sprachen kaum. Es war ein schöner, sonniger Tag. Ich sah die bunten Vögel, die von Baum zu Baum segelten, fuhr langsam und vorsichtig. Der Dschungel war eine Orgie sich hoch hinaufschlängelnder Kletterpflanzen, die vor dem grünen Blätterwerk schwebten, auf dem zitternde Sonnenspritzer und Schatten lagen.

Wir erreichten die Abzweigung nach Llano und waren bald vor Zoilas Adobehaus. Wir gingen gemeinsam den Weg entlang. José kam an die Tür, und wir umarmten uns alle.

«Du reist so schnell ab, Lynn?» fragte er lächelnd.

«Befehl», sagte ich.

«Ja, es ist Zeit», meinte er.

«Trinken wir erst noch Tee», rief Zoila.

Kurz darauf saßen wir um den Holztisch und hatten Kürbistassen vor uns stehen.

«Wo ist deine Itzopolotl?» erkundigte sich José. «Der Obsidianschmetterling. Ich möchte sie sehen. Du solltest sie auf deinem Heimweg um den Hals tragen, damit sie dich beschützt.»

Die Frage ließ mich aufschrecken. «Ach, meine Güte, das weiß ich nicht. Agnes und Zoila haben mich so zur Eile gedrängt; ich muß sie in meinen Pfeifenbeutel gesteckt haben.»

«Nun, geh zum Wagen und hol sie», sagte Agnes.

Ich rannte hinaus. Ich wußte nicht genau, wo sie sich befand. Ich durchwühlte alles, geriet aus der Ruhe. Ich war mir sicher, sie in meinen Pfeifenbeutel getan zu haben, aber da war sie nicht. Ich zog alles aus meinen Taschen, hing meine Kleider über den Vordersitz, stellte meine Schuhe und übrigen Sachen auf die Kühlerhaube. Ganz außer mir rannte ich ins Haus zurück.

«Hast du sie gefunden?» wollte José wissen.

Alle blickten mich erwartungsvoll an.

«Na?» sagte Agnes.

Ich schüttelte den Kopf. «Nein, ich muß sie abgelegt haben, als ich badete, habe sie auf dem Waschbecken liegenlassen. Ich fahre sofort zurück. Ich bin gleich wieder da.»

Ich drückte Agnes am Arm und war schon aus der Tür, als ich José hinter mir herrufen hörte: «Warte doch. Laß uns lieber mitkommen.»

«Nicht nötig. Ich schaffe es schon.»

Ich rannte zum Wagen und donnerte bald durch den Dschungel in Richtung Hazienda. Es war ganz anders, allein zu fahren. Mir war, als sei übermäßig viel Zeit vergangen, und noch immer hatte ich die Hazienda nicht erreicht. Dann stellte ich fest, daß ich schon eine halbe Stunde unterwegs war. Ich wendete, sobald es ging, und raste in die Richtung zurück, aus der ich gekommen war. Diesmal achtete ich gewissenhaft auf die Straße. Der Dschungel schien anders auszusehen, irgendwie dunkler. Ich fuhr die Straße dort auf und ab, wo, wie ich mit Sicherheit annahm, die Hazienda hätte liegen müssen. Immer wieder fuhr ich die Stelle ab, wendete immer wieder mit dem Auto, fuhr die Straße immer wieder ab. Entweder stand ich kurz vor einem Nervenzusammenbruch, was nach allem, was geschehen war, keine Überraschung gewesen wäre, oder ich fuhr wie blind an der Hazienda vorüber. Schließlich hielt ich an. Ich war so ärgerlich, daß ich gegen das Steuerrad schlug. Ich blickte auf meine Uhr und sah, daß ich zwei Stunden lang herumgekurvt war!

«Lynn, beruhige dich jetzt mal», sagte ich mir. «Du hast irgendeinen simplen Fehler gemacht. Fahr schnell zu Zoila zurück, damit du dein Flugzeug nicht verpaßt. Vielleicht können sie alle mit dir zur Hazienda zurückfahren.»

Ich war recht glücklich, Llano wiederzusehen, wenn sich das Dorf auch beträchtlich verändert zu haben schien – wobei ich mir nicht ganz sicher war, wie eigentlich. Als ich mich Zoilas Haus näherte, wurde mein Bauch von einer tiefen, quälenden Angst gepackt. Das Haus war eine Ruine! Ich hielt an und gaffte mit offenem Mund auf das Gebäude. Das Dach war eingestürzt, die Balken lagen schräg über einem grasigen Haufen Adobeziegel. Es sah so aus, als habe hier schon seit Jahren niemand mehr gelebt. Drinnen wuchsen junge Bäume. Eine kleine weiße Ziege reckte ihren Kopf an der Stelle um die Ecke, wo sich die Küche befunden hatte – die Küche, in der ich vor kaum drei Stunden Agnes, Zoila und José verlassen hatte!

Ich war entsetzt. Ich begann keuchend tief Luft zu holen. Ich schluchzte hemmungslos. Ich hatte es schließlich geschafft – ich hatte den Verstand verloren. Es gelang mir, durch die tränennassen Augen einen Blick auf die Uhr zu werfen. Sie war stehengeblieben. Ich schien von Überdruß ergriffen zu werden. Ich sah eine alte Frau die Straße heraufkommen. Sie hatte sich in ein Umhängetuch gehüllt. Ich rannte hin und fragte sie, ob sie Zoila und José Guiterez kannte. Ich wies verzweifelt auf das eingestürzte Haus.

Sie sprach kein Englisch.

Eine andere alte Frau, die ähnlich gekleidet war, kam zu uns geeilt.

«Kann ich Ihnen helfen, Señora?» fragte sie.

Ich erkundigte mich, ob sie Zoila und José Guiterez kannte.

«O ja», antwortete sie. «Ich erinnere mich, daß sie in dem Haus dort gelebt haben, vor langer Zeit.»

«Wie lange ist das her?»

«Ungefähr vierzig Jahre, glaube ich.»

Ich zitterte am ganzen Leib, und die alte Frau faßte nach meinem Arm, um mich zu stützen.

«Kann ich etwas für Sie tun, Señora?» fragte sie.

«Nein. Ich meine, ja. Wem gehört das Haus jetzt?»

«Uns. Zoila und José haben es vor Jahren an uns verkauft. Wir nehmen es jetzt für unsere Ziegen.»

«Für die Ziegen», wiederholte ich eher für mich als für die beiden Frauen. Sie starrten mich wie eine Wahnsinnige an. «Nein!» rief ich. «Was passiert jetzt mit mir?»

Sie versuchten, mich zurückzuhalten, aber ich rannte zum eingestürzten Haus hin. Ein Stacheldraht hielt mich auf. Ich wollte unter ihm durchkriechen, zog mir einen langen Kratzer am Bein zu. Ich zerriß mir den Rock, und der Kratzer begann zu bluten.

«Da sehen sie, was Sie gemacht haben, Señora. Was ist denn los?» Die alte Frau kniete sich neben mich. Sie hatte freundliche Augen. Die andere alte Frau tupfte mein Bein mit einem Lappen ab.

«Ich kannte diese Leute», versuchte ich zu erklären.

«Welche Leute?»

«Guiterez», brachte ich heraus.

«Das ist, glaube ich, kaum möglich. Die sind vor vierzig Jahren fort von hier.» Sie sprach mit sanfter Stimmer.

«Wo sind sie hin?»

«Das weiß ich nicht. Einige Leute sagen, sie sind hinauf in den Norden nach Kanada.»

«Kanada! Ich hab' sie so gern», sagte ich. «Das kann einfach nicht sein.»

«Sie waren damals sicher noch ein Kind, Señora.»

«Kennen Sie eine große Hazienda da an der Straße?» Ich zeigte in die Richtung und wischte mir dann die Tränen von den Wangen.

«Eine Hazienda?»

«Ja, eine große, die ungefähr fünfzehn Minuten weit von hier rechts liegt.»

«Kind», sprach die Frau, «ich habe Geschichten über eine solche Hazienda gehört, aber der Dschungel hat sie verschluckt, bevor Sie geboren waren. Keiner aus diesem Dorf wagt sich dorthin. Es heißt, es gibt Gespenster und nächtliche Unholde, und auch der Teufel soll dort hausen. Aber da ist heute nichts mehr, nur Dschungel und fünfzig Meilen weit Agavenfelder.»

Erstaunlich, wie es war, wurde mir jetzt bewußt, daß ich irgendwie durch eine Lücke in der Zeit gebrochen war. Mir waren viele außergewöhnliche Dinge geschehen, seit ich Schülerin von Agnes Whistling Elk geworden war, aber das war das seltsamste. Ich versuchte, trotz allem ruhig zu sein.

Ich versuchte, mein pochendes Herz zu beruhigen und die Lawine von Fragen aufzuhalten, die mir durch den Kopf toste.

Ich fragte unwillkürlich: «Wo geht es nach Mérida? Gibt es die Stadt noch?»

«Natürlich gibt es sie noch. Ich war dort, naja, vor ungefähr vierzehn Monaten.»

«Danke für Ihre Freundlichkeit», sagte ich. «Sie haben mir sehr geholfen. Macht es Ihnen etwas aus, wenn ich eine Weile hierbleibe, mich vielleicht vor meiner Abfahrt ein bißchen in die Ruine setze?»

Sie lächelte. «Natürlich nicht. Wenn Sie etwas brauchen, wir leben in dem Haus dort.» Sie zeigte auf ein strohgedecktes Adobehaus.

«Mir geht es schon besser», sagte ich.

Die Frauen gingen, und ich kletterte über den Stacheldrahtzaun. Ich schlenderte durch das verfallene Haus. Viel war nicht geblieben. Schließlich setzte ich mich auf einen herabgestürzten, vermoderten Dachbalken. Ich war wie betäubt, gelähmt. Ich blieb bis spät in die Nacht hinein. Der Himmel war bewölkt, und nur ein einziger Stern leistete mir Gesellschaft. (Es war der Stern, den ich mir erwählt hatte, der Stern, den Zoila mir gezeigt hatte.) Ich konnte in keiner Richtung sehr weit sehen. Ich hörte etwas rascheln und sah zwei gewaltige weibliche Gestalten auf mich zukommen. Sie waren in ein blaues, flammendes Licht gehüllt. Mich überraschte nichts mehr.

«Wir kommen mit einer Botschaft von deiner Lehrerin und deinen Freunden», sprach die große blau leuchtende Gestalt zu meiner Linken.

«Sprich», sagte ich.

«José läßt dir ausrichten, du sollst die Unannehmlichkeiten entschuldigen. Er versuchte, dich zu warnen.»

«Geht es ihnen gut? Agnes? Zoila? José?»

«Sie sagen, du kannst damit rechnen, sie wieder zu sehen.»

Die blauen Gestalten der Frauen begannen, sich zurückzuziehen.

«Wartet. Wie konnte all das geschehen?»

Ich stand auf, aber die Gestalten waren fort, ließen mich in der tintenschwarzen Dunkelheit zurück.

Ich kletterte über den Stacheldrahtzaun, ging zu meinem Wagen und fuhr los.

wir können alle gefallenen Sterne finden
und setzen sie
zwischen die Blätter
wo die Zweige

verborgen lagen, fast
wirr im Dunkeln

Sheila Ross
The Tree in the Dark

Die ewige Wiederkehr

Der kalte, heulende Wind draußen protestierte und peitschte die Hütte. Die Fenster waren völlig mit Eis überzogen. Die Scheite im Ofen waren zu Glut heruntergebrannt, und ein tiefes Frösteln hatte uns alle erfaßt. July warf Holz in den Ofen und stocherte mit einem Eisenstab, bis die Flammen emporzüngelten. Wir drängten uns näher ans Feuer, stellten unsere Stühle schräg, um die Wärme auszunutzen.

Der Bericht über meine Erlebnisse hatte mich in Tränen ausbrechen lassen. Ich schneuzte meine gerötete Nase. Wir schienen wie gebannt vom lodernden Feuer und seinem Knistern und Fauchen. Es schmückte das ganze Zimmer mit tanzendem, orangem Licht aus. Ich konnte Rubys Ungeduld spüren. Viele Minuten lang saßen wir schweigend, jede in die eigenen Gedanken versunken.

«Tut mir leid», begann July. «Ich kann nicht verstehen, was aus Zoila und José geworden sein soll.»

«Ich habe euch nur erzählt, was mir passiert ist. Was aus ihnen geworden ist, weiß ich nicht. Ich weiß nur, daß sie vor fast vierzig Jahren fortgezogen sind.»

«Was ist mit der Hazienda?» fragte July. «Wo ist sie hinverschwunden?»

«Wir versuchten, sie zu warnen», sprach Agnes. «Lynn

fiel unwissentlich aus der Harmonie mit unserer *Verdoppelung* heraus. Wenn sie die Itzpopolotl nicht verloren und nicht fort gemußt hätte, wäre sie in Harmonie mit uns gewesen, und alles wäre in Ordnung gewesen.»

«Was bedeutet *Verdoppelung*?» wollte July schüchtern wissen.

«Ich weiß nur, daß es passiert», antwortete ich.

July und ich sahen Agnes an.

«Gute Frage», meinte sie. «Um sie zu beantworten, müssen wir die Zeit untersuchen. Die Zeit wird aus dem heraus geboren, was ihr das Ego nennt, und was bei uns das Selbst-Tipi heißt. Das Ego ist die Illusion der Form. Um in der Form zu bleiben, müssen wir einen Begriff von der Zeit haben, weil sich die beiden ähnlich sind. Die Zeit ist eine Konstruktion des Verstands, weil der Verstand das Ego ist. Es hält sich verzweifelt an der Zeit fest und umklammert sie wie ein Tyrann, weil es am Leben bleiben will. Sobald du die Grenzen der Zeit überspringst und die Zeitlosigkeit betrittst, gelangst du in das heilige Traumrad, wo das Ego nicht länger benötigt wird. Das Ego ist eine Wesenheit, die ums Überleben kämpft und den Verlust der Form fürchtet, weil es weiß, daß es sterben wird.»

«Wie ich sehe, bist du heute abend gut in Form, Agnes», sagte Ruby sarkastisch.

«Weiter, Agnes», drängte ich.

«Lynn, du sprichst oft vom *Karma*. Wenn eine große Lehrerin beschließt, auf dieser Erde zu bleiben, um zu lehren, kann sie Karma auf sich nehmen, um in der Form zu bleiben. Sobald du den Geist vom Karma befreist, bist du fähig, aus der Zeit heraus in die Formlosigkeit zu treten. Das ist das Gesetz des *Verdoppelns*, der Prozeß der Wiederspiegelung von einem Kreislauf in einen anderen. Wenn du über das Karma hinwegspringst, bist du in der Lage, an mehr als nur einem Ort zu sein. Die Welt hat sich nicht verändert, sondern dein Selbst-Tipi. Warum, meinst du, siehst du große Frauen oder Männer des Wissens, die auf Alkohol oder Essen süchtig sind?»

«Weiß ich nicht. Kann ich mir nicht vorstellen.»

«Weil Sucht Karma ist, und Süchtigkeit hält dich auf dieser irdischen Ebene festgenagelt. Sie hält dich in Form.»

«Worte!» rief Ruby in abscheulichem Ton. «Quatsch, wenn du mich fragst.»

Agnes faßte nach der trüben Petroleumlampe und hob sie von ihrem Platz am Boden hoch. Sie pumpte sie auf und hielt sie hell strahlend über unsere Köpfe. «Worte sind Quatsch», sagte Agnes. «Aber es gibt die Erleuchtung durch höheres Wissen. Die wahre Antwort, die uns erleuchtet, ist im Inneren. Sie beleuchtet auf neue Weise selbst das, was deutlich zu sehen ist.»

«Nimm die Lampe von mir fort, Agnes», sagte Ruby gereizt. «Sie tut mir in den Augen weh.»

«Naja, ich glaube, ich bin irgendwie aus der Zeit herausgetreten», meinte ich.

«Glaubst du, eine intelligente Frau wie ich wird diese Lügengeschichte ernst nehmen, die du uns erzählt hast?» schaltete sich Ruby ein. «Ich denke, ihr wollt mich beide auf den Arm nehmen. Von Lynn erwarte ich es nicht anders. Aber du, Agnes. Das sieht euch ähnlich, eine alte blinde Frau zu übertölpeln und sie zum Gespött zu machen.»

«Werd nicht wütend, Ruby», flehte ich. «Ich sage dir *wirklich* die Wahrheit. Genauso hat es sich zugetragen.»

«Ich bin sauer, und ich werde auch sauer bleiben!» schrie Ruby. «Du bist rumgelaufen und hast die Augen zu gehabt, das ist alles.»

«Nein, bin ich nicht.»

«Gib's zu, Lynn. Du hast dich verirrt. Die Weißen haben keinen Orientierungssinn», sagte Ruby mit gewohnter Härte. «Wir Indianer steigen immer auf einen Hügel, einen Baum, auf ein Dach oder irgend etwas, damit wir wissen, wo wir sind.»

Der Wind draußen rauschte leise und wehte begehrlich. Ich wollte mich mit Ruby nicht streiten. Ich wußte, was mir passiert war. July folgte dem Gespräch mit großen Augen und einem verdutzten Gesicht. Agnes bewahrte die Geduld. Ich schob meinen Stuhl zurück und begann in meinen Sachen zu kramen. Ich fand meine Geburtsmaske und brachte sie Ruby.

«Du weißt, daß ich blind bin. Was hast du da?» wollte sie wissen. Sie riß sie mir aus der Hand und untersuchte sie. «Fühlt sich wie ein alter Stein an.»

«Ruby, das ist die Geburtsmaske, von der ich dir erzählt habe.»

Sie wandte mir ihr Gesicht zu, und ich blickte in ihre Angst einjagenden, leuchtenden Augen. «Unsinn! Du zeigst mir ein Stück Stein und versuchst, mich irrezuführen, damit ich dir auf den Leim gehe.» Sie schien angewidert und schob die Maske in meine Hände. «Laß mich in Ruhe!» Sie stand auf, zog das Umhängetuch fest um ihre Schultern und begann auf und ab zu gehen. Sie machte ein finsteres Gesicht, und es war so kalt, daß Atemwolken aus ihrer Nase dampften.

Ein eiskalter Windstoß fuhr gegen die Hütte. Die Wände knarrten. Mir war die Kälte schmerzhaft bewußt, und ich wurde müde. Ich erhob mich gleichmütig, um mich schlafen zu legen.

«Ich nehme an, du willst dich jetzt hinlegen, Lynn», sagte Ruby mit brummiger Stimme.

Ich sah sie an und spürte, daß sie etwas vorhatte.

«Komm her», sprach sie. «Ich möchte dir etwas wiedergeben.»

Ich lief zu ihr. Sie faßte in ihre Tasche und suchte herum, ließ sich viel Zeit. So groß war die Tasche auch wieder nicht. Schließlich streckte sie die Hand zu mir aus und ließ einen Lederbeutel in meine Handfläche fallen.

«Für mich?»

«Mach ihn auf», sagte Ruby.

Ich zog die Schleifen auf und schüttelte ihn. Ein Schmetterlingskokon fiel heraus. Ich riß die Augen auf. Ich öffnete ihn und hielt die Itzpopolotl ins Lampenlicht. Ich beugte mich vor und berührte die Obsidianflügel. «Ich – ich kann es einfach nicht glauben, Ruby!» stammelte ich.

«Hast du nicht danach gesucht?» Sie zwinkerte mir zu und lächelte zum ersten Mal an diesem Tag. «Leg dich schlafen, Lynn.»

In dieser Nacht war ich ruhelos. Ich fror und stand von Zeit zu Zeit auf, um Holz nachzulegen. Das Feuer schien die Hütte kaum warm zu bekommen. Meine Gedanken waren bei Ruby und dem Geschenk, das sie mir gemacht hatte. Ich wußte nie, auf was ich bei ihr gefaßt sein mußte. Ich fragte mich sogar, ob sie die Jaguarfrau war – dieselbe Größe, dieselbe stolze Haltung, dieselben Gesichtszüge. Aber das war wohl unmöglich.

In der Dämmerung zogen wir mit Schneeschuhen und so warm angezogen, wie es nur ging, zu einem kleinen See, der zwei Meilen entfernt lag. Wir verbrachten Stunden damit, ein Loch ins Eis zu hacken. Wir fädelten unsere Angelschnüre mit den Ködern in das Loch, und die Fische bissen wie verrückt an. Schon bald hatten wir soviel, wie wir zu viert gerade noch tragen konnten. Wir stapften durch die eisige Tundra, über die der Schnee wehte, zur Hütte zurück.

Etwa auf halbem Weg machten wir eine Pause und

verzehrten etwas rohen Fisch. Das war ein wohlverdientes Mahl, und wir aßen uns alle satt.

«Ein guter Tag», sagte Agnes und ließ die schwarzen Augen über die frostige Landschaft gleiten. «Die Kälte wird bald aufhören.»

«Woher weißt du das, Agnes?» fragte ich.

«Ich kann es in meinem Körper spüren. Die Blizzards sind vorbei. Das weißt du einfach, wenn du viele Winter hier oben lebst.»

Ruby warf Fischabfälle auf den Grätenhaufen. Sie wischte sich mit dem Rücken ihres Fäustlings den Mund ab. July saß mit ausgestreckten Beinen da und schaufelte mit ihrem Messer Schnee in eine große Blechbüchse. Sie holte eine Dose mit Stearin aus ihrem Beutel und zündete sie mit ihrem Feuerzeug an. Sie hielt die Dose mit der Hand im Fäustling, um Schnee für den Tee zu schmelzen. Schließlich reichte sie uns die größere Büchse, die nun mit Kiefernnadeltee gefüllt war. Ich nippte an dem Getränk, und es schmeckte wunderbar.

«Trägst du deine Itzpopolotl, Lynn?» erkundigte sich Ruby.

«Aber sicher», sagte ich und legte meine Hand auf den Parka. «Ich glaube, diesmal werde ich sie nicht verlieren.»

July und Ruby strahlten mich an.

Wir tranken den Tee aus und machten uns auf den Rückweg zur Hütte. Wir gingen rasch und ließen mächtige Spuren zurück. Der Wind drehte und trug den Schnee auf der Oberfläche in wild tanzenden und springenden Mustern fort. Agnes hielt vor einem glatten Abhang an.

«Ruby, geh du mit July weiter», sagte sie. «Ich möchte, daß Lynn mit mir kommt.»

Wir waren etwa eine halbe Meile von der Hütte entfernt. Wir drängten uns kurz aneinander, lachten und führten uns wie Clowns auf, und dann zogen July und Ruby weiter. Ich sah ihnen nach, und ihre Silhouetten hoben sich vom schimmernden Schnee ab.

«Komm», sagte Agnes.

«Wohin gehen wir?» fragte ich.

«Zum Baum», antwortete sie.

«Zum Schmetterlingbaum?»

«Ja, ich möchte ihm meine Aufwartung machen.»

Ich begab mich an ihre Seite. Agnes lief geschickt mit den Schneeschuhen, und ich unbeholfen. Wieder peitschte der Wind den Schnee zu gespenstischen Erscheinungen auf. Der Horizont war jetzt ein bedrohliches, weitgespanntes Rot. Wir erreichten das Ende einer Lichtung und bewegten uns hinunter auf ein weißes Plateau. Der Schmetterlingbaum kam in Sicht. Agnes bestand darauf, daß wir uns von Osten näherten. Wir schlossen beide den Stamm fest in die Arme. Die eisverkrustete Rinde sah gelblich und verunstaltet aus. Der Wind pfiff melodisch. Agnes verhielt sich, als begrüße sie eine lang verloren geglaubte Freundin.

Ich fragte danach.

Sie setzte sich auf den Boden und klopfte den Schnee fest, damit ich mich neben sie setzen konnte. «Das *ist* eine lang verloren geglaubte Freundin, Lynn», sprach sie.

«Wie das?»

«Die Alten sprachen weise über den heiligen Baum. Fast alle Völker kennen eine Art Weltbaum.»

«Wie der Baum der Erkenntnis von Gut und Böse in der Bibel?»

«Ja, der Baum ist ein Weg zum Leben. Es gibt viele Bäume, Lynn, und viele Sagen und Legenden befassen sich mit ihnen. Ich möchte dir jetzt gleich noch eine dieser Sagen erzählen. Halte immer Ausschau nach der Wahrheit hinter den Worten. Die Schwesternschaft der Schilde berichtet uns vom ersten Baum, der auch Himmelsbaum des Menschen genannt wird, oder einfach Schmetterlingbaum. Das ist der Baum aller Ahnen, aus ihm gingen der erste Mann und die erste Frau hervor. Die Baummutter stillte sie.

Die Schwestern sagen, daß sich an den Zweigen dieses Baums Abermilliarden von Blättern befinden. Auf diesen Blättern steht das Schicksal jeder neuen Person geschrieben. Wenn nun eine Person geboren wird, fällt ein Blatt vom Schmetterlingbaum. Das Geistlicht steigt von einem dieser Blätter herab und umgibt das Ei bei der Empfängnis.

Das Schicksal einer Person besteht darin, sich klar zu werden, daß wir mit dem heiligen Baum eins sind. Wir sind nicht nur ein Blatt. Wir sind Licht. Und wir sind das Licht des Schmetterlingbaums. Alles stammt vom Schmetterlingbaum, und alles wird zu ihm zurückkehren. Alles Leiden entsteht, weil wir das Wissen um unseren Ursprung vergessen haben. Wenn wir uns klar werden, daß wir der große Baum sind, sind wir im Zustand der Glückseligkeit. Alle unsere Illusionen entstehen, weil wir vergessen haben, uns an den Baum in der Mitte zu erinnern.»

«Aber Agnes, ist das nur ein Baum, oder sind es viele?»

«Es ist überhaupt kein Baum. Es ist eine Art und Weise, die Wahrheit zu erklären.»

«Was ist mit meinen Erlebnissen im Schmetterlingbaum?»

«Ich habe von der Wahrheit hinter meinen Worten gesprochen. Du bist den Tod der Schamanin gestorben. Wenn wir in die Leere eintreten, ist sie anders als alle Orte, an denen wir je waren. Das ist ein Problem. Unsere Sprache reicht nicht aus, die höheren Wahrheiten auszudrücken, mit denen wir zurückgekehrt sind. Einige Menschen sehen Engel, andere Krieger. Manche nennen diese Wesen Götter und Göttinnen. Andere nennen sie Geister.

Der menschliche Verstand kann diese Erfahrungen nicht fassen. Das heißt nicht, daß es sich um Täuschung handelt. In Wirklichkeit entkommen wir sogar unseren Täuschungen. Es gibt andere Arten und Weisen des Sehens. Das ganze Leben ist ein Pfad, der zum Großen Baum oder Großen Geist führt. Jeder befindet sich auf diesem Pfad. Einige haben sich vorübergehend verirrt. Manche ruhen sich aus. Ein paar begreifen die Wahrheit, können aber nicht weitergehen.

Gelegentlich tritt ein großer Lehrer auf. Große Lehrer sind Verwirklichte. Sie sind die edlen Häuptlinge und Führer, die alle Illusion, die gesamte Maya überwunden haben. Sie haben den Baum erstiegen und die Freiheit errungen. Sie haben das Rätsel des Paradoxen und der Dualität gelöst. Sie können nur die Wahrheit aussprechen. Doch selbst sie haben Schwierigkeiten, wenn sie versuchen, die Dinge so zu erklären, daß die anderen verstehen können. Einige werden verrückt und setzen die übernatürlichen Kräfte überall ein, glauben, daß das vielleicht hilft. Andere machen sich zum Märtyrer, um ihre große Liebe und Toleranz zu zeigen. Einige von ihnen machen überhaupt nichts und lassen alles weitergehen, wie es ist. Sie sitzen vielleicht versteckt in einer Höhle oder einem heiligen Berg, oder sind möglicherweise dein Nachbar nebenan.»

«Und was stellt ein Schmetterling dar, Agnes?»

Agnes betrachtete mein Gesicht mit ihren freundlichen Augen. «Ich erinnere mich, als ich jung war, ein kleines Mädchen, da erzählten mir ein paar Alte eine Geschichte, die ich bis heute glaube. Sie sagten, der Große Geist hat den Schmetterling gemacht, um uns zu zeigen, wie wir leben sollen.»

«Und wie sollen wir leben, Agnes?»

«Das Leben der Raupe verwandelt sich in ein anderes

Leben – in den schönen Schmetterling. Es zeigt uns, daß das ganze Leben ein Übergang ist. Der Schmetterling ist erleuchtet! Noch ein Geschenk des Großen Geistes. Verstehst du, sie sind die Geister der Ahnen, und die sind zum Schmetterlingbaum wiedergekehrt. Der Große Geist gestattet diesen Wesen, bevor sie diese Welt verlassen, noch ein letztes Mal zu den Plätzen der Zeremonien, den heiligen Plätzen zurückzukehren, wo sie als Menschen große Freude empfanden. Wo sich die Schmetterlinge auf einem Baum versammeln, befand sich eine der alten Stätten, wo Rituale und Zeremonien abgehalten wurde, wo gefeiert wurde.»

«Sind die Schmetterlinge auch wiedergekommen, um das Leben zu feiern?» fragte ich.

«Wenn du einen Schmetterling siehst, solltest du in deinem Herzen froh sein. Ja, die Wanderungen der Schmetterlinge sind uralte Geister, die zu den Stätten ehemals großer Kulturen wiederkehren, die jetzt von der Erde verschwunden sind.

Der Große Geist gab der Welt einen Schmetterlingbaum, damit die Leute von ihm lernen und sich über seine Schönheit freuen können. Der Baum war mit Farben angefüllt, und diese Farben bildeten Regenbögen, die sich von einem Lagerplatz zum anderen wölbten, von einem Universum zum anderen. Die Leute waren vereint, weil sie dieselben Farben sahen. Von diesem Regenborgen hingen die Sterne, der Mond, die Sonne, die sieben Schwestern und die Bewegungen aller Himmelskörper herab.»

«Und du glaubst das?»

«Und wie.»

«Ich glaube es auch.»

Wir saßen eng beisammen unter dem Baum, unter den nackten dunklen Zweigen. Ich war merkwürdig glücklich, zufrieden, neben meiner Lehrerin zu sitzen. Ich stellte fest, daß ich wegen der gewaltigen Kälte zitterte. Agnes erhob sich und zog mich mit sich in die Höhe. Wir wandten uns in die Richtung ihrer Hütte.

«Ich werde daran denken, fröhlich zu sein, wenn ich das nächste Mal einen Schmetterling sehe», sagte ich.

Agnes ließ meinen Arm los. Ihre Augen glitten über die weite, schneeige Landschaft; die Nordlichter zogen einen fließenden Vorhang aus Gelb, Rot und Purpur über den Himmel. Sie blickte mich wieder an.

«Sie werden bald hier sein, Lynn. Und das Leben wird wieder beginnen.»